HACKERS TOEFL WRITING BASIC 200% 활용법

토플 스피킹/라이팅 첨삭 게시판

이용방법 고우해커스(goHackers.com) 접속 ▶
상단 메뉴 [TOEFL → 스피킹게시판/라이팅게시판] 클릭하여 이용하기

토플 공부전략 강의

이용방법 고우해커스(goHackers.com) 접속 ▶
상단 메뉴 [TOEFL → 토플공부전략] 클릭하여 이용하기

토플 자료 및 유학 정보

이용방법 유학 커뮤니티 **고우해커스(goHackers.com)**에 접속하여
다양한 토플 자료 및 유학 정보 이용하기

고우해커스 바로 가기 ▶

통합형 문제학습 MP3

이용방법 **해커스인강(HackersIngang.com)** 접속 ▶
상단 메뉴 [토플 → MP3/자료 → 무료 MP3/자료] 클릭하여 이용하기

MP3/자료 바로 가기 ▶

HACKERS
TOEFL
WRITING
BASIC

해커스 어학연구소

해커스 토플은 토플 시험 준비와 함께 여러분의 영어 실력 향상에 도움이 되고자 하는 마음에서 시작되었습니다. 해커스 토플을 처음 출간하던 때와 달리 이제는 많은 토플 책들을 서점에서 볼 수 있지만, 그럼에도 해커스 토플이 여전히 독보적인 베스트셀러의 자리를 지킬 수 있는 것은 늘 처음과 같은 마음으로 더 좋은 책을 만들기 위해 고민하고, 최신 경향을 반영하기 위해 끊임없이 노력하기 때문입니다.

이러한 노력의 결실로 최신 토플 경향을 반영한 『Hackers TOEFL Writing Basic (iBT)』을 출간하게 되었습니다.

영작문의 기본을 확실히 잡습니다!
『Hackers TOEFL Writing Basic (iBT)』은 기본서라고 해서 단순히 문장을 암기하거나 단문을 써 보는 데 그치지 않고, 논리적 사고를 통해 올바른 영어식 표현을 이끌어 낼 수 있도록 영작의 기본적인 틀을 제시하고자 하였습니다.

체계적인 4주 학습으로 실전도 문제 없습니다!
1주에는 영작에 기본이 되는 필수 문법을 학습하고, 2~3주에는 엄선된 필수 표현을 다양하게 익혀 문장력을 향상한 후, 4주에는 실전 감각까지 차근차근 익힐 수 있도록 하였습니다.

『Hackers TOEFL Writing Basic (iBT)』이 여러분의 토플 목표 점수 달성에 확실한 해결책이 되고, 영어 실력 향상, 나아가 여러분의 꿈을 향한 길에 믿음직한 동반자가 되기를 소망합니다.

David Cho

CONTENTS

1st Week 라이팅을 위한 문법

2nd Week 유형별 필수 표현

해커스 토플 베이직으로
Writing 기초를 잡는다!

01 4주 완성, 라이팅 기본서!

▌영어 작문의 기본서

토플 라이팅뿐만 아니라 일반적인 영작문 작성에도 꼭 필요한 내용들을 수록함으로써, 전반적인 영작문 실력을 향상시키는 데 중점을 두었다. 영작을 위한 필수 문법 및 표현부터 답안 구조 잡는 방법까지 이 한 권으로 모두 학습할 수 있다.

▌맞춤형 학습플랜

학습자들은 레벨 테스트를 통해 자신의 실력을 미리 진단하고, 자신에게 가장 잘 맞는 학습플랜을 선택하여 학습할 수 있다.

02 문법 · 표현에서 실전까지 체계적인 Writing 학습!

1주 라이팅을 위한 문법

01: "~하는 것/~하기"는 (동명사)나 (to 부정사)로 쓴다.

동명사와 to 부정사는 문장 내에서 명사처럼 주어, 목적어, 보어로 쓰인다.

■ 표현 만들기

외국어를 말하는 것	**speaking** a foreign language
	to speak a foreign language
자신에 대해 배우는 것	**learning** about oneself
	to learn about oneself
춤추는 것	**dancing**

1주에서는 **영어 문장을 쓸 때 필수적인 문법을 정리하여 학습**할 수 있도록 하였다. 본문에서 학습한 문법을 적용하여 기본적인 문장부터 조금 더 복잡한 문장까지 써 보는 연습을 하면서 라이팅의 기초를 다질 수 있다.

2, 3주 유형별/주제별 필수 표현

1 내 생각에는, ~이다
In my opinion, 주어 + 동사

내 생각에는, 고객 서비스의 질은 꾸준히 향상되어 왔다.
In my opinion, the quality of customer service has steadily improved.

2 나는 ~라고 주장한다
I contend that 주어 + 동사 / **maintain that** 주어 + 동사

나는 실제 경험이 강의에 기초한 학습보다 더 효과적이라고 주장한다.
I contend that hands-on experience is more effective than lecture-based learn
＊ 실제 경험 hands-on experience

2주에서는 **아이디어를 이끌어 내는 표현들을 유형별로 정리**하여 학습하고, 3주에서는 **토플 라이팅에 자주 등장하는 주제별로 중요한 표현들을 모아 학습**할 수 있도록 하였다. 또한 각 일별 학습의 마지막에서는 작문 시 틀리기 쉬운 문법 사항들을 다시 한번 점검할 수 있다.

4주 iBT 실전 연습

다음 주어진 문제에 대해 답안의 아웃라인을 작성하시오.

1.

Professor Chavez
Companies are often faced with financial decisions that require careful consideration. The choices they make can have lasting impacts on the company's overall growth and success. For example, companies must decide on the best way to attain a skilled workforce that can help them achieve their goals. Now, I want you to discuss the following question. Should companies invest in training their current employees, or

Victoria
I believe that companies shou training their current employees the companies keep experienc who are loyal to them. When feel that the company continu in their professional growth advancement, they are more li and not leave easily.

Cindy

4주에서는 **iBT TOEFL Writing 실전 문제 유형을 학습**할 수 있도록 하였다. 먼저 토론형 문제에 대비하여 답안 내용을 짜임새 있게 구성하는 연습을 한 후, 통합형 문제에 대비하여 효과적으로 노트테이킹하고 요약문을 작성하는 연습을 할 수 있다.

Actual Test

Question 1 of 2

Directions: You have 20 minutes to plan and write your response. Your response will b according to the overall quality of the writing and how well you link the points in the lectur reading passage. Typically, an effective response is between 150 and 225 words in leng

Massive herds of bison lived in the American Midwest for thousands of years. In the 18 numbers were estimated to be over 60 million. American bison were the most numeri mammal on Earth. However, the species was almost extinct by the end of the 19th cen ecological disaster can be explained by three theories.
The most likely explanation for the death of so many bison is overhunting. Bison leathe

이 책의 최종 마무리 단계로서, 통합형과 토론형 문제를 한 세트씩 수록하였다. **실제 iBT TOEFL Writing 시험과 동일한 형식을 갖춘 문제를 풀어 봄**으로써, 실전에 효과적으로 대비할 수 있다.

03 정확한 문제 이해와 모범 답안으로 실력 UP!

노트/아웃라인

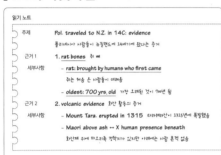

통합형 문제의 읽기 지문과 강의의 핵심 내용을 정리한 읽기/듣기 노트 및 토론형 문제에 대한 아웃라인 예시를 제공하여, 답안을 효과적으로 작성할 수 있는 **효율적인 노트테이킹 및 아웃라인 작성 방법**을 익힐 수 있도록 하였다.

모범 답안

1. 다음 노트테이킹과 주어진 해석을 참고하여 빈칸을 채워 요약문을 완성하시오.

요약문 주제 문장
The lecturer argues that having a tax on junk food is ineffective.

요약문 반박 문장
This contradicts the reading passage's claim that the tax would offer benefits to society.

요약문 근거 문장 1
First, the lecturer maintains that people will not become healthier if unhealthy food is taxed.

요약문 반박 문장 1
This casts doubt on the reading passage's claim that a junk food tax will be good for people's

요약문 근거 문장 2
Next, the lecturer argues that a tax on junk food will not increase production of healthy food

요약문 반박 문장 2
This counters the reading passage's claim that the tax will cause more healthy food to be m

교재에 수록된 모든 문제에 대한 모범 답안을 제공하여, 이를 바탕으로 학습자가 **자신의 답안을 보완, 개선**할 수 있도록 하였다.

스크립트/해석

듣기 스크립트
OK, the reading passage claims that the Polynesian ancestors of the Maori first came to New Zealand aro 1300. Well, this simply isn't true. In fact, it's highly likely that the Polynesians arrived in New Zealand long befor

For starters, the rat bones don't prove that the Polynesians migrated to New Zealand in the 14th century. Y when researchers discovered the rat bones, they also found pigeon bones buried in the same layer of sedime here's the thing . . . The pigeon remains were actually more than 3,000 years old! Since the rat and pigeon were found in the same sediment layer, you'd expect them to be the same age . . . In other words, the rat bo much older than 700 years old. And this means that the Polynesian settlers came to New Zealand much earli 700 years ago.

Additionally, a discovery related to another volcanic eruption shows that the Polynesians settled New Zealan earlier than 1300. A few years ago, researchers found a cave that had been buried beneath a layer of ash that came from the eruption of another volcano, Mount Taupo, in AD 186. And guess what they found in the The bones of people who had been killed by the volcanic blast. This proves that the Maori have lived in New Z since at least the year 186.

듣기 해석
좋아요, 읽기 지문은 마오리족의 폴리네시아인 조상들이 서기 1300년경에 최초로 뉴질랜드에 왔다고 주장합니다. 글쎄요, 이것은 전혀 아닙니다. 사실, 1300년 훨씬 이전에 폴리네시아인들이 뉴질랜드에 도착했을 가능성이 높다

통합형 문제의 강의에 대한 듣기 스크립트를 수록하였을 뿐 아니라, 교재에 수록된 모든 지문과 모범 답안에 대해 정확한 해석 및 중요 어휘를 함께 제공하여, 학습자가 **문제와 답안을 정확하게 이해**할 수 있도록 하였다.

04 해커스만의 다양한 학습자료!

▌고우해커스(goHackers.com)

온라인 토론과 정보 공유의 장인 **고우해커스(goHackers.com)** 사이트에서 다른 학습자들과 함께 교재 내용에 관한 문의 사항을 나누고 학습 내용을 토론할 수 있으며, **다양한 무료 학습 자료와 TOEFL 시험 및 유학에 대한 풍부한 정보**도 얻을 수 있다.

▌해커스인강(HackersIngang.com)

해커스인강(HackersIngang.com) 사이트에서 **통합형 문제학습 MP3를 무료로 제공**받을 수 있다. 또한, 교재 학습 시 **동영상 강의**를 수강하면 선생님의 상세한 설명을 통해 영작에 필요한 기본기를 좀 더 깊이 있고 체계적으로 학습할 수 있다.

TOEFL Writing 소개 및 학습전략

TOEFL Writing 소개

iBT TOEFL Writing 영역에서는 영어를 사용하는 국가에서 공부할 때 필요한 작문 능력을 평가한다. 따라서 학습자들은 라이팅 영역을 준비하는 과정을 통해 iBT TOEFL 목표 점수 달성뿐만 아니라, 실제 해외 대학 진학 후의 교육 환경에도 효과적으로 대비할 수 있을 것이다.

TOEFL Writing 구성

Writing 영역은 약 35분간, Integrated Task(통합형 문제)와 Academic Discussion Task(토론형 문제) 두 문제에 답하게 된다.

Integrated Task(통합형 문제)

통합적 언어 구사 능력을 평가하는 것으로, 한 가지 주제에 대해 읽기 지문과 강의가 주어지고, 응시자는 읽고 들은 정보를 통합, 연계하여 답안을 작성해야 한다.

Academic Discussion Task(토론형 문제)

토론 상황에서의 언어 구사 능력을 평가하는 것으로, 응시자는 주어진 토론 주제에 대한 자신의 의견을 밝히고, 이를 뒷받침할 수 있는 적절한 근거를 제시하여 답안을 작성해야 한다.

TOEFL Writing 문제 유형 분석

문제 유형			유형 분석	소요 시간
통합형	읽기 ↓ 듣기 ↓ 쓰기	지문을 읽고 강의를 들은 후 내용을 연계하여 요약하기	• **지문 읽기**: 학술적 토픽에 대한 지문(230~300단어) 읽기 • **강의 듣기**: 지문에서 다룬 토픽에 대해 지문과 다른 방식으로 접근한 강의(230~300단어) 듣기 • **요약문 쓰기**: 지문 내용에 대해 강의에서 어떻게 접근하고 있는지 요약문(150~225단어) 작성하기	읽기 시간: 3분 듣기 시간: 약 2분 작성 시간: 20분
토론형	쓰기	자신의 의견을 정하여 답안 쓰기	• **답안 쓰기**: 토론 주제에 대한 자신의 의견을 밝히고 그 근거를 제시하는 답안(100단어 이상) 작성하기	작성 시간: 10분
				총 35분

TOEFL Writing 학습전략

1. 문장 표현력을 기른다.

자신의 의견을 효과적으로 전달하기 위해서는 문장 표현력이 반드시 뒷받침되어야 한다. 이때, 무조건 어려운 어휘와 표현을 외우려 하는 것보다는 실제 답안에서 사용할 수 있는 주요 표현들을 학습하는 것이 중요하다. 교재에 수록된 유형별·주제별 필수 표현을 통해 유용한 표현들을 다양하게 익히고 문장 표현력을 기르도록 한다.

2. 듣기 능력을 기른다.

iBT TOEFL Writing의 통합형 문제에서는 강의를 듣고 요약할 수 있는 능력을 필요로 하므로 작문 능력만큼이나 듣기 능력이 중요하다. 따라서 교재에 수록된 통합형 강의의 듣기 MP3 및 기타 영어 듣기 자료를 활용하여 영어 강의를 정확히 듣고 이해하는 능력을 기르도록 한다.

3. 노트를 이용한 요약 능력을 기른다.

교재에서 제시하는 효율적인 노트테이킹 방법을 충분히 숙지한 후, 이를 적용하여 통합형 문제의 읽기 지문과 강의 내용을 정확하게 요약해서 적어 보는 연습을 한다. 또한 평소에 영어로 된 글을 읽거나 듣고 노트를 이용하여 요약해 보는 연습을 하는 것이 좋다.

4. 다양한 토픽에 대한 배경지식을 쌓는다.

전혀 들어 본 적이 없는 생소한 분야에 대한 글을 읽고 들은 뒤 그 내용을 연계해서 요약하는 것은 쉬운 일이 아니다. 따라서 교재에 수록된 통합형 지문과 함께 평소에 다양한 분야의 학술·시사적인 내용의 영어 지문들을 많이 읽어 두고, 주요 아이디어를 머릿속으로 정리해 보는 연습을 하는 것이 좋다.

5. 여러 가지 토픽에 대한 자신의 의견을 정리한다.

토론형 문제에서는 토픽 자체가 어렵지 않더라도, 해당 문제에 대해 별로 생각해 본 적이 없어서 자신의 의견을 정하는 데 곤란을 겪을 수 있다. 따라서 교재에 수록된 토론형 문제와 함께 평소에 다양한 토픽들에 대해 자신의 의견을 간단하게 정리해 보는 연습을 하는 것이 좋다.

6. 영문 타자 연습을 한다.

iBT TOEFL Writing에서는 타자로 답안을 작성해야 한다. 영문 타자에 익숙하지 않은 경우 시간을 낭비할 수 있으므로 미리 영문 타자를 연습해 두도록 한다.

나만의 **학습플랜**

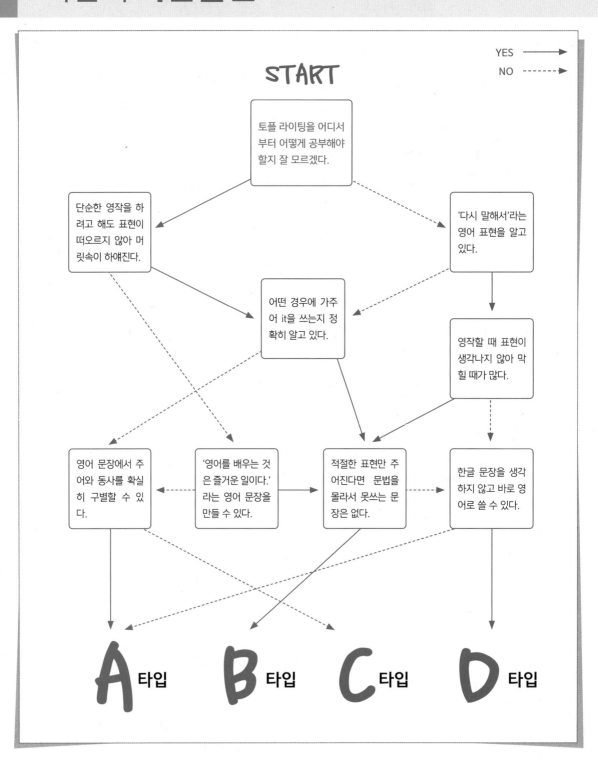

START

YES ⟶
NO ⇢

토플 라이팅을 어디서 부터 어떻게 공부해야 할지 잘 모르겠다.

단순한 영작을 하려고 해도 표현이 떠오르지 않아 머릿속이 하얘진다.

'다시 말해서'라는 영어 표현을 알고 있다.

어떤 경우에 가주어 it을 쓰는지 정확히 알고 있다.

영작할 때 표현이 생각나지 않아 막힐 때가 많다.

영어 문장에서 주어와 동사를 확실히 구별할 수 있다.

'영어를 배우는 것은 즐거운 일이다.'라는 영어 문장을 만들 수 있다.

적절한 표현만 주어진다면 문법을 몰라서 못쓰는 문장은 없다.

한글 문장을 생각하지 않고 바로 영어로 쓸 수 있다.

A 타입 B 타입 C 타입 D 타입

A 타입 : **영작의 기본기**를 다져야 하는 당신!

영어 문장의 기본적인 구조에 대해 어느 정도 이해는 하고 있지만, 작문으로 연결시키지는 못하는군요. 또한 영어 표현이 잘 생각나지 않아 글을 쓰다가 막히는 경우가 생기겠네요. 영작 초보에게 흔히 나타나는 현상입니다. 학습플랜에 따라 한 달 동안 공부하세요.

학습플랜

	Day 1	Day 2	Day 3	Day 4	Day 5	Day 6	Day 7
Week 1	1주 1일	1주 2일	1주 3일	1주 4일	1주 5일	1주 6일	1주 RT
Week 2	2주 1일	2주 2일	2주 3일	2주 4일	2주 5일	2주 6일	2주 RT
Week 3	3주 1일	3주 2일	3주 3일	3주 4일	3주 5일	3주 6일	3주 RT
Week 4	4주 1일	4주 2일	4주 3일	4주 4일	4주 5일	4주 6일	4주 RT, AT

＊**RT**: Review Test　**AT**: Actual Test

B 타입 : **표현력**을 키워야 하는 당신!

문법은 거의 완벽하지만 표현력이 부족하군요. 1주에서는 영어 작문의 복병인 명사절, 부사절, 관계절 부분을 중점적으로 공부하세요. 1, 2주와 3주, 4주를 각각 일주일씩 공부해서 3주 동안 끝내세요.

학습플랜

	Day 1	Day 2	Day 3	Day 4	Day 5	Day 6	Day 7
Week 1	1주 1, 2일	1주 3, 4일	1주 5, 6일	2주 1, 2일	2주 3, 4일	2주 5, 6일	1, 2주 RT
Week 2	3주 1일	3주 2일	3주 3일	3주 4일	3주 5일	3주 6일	3주 RT
Week 3	4주 1일	4주 2일	4주 3일	4주 4일	4주 5일	4주 6일	4주 RT, AT

＊**RT**: Review Test　**AT**: Actual Test

나만의 **학습플랜**

C 타입 : 차근차근 **문법의 기초**부터 다져야 하는 당신!

문법에도 자신이 없고, 구체적인 아이디어도 부족한 상황이군요. 학습플랜에 따라 한 달 동안 처음부터 차근차근 공부하고, 2주 동안 같은 내용을 다시 한번 복습하는 것이 좋겠습니다.

학습플랜

	Day 1	Day 2	Day 3	Day 4	Day 5	Day 6	Day 7
Week 1	1주 1일	1주 2일	1주 3일	1주 4일	1주 5일	1주 6일	1주 RT
Week 2	2주 1일	2주 2일	2주 3일	2주 4일	2주 5일	2주 6일	2주 RT
Week 3	3주 1일	3주 2일	3주 3일	3주 4일	3주 5일	3주 6일	3주 RT
Week 4	4주 1일	4주 2일	4주 3일	4주 4일	4주 5일	4주 6일	4주 RT, AT
Week 5	1주 1, 2, 3일 복습	1주 4, 5, 6일 복습	2주 1, 2, 3일 복습	2주 4, 5, 6일 복습	3주 1, 2, 3일 복습	3주 4, 5, 6일 복습	1, 2, 3주 RT 복습
Week 6	4주 1일 복습	4주 2일 복습	4주 3일 복습	4주 4일 복습	4주 5일 복습	4주 6일 복습	4주 RT, AT 복습

＊RT: Review Test　AT: Actual Test

D 타입 : iBT 실전 유형을 익혀야 하는 당신!

문법과 표현력 모두 상당한 수준이니, 영작 능력 및 요약문을 조직하는 능력만 키우면 실전 iBT 시험에 도전해도 되겠군요. 1, 2, 3주에서는 모르는 내용만 체크해서 공부하고, 4주는 학습플랜에 따라 일별로 꼼꼼히 공부하세요. 1, 2, 3주와 4주를 각각 일주일씩 공부해서 2주 동안 끝내세요.

학습플랜

	Day 1	Day 2	Day 3	Day 4	Day 5	Day 6	Day 7
Week 1	1주 1, 2, 3일	1주 4, 5, 6일	2주 1, 2, 3일	2주 4, 5, 6일	3주 1, 2, 3일	3주 4, 5, 6일	1, 2, 3주 RT
Week 2	4주 1일	4주 2일	4주 3일	4주 4일	4주 5일	4주 6일	4주 RT, AT

＊RT: Review Test　AT: Actual Test

교재 학습 **TIP**

1. 매일 주어지는 본문 내용을 학습한 뒤, Daily Check-up을 풀고 자신이 취약한 부분이 무엇인지 체크해 보세요. 부족한 부분은 본문을 참고하여 복습하고, Daily Test로 마무리하세요.

2. 매주를 마무리하는 Review Test를 풀면서 한 주 동안 배운 내용을 정리하고, 자신의 실력을 점검해 보세요.

3. 매일 정해진 분량을 끝내지 못했을 경우에는 학습플랜에 따라 계속 진도를 나가되, Review Test를 풀기 전에 그 주에 끝내지 못한 부분을 학습하세요.

4. Actual Test를 풀 때에는 앞에서 학습한 모든 내용을 종합하여 실전처럼 풀어 보세요. 요약문 작성에는 20분, 토론형 답안 작성에는 10분의 시간 제한을 두어, 실제 시험의 답안 작성 시간에 익숙해지도록 하는 것이 중요합니다.

5. 문제를 푼 뒤에는 반드시 자신의 답안을 모범 답안과 비교해 보세요. 틀린 문장은 답을 보지 않은 채로 고쳐 써 보고, 반복적으로 틀리는 문제들은 별도로 체크하여 정리해 두는 것이 좋습니다.

6. 스터디 학습을 할 때에는 본문의 내용을 각자 학습해 온 뒤, 함께 문장을 써 보고 공통적으로 틀린 부분에 대해 이야기해 보세요. 2주와 3주가 끝났을 때는 그 주에서 학습한 표현들을 모두 알고 있는지 시험을 보는 것도 좋습니다. 4주는 함께 시간을 정해 두고 문제를 풀어 본 뒤, 서로의 답안을 비교해 보고 빠진 내용이나 좋은 표현이 있는지 확인해 보세요.

1st Week

라이팅을 위한 문법

1주 〈라이팅을 위한 문법〉에서는 글의 가장 기본이 되는 문장(Sentence)을 바르게 쓰기 위한 기본 문형과 문법을 공부한다. 문법적으로 틀린 글을 쓰게 되면, 아무리 좋은 아이디어를 담았다 하더라도 좋은 글이 될 수 없다. 또한, 문법적 실수가 실제 시험의 감점 요인이 되는 것을 생각해 볼 때, 토플 라이팅 대비의 첫 단계로 문법을 공부하는 것은 매우 의미 있는 일이다.

1. 문장을 이루는 기본 요소

• **주어 (Subject)**

문장에서 행위나 상태, 성질의 주체가 되는 것으로, '-은/-는/-이/-가'가 붙는 어구에 해당한다. 명사의 역할을 하는 것은 모두 주어가 될 수 있다.

EX **별들**이 빛난다.

↓

The stars shine.
주어 　　동사

• **동사 (Verb)**

문장에서 주어의 동작, 상태, 성질을 나타내는 것으로, '-이다/-하다'가 붙는 어구에 해당한다.

EX 별들이 **빛난다.**

↓

The stars **shine.**
주어 　　동사

• **목적어 (Object)**

문장에서 동사가 나타내는 행위의 대상이 되는 것으로, '-을/-를'이 붙는 어구에 해당한다.

EX 나는 **별들**을 보았다.

↓

I　saw　**the stars.**
주어 동사 　목적어

• **보어 (Complement)**

문장에서 동사가 불완전할 때 주어나 목적어를 보충해주는 역할을 한다. 보어를 반드시 필요로 하는 대표적인 동사가 be동사라는 것을 알면 이해하기 쉽다.

EX 태양은 **별**이다.

↓

The sun　is　**a star.**
주어 　동사 주격 보어

EX 나는 별들이 **빛나는 것**을 보았다.

↓

I　saw　the stars　**shining.**
주어 동사 　목적어 　목적격 보어

2. 문장의 확장

문장들이 의미상 밀접하게 연결되어 있을 때, 문장의 기본 단위인 [주어 + 동사]를 여러 개 연결해서 하나의 문장으로 만들 수도 있다. 이때 문장 속에 포함된 [주어 + 동사]를 '절'이라고 부르며, 각 절들은 접속사로 연결한다.

등위접속사 and, but, or, so, for 등으로 대등하게 연결된 두 개의 절을 대등절이라 한다. 그리고 두 절이 대등하지 않은 관계로 연결되어 하나의 절이 다른 절 속에서 명사, 형용사, 부사 중 한 가지 역할을 하는 절을 종속절이라 한다.

짧은 기본 문장들을 나열하는 대신 함께 묶어서 하나의 문장으로 만들면 더 세련된 표현을 할 수 있다.

EX 1

나는 유성을 보았다.   나는 소원을 빌었다.
I saw a shooting star. + I made a wish.

↓

나는 유성을 보고는, 소원을 빌었다.
I saw a shooting star, and I made a wish.

> 두 문장을 접속사(and)로 연결하여 한 문장으로 표현할 수 있다. 문장과 문장이 동등한 관계로 연결될 수 있으며, 이를 '대등절'이라 한다.

EX 2

나는 안다.   태양은 별이다.
I know ~. + The sun is a star.

↓

나는 태양이 별이라는 것을 안다.
 I   know   that the sun is a star.
주어 동사   명사절 목적어

> 동사 know의 목적어로 절을 취해야 할 경우, '명사절'을 써 준다.

EX 3

나는 별들을 보았다. 그 별들은 하늘에서 빛나고 있었다.
I saw the stars. + The stars were shining in the sky.

↓

나는 하늘에서 빛나고 있는 별들을 보았다.
  I   saw the stars that were shining in the sky.
주어 동사 목적어   관계절

> 두 문장에 공통된 'the stars'로 이들을 연결하면, 뒤의 문장은 앞 문장에서의 목적어 'the stars'를 수식하는 구조가 된다. 명사를 수식하는 것은 형용사이므로 '형용사절(관계절)'을 써 준다.

EX 4

나는 별들을 보았다.   그 별들은 빛나고 있다.
I saw the stars. + The stars were shining.

↓

내가 별들을 보았을 때, 그것들은 빛나고 있었다.
When I saw the stars, they were shining.
      부사절   주어   동사

> 앞 문장을 '~할 때'라는 의미를 나타내게 하여 두 문장을 연결하면, 뒤의 문장을 수식하는 시간의 부사 역할을 하게 된다. 이를 '부사절'이라고 한다.

1일 동명사와 to 부정사

Overview

'나는 쓰기를 좋아한다.'라는 문장을 영어로 써 보자. 나는 좋아한다 → I like, 이때 like의 목적어 자리에는 '쓰다'라는 동사 write가 필요하지만, 동사 형태 그대로 쓸 수는 없다. 목적어가 될 수 있는 것은 명사이기 때문이다. 이때, 우리는 write에 '~ing'를 붙여 동명사로 쓰거나 to 부정사로 쓴다.

▶ I like **writing**. / I like **to write**.

동사가 문장 내에서 명사, 형용사, 부사처럼 쓰일 때는 동사 그대로 쓸 수 없으며 명사, 형용사, 부사로 쓰일 수 있는 옷으로 갈아입어야 한다. 그것이 바로 명사 역할을 하는 동명사(동사원형 + ~ing)와, 명사, 형용사, 부사 역할을 하는 to 부정사(to + 동사원형)이다.

01: "~하는 것/~하기"는 〔동명사〕나 〔to 부정사〕로 쓴다.

동명사와 to 부정사는 문장 내에서 명사처럼 주어, 목적어, 보어로 쓰인다.

■ 표현 만들기

외국어를 말하는 것
speaking a foreign language
to speak a foreign language

자신에 대해 배우는 것
learning about oneself
to learn about oneself

춤추는 것
dancing
to dance

피아노를 연주하는 것
playing the piano
to play the piano

■ 문장 써보기

1. **외국어를 말하는 것**은 어렵다.

   Speaking a foreign language
   To speak a foreign language ⎤ is difficult.　　　[주어 역할]

    동명사와 to 부정사 둘 다 주어로 쓸 수는 있으나 to 부정사는 주어로 잘 쓰지 않는다. to 부정사 주어를 쓸 경우에는 주로 가주어 It을 쓴다. (이것은 5일 It과 There에서 자세히 다룬다.)

   It is difficult **to speak a foreign language**.

2. 인생은 **자신에 대해 배우는 것**이다.

   Life is ⎡ **learning about oneself**.　　　[보어 역할]
   　　　 ⎣ **to learn about oneself**.

3. 나는 **춤추는 것**을 좋아한다.

   I enjoy **dancing**.　　　[목적어 역할]

    이 경우 'I enjoy to dance.'라고는 쓸 수 없다. enjoy가 동명사만 목적어로 취하는 동사이기 때문이다. 이처럼 동명사만 목적어로 취하는 동사와 to 부정사만 목적어로 취하는 동사가 따로 있으며, 둘 다 취하는 동사도 있다. 따라서 동사의 목적어를 쓸 때는 동명사를 쓸지 to 부정사를 쓸지에 주의해야 한다.

   to 부정사를 취하는 동사　want, decide, demand, plan, hope, agree, ask, promise, choose, etc.
   동명사를 취하는 동사　　avoid, admit, enjoy, deny, quit, practice, postpone, give up, etc.
   둘 다 취하는 동사　　　 like, love, hate, continue, prefer, begin, start, etc.

4. 나는 **피아노를 연주하는 것**에 능숙하다.

   I am good at **playing the piano**.　　　[전치사의 목적어 역할]

    이 경우 'I am good at to play the piano.'라고는 쓸 수 없다. 전치사의 목적어로는 to 부정사를 쓸 수 없으며, 반드시 동명사를 쓴다. object to, look forward to, be used to 등에서 to는 to 부정사의 to가 아니라 전치사임을 기억하자.

   나는 거기에 가는 것을 반대한다.　　　　　 나는 너를 보기를 고대한다.
   I object to **going** there.　　　　　　　 I look forward to **seeing** you.

   그녀는 일찍 일어나는 것에 익숙하지 않다.
   She is not used to **getting up** early.

02: "(해야) 할 명사"는 〔명사 + to 부정사〕로 쓴다.

to 부정사는 형용사처럼 명사를 수식한다.

■ 표현 만들기

해야 할 숙제   homework **to do**

쇼핑할 시간   time **to shop**

■ 문장 써보기

1. 나는 **해야 할 숙제**가 있다.

   I have **homework to do**.

2. 나는 오후에 **쇼핑할 시간**이 있었다.

   I had **time to shop** in the afternoon.

03: "~하기 위해"는 〔to 부정사〕로 쓴다.

to 부정사는 부사처럼 동사를 수식한다.

■ 표현 만들기

살기 위해   **to live**

가족과 함께 지내기 위해   **to stay** with her family

■ 문장 써보기

1. 나는 **살기 위해** 먹는다.

   I eat **to live**.

2. 그녀는 **가족과 함께 지내기 위해** 부산에 갔다.

   She went to Busan **to stay with her family**.

> **tip**
>
> '~하기 위해'의 뜻으로 목적의 의미를 강조할 때는 [in order to 부정사] 혹은 [so as to 부정사]를 쓴다.
>
> 나는 살기 위해 먹는다.
>
> I eat **in order to live**.
>
> I eat **so as to live**.

Jump-up Skills

1. to 부정사와 동명사에는 기본적인 의미 차이가 있다.

to 부정사에는 '미래, 계획'의 의미가, 동명사에는 '이미 한 행위'나 '행위 그 자체'라는 의미가 있다.

나는 춤을 추고 싶다. → I like **to dance**.
('아직 춤추지는 않았는데 지금 추고 싶다'라는 의미이다.)

나는 춤추는 것을 좋아한다. → I like **dancing**.
('지금 춤추고 싶다'가 아니라 '원래 춤추는 것을 좋아한다', '춤추는 행위 그 자체를 좋아한다'라는 의미가 된다.)

2. 동명사와 to 부정사의 부정은 앞에 not 혹은 never 등의 부정어를 붙인다.

그들은 아이들을 데려오지 않은 것을 후회한다.
They regret **not bringing** their children.

나는 절대로 포기하지 않겠다고 결심했다.
I decided **never to give up**.

3. "무엇을/어디서/언제/어떻게 ~할지"는 [what / where / when / how + to 부정사]로 쓴다.

to 부정사는 의문사와 함께 쓰여 명사구의 기능을 한다.

무엇을 공부할지 잊어버렸다.
I forgot **what to study**.

4. "A에게 (to 부정사)할 것을 ~하다"는 [동사 + A + to 부정사]로 쓴다.

이런 형식을 취하는 동사로는 advise, tell, ask, promise, want 등이 있다.

그는 내게 떠날 것을 요구했다.
He **asked me to leave**.

5. "너무 (형용사)해서 (to 부정사)할 수 없다"는 [too + 형용사 + to 부정사]로 쓴다.

부정의 의미이지만 표현에 not을 쓰지 않는 것에 주의한다.

빵이 너무 단단해서 자를 수 없다.
The bread is **too hard to slice**.

6. "(to 부정사)할 만큼 충분히/충분한"은 [형용사 + enough + to 부정사], [enough + 명사 + to 부정사]로 쓴다.

그 독은 너를 죽일 만큼 충분히 독하다.
The poison is **strong enough to kill** you.

이것은 너를 죽일 만큼 충분한 독을 지니고 있다.
This has **enough poison to kill** you.

Daily Check-up

파란색으로 주어진 우리말 표현을 영어로 바꾸어 문장을 완성하시오.

1 약(medicine)을 너무 많이 먹는 것은 당신의 건강에 해로울 수도 있다.

_____ may be harmful to your health.

2 그의 유일한 취미는 동전을 수집하는 것이다.

His only hobby is _____.

＊ 수집하다 collect

3 그 소녀는 갑자기 울음을 멈추었다.

The girl suddenly _____.

4 나는 인터넷에서 정보를 검색하는 것에 익숙하다.

I am used to _____ on the Internet.

＊ 검색하다 search for

5 나는 운동을 시작하기로 결심했다.

I decided _____.

＊ 운동하다 work out

6 너는 그 문제를 풀 만큼 충분한 지성을 지니고 있다.

You have enough intellect _____.

7 우리는 참여할 스터디 그룹을 찾았다.

We found a study group _____.

＊ 참여하다 take part in

8 그들은 내게 시간을 지킬 것을 충고했다.

They advised me _____.

＊ 시간을 지키다 be on time

9. 그는 그들에게 자기 가족의 사진을 보여 주기 위해 **지갑을 꺼냈다.**

   He brought his wallet out _____.

10. 비가 너무 많이 와서 낚시하러 가지 못했다.

    It rained too much _____.

11. 나는 너를 만나서 기쁘다.

    I am pleased _____.

12. 나는 부엌을 청소하는 것에 찬성했다.

    I agreed _____.

13. 그녀는 시험에서 부정행위를 한 것을 부인했다.

    She denied _____.

    * ~에서 부정행위를 하다 cheat on ~

14. 나는 회의(meeting)의 일정을 다시 잡는 것에 반대한다.

    I object to _____.

    * 일정을 다시 잡다 reschedule

15. 어떤 사람들은 역사에 대해 배우기 위해 여행을 한다.

    Some people travel _____.

정답 p.286

Daily Test

끊어 해석한 부분에 유의하여 다음의 우리말 문장을 영어로 바꾸어 쓰시오.

1 텔레비전을 너무 많이 보는 것은 / 아이들에게 나쁘다

    * ~에게 나쁘다 be bad for ~

_____

2 내가 좋아하는 방법은 / 스트레스를 풀기 위해 / 달리기이다

    * 좋아하는 favorite   * 스트레스를 풀다 relieve stress

_____

3 무엇보다도, / 나는 즐긴다 / 내 친구들과 시간을 보내는 것을

    * 무엇보다도 above all

_____

4 연습을 통해서, / 나는 능숙해졌다 / 체스를 두는 것에

    * 연습을 통해서 through practice   * ~하는 것에 능숙해지다 become skilled at 동명사

_____

5 대부분의 사람들은 선호한다 / 낮에 일하는 것을

    * 낮에 during the day

_____

6 자유 시간을 갖는 것의 가장 좋은 부분은 / 쉴 수 있다는 것이다

    * 쉬다 rest   * ~할 수 있다 be able to 부정사

_____

7 나이 많은 사람들은 배워야 한다 / 그들의 마음을 열어 두는 것을

    * A를 ~한 상태로 두다 keep A 형용사

_____

8 지도자들(leaders)은 찾는다 / 다른 사람들을 자극할 방법들을

    * 자극하다, 동기를 주다 motivate

_____

9 사람들은 영화를 본다 / 현실(reality)로부터 떨어져 잠깐 쉬기 위해

    ＊ ~로부터 떨어져 잠깐 쉬다 take a break from ~

_____

10 이것은 도와준다 / 점수가 낮은 학생들이 / 학업 성적을 개선하는 것을

    ＊ 점수가 낮은 학생들 students with low grades   ＊ 학업 성적 academic performance

_____

11 긴 여름 방학은 ~하도록 해준다 / 학생들이 외국에서 공부하도록

    ＊ A가 ~하도록 하다 allow A to 부정사   ＊ 외국에서 공부하다 study abroad

_____

12 인생에서 진정으로 성공적이기 위해서는, / 상식(common sense)을 가질 필요가 있다

    ＊ 진정으로 truly   ＊ ~할 필요가 있다 need to 부정사

_____

13 어떤 업무들(tasks)은 너무 어렵다 / 혼자서 처리하기에는

    ＊ 처리하다 handle

_____

14 좋을 것 같다 / 사는 것은 / 변화하는 날씨를 지닌 지역에서

    ＊ ~할 것 같다 would 동사원형   ＊ 변화하는 날씨를 지닌 with changing weather

_____

15 나는 삶을 살고 싶다 / 매우 빠른 속도로

    ＊ ~하고 싶다 would like to 부정사   ＊ 빠른 속도로 at a fast pace

_____

정답 p.286

2일 분사

Overview

'부러진 화살'을 표현해 보자. 이때 '부러뜨리다'라는 뜻의 동사 break를 그대로 써서 명사를 수식할 수는 없으며, '부러진'의 의미를 나타내는 형용사 역할을 하는 분사가 필요하다.

▶ a **broken** arrow

동명사나 to 부정사 형태로 동사를 명사, 형용사, 부사처럼 쓸 수 있듯이, 동사가 분사(동사원형 + -ing / -ed)로 쓰이면 형용사처럼 기능하게 된다.

01: "~하는"은 〔현재분사(~ing)〕로, "~된(~당한)"은 〔과거분사(~ed)〕로 쓴다.

분사는 형용사처럼 명사를 수식하거나 보어로 쓰인다.

■ 표현 만들기

날아다니는 원숭이	a **flying** monkey
도난당한 시계	a **stolen** watch
피곤하다	feel **tired**
그녀가 노래하는 것을 듣다	hear her **singing**

■ 문장 써보기

1. 너는 **날아다니는 원숭이**를 본 적 있니?

   Have you ever seen **a flying monkey**?   [명사 수식 현재분사]

2. 나는 그가 **도난당한 시계**를 차고 있는 것을 봤다.

   I saw him wearing **the stolen watch**.   [명사 수식 과거분사]

3. 나는 매일 **피곤하다**.

   I **feel tired** every day.   [주격 보어 과거분사]

4. 나는 그녀가 욕실에서 **노래하는 것을 들었다.**

I **heard her singing** in the shower.　　　　[목적격 보어 현재분사]

tip 1

현재분사와 과거분사의 의미 차이

현재분사는 능동의 의미(직접 ~하는)를, 과거분사는 수동의 의미(~된, ~당한)를 가진다. 가령, 동사 excite (~을 흥미롭게 하다, 흥분시키다)의 경우를 보자.

❶ **exciting**(현재분사): '흥미 있게 해주는, 흥분시키는'의 의미

　exciting movies(재미있는 영화), **exciting** games(신나는 게임)와 같이 쓰인다.

❷ **excited**(과거분사): '흥미 있어 하는, 흥분된' 등 excite라는 행위를 당한다는 의미

　an **excited** boy(신이 난 소년), greatly **excited** people(매우 흥분한 사람들)과 같이 쓰인다.

tip 2

분사는 대개 명사 앞에서 [분사 + 명사]의 어순으로 수식하지만, 분사에 다른 단어가 따라 나올 때, 즉 분사가 구를 이룰 때는 [명사 + 분사구]의 어순이 된다.

잠자는 고양이 　a sleeping cat

탁자 밑에서 잠자는 고양이　a cat sleeping under the table

02: "~할 때/~하기 때문에/~한다면/~한 채로"는 〔분사구문〕으로 쓴다.

[분사구문 + 주절]은 [부사절 + 주절]의 문장 형태를 간단하게 쓸 수 있는 방법으로, 간명하고 세련된 느낌을 주는 표현이다.

■ **표현 만들기**

그녀를 봤을 때　　　　**Seeing** her,
　　　　　　　　　　('When 주어 saw her'의 부사절로 쓸 수도 있다.)

차에 치었기 때문에　　**Hit** by a car,
　　　　　　　　　　('Because 주어 be동사 hit by a car'의 부사절로 쓸 수도 있다.)

뒤돌아본다면　　　　　**Turning** around,
　　　　　　　　　　('If 주어 turn around'의 부사절로 쓸 수도 있다.)

음악을 들으면서　　　　**Listening** to music,
　　　　　　　　　　(동시 상황, 혹은 연속적으로 일어난 동작을 나타낼 때는 주로 분사구문을 쓴다.)

1일 2일 3일 4일 5일 6일

Hackers **TOEFL** Writing Basic

■ 문장 써보기

1. **그녀를 봤을 때**, 나는 심장이 멎는 것 같았다.
   Seeing her, I felt my heart stop. [시간의 분사구문]

2. **차에 치었기 때문에**, 그는 병원에 가야 했다.
   Hit by a car, he had to go to hospital. [이유의 분사구문]

3. **뒤돌아본다면**, 너는 큰 빌딩을 보게 될 거야.
   Turning around, you will see a big building. [조건의 분사구문]

4. **음악을 들으면서**, 나는 잠들었다.
   Listening to music, I fell asleep. [동시상황의 분사구문]

tip 1

주절의 주어와 일치하지 않는 주어로 분사구문을 만드는 경우도 있다.

Lisa가 그 연극을 좋아해서, 우리는 그녀에게 티켓을 사 주었다.
Lisa loving the play, **we** bought the ticket for her.

문법적으로 틀린 문장은 아니지만, 분사의 주어가 주절과 일치하여 분사구문 부분에 주어를 생략하는 문장에 비해 잘 쓰이지 않으며, 어색한 느낌을 주게 된다. 따라서 이런 경우에는 부사절을 쓰는 것이 더 자연스럽다.
→ **Because Lisa loved the play**, we bought the ticket for her.

tip 2

분사구문을 쓸 때, 현재분사를 쓸지 과거분사를 쓸지는 주절의 주어에 의해 결정된다.
주어가 행위를 하는 주체(능동의 의미)이면 현재분사, 행위를 당하는 대상(수동의 의미)이면 과거분사를 쓴다.

그는 차에 치었기 때문에 병원에 가야 했다.
Hit by a car, **he** had to go to hospital.

사람을 치어서 버스 운전사는 체포되었다.
Hitting a man, **the bus driver** was arrested.

tip 3

분사구문에서 접속사를 써 줄 수도 있다.
원칙적으로 분사구와 주절의 의미 관계(시간, 이유, 양보, 조건 등)가 명확할 경우 생략해도 되지만, 생략하지 않고 그대로 쓰는 경우도 많다. 그리고 약간이라도 의미가 모호하다 싶을 때는 반드시 접속사를 쓰도록 한다.

도움을 청하기 전에, 너는 최선을 다해야 한다.
Asking for help, you should do your best.

접속사가 빠졌기 때문에 의미가 모호하다. '도움을 청하는 것'과 '최선을 다하는 것'의 관계를 봐서, '도움을 청하기 전에'라고 해석할 확률이 100%가 아니라면 접속사를 써 주자.
→ **Before asking** for help, you should do your best.

Jump-up Skills

1. 분사구문

분사구문은 부사절의 접속사를 없애고 분사구문의 주어와 주절의 주어가 일치하는 경우, 주어를 생략하고 동사를 '동사원형 + ~ing' 형태로 만든다.

피곤했기 때문에, 나는 일찍 잠자리에 들었다.
As I felt tired, I went to bed early.
= **Feeling tired**, I went to bed early.

그녀는 혼자 남겨지자, 울음을 터뜨렸다.
When she was left alone, she began to cry.
= **(Being) Left alone**, she began to cry.

분사구문 맨 앞에 being이 오면 대체로 생략한다.

2. 분사의 부정은 분사 앞에 not 혹은 never를 붙인다.

무슨 말을 해야 할지 몰랐기 때문에, 나는 조용히 있었다.
Not knowing what to say, I kept silent.

3. "(명사)를 ~하면서, ~한 채로"의 표현은 [with + 명사 + 분사]로 쓴다.

그는 그의 눈을 감은 채로 노래를 들었다.
He listened to the song **with his eyes closed**.

4. 명사나 부사가 분사와 하이픈으로 연결된 [명사-분사], [부사-분사]는 한 단어의 형용사처럼 쓰인다.

영어를 쓰는 → English-speaking
잘 알려진 → well-known

전 세계에는 영어를 쓰는 국가들이 많다.
There are many **English-speaking** countries worldwide.

그 교수는 그의 연구 분야에서 잘 알려져 있다.
The professor is **well-known** in his field of work.

5. "~을 -당하다, (누군가를 시켜서) ~을 -하게 하다"의 표현은 [have + 목적어 + 과거분사]로 쓴다.

나는 지갑을 도둑 맞았다.
I **had** my wallet **stolen**.

나는 프린터를 수리하게 했다.
I **had** the printer **repaired**.

Daily Check-up

파란색으로 주어진 우리말 표현을 영어로 바꾸어 문장을 완성하시오.

1 말하는 앵무새가 나의 주의(attention)를 끌었다.

_____ attracted my attention.

2 우리를 향해 오고 있는 소녀가 Jessica이다.

The girl _____ is Jessica.

3 그는 양념된 스테이크를 먹는 것을 즐긴다.

He enjoys eating _____.

＊ 양념하다 season

4 그 파티에 초대된 많은 사람들이 있었다.

There were many people _____.

5 나는 네가 개를 산책시키는 것을 보았다.

I saw you _____.

＊ 산책시키다, 걷게 하다 walk

6 그녀는 한 시간 내에 프린터를 고치게 했다.

She _____ in an hour.

＊ 고치다, 수리하다 fix

7 길을 걸어가다가, 나는 Ben과 우연히 마주쳤다.

_____, I ran into Ben.

8 한 남자에게 쫓기며, 그 도둑은 모퉁이를 돌아 뛰었다.

_____, the thief ran around the corner.

＊ 쫓다 follow

9 그것이 다른 학생의 잘못(fault)이라는 것을 몰랐기 때문에, 선생님은 나를 야단쳤다.

_____, the teacher scolded me.

10 그와 이야기하는 것이 지루해졌기 때문에, 나는 양해를 구하고 그 방을 떠났다.

_____, I left the room with an excuse.

* ~하는 것이 지루해지다 be bored with ~

11 왼쪽으로 돌면, 당신은 편의점을 발견할 것이다.

_____, you will find the convenience store.

12 해변을 따라서 걷다가, 우리는 게를 잡았다.

_____, we caught a crab.

* ~을 따라서 걷다 walk along ~

13 돈을 전혀 갖고 있지 않았기 때문에, 나는 새 재킷을 살 수 없었다.

_____, I couldn't buy a new jacket.

14 부모에 의해 궁지에 몰려, 그 소년은 마침내 진실을 말했다.

_____, the boy finally told the truth.

* 궁지에 몰다 corner

15 그의 주소(address)를 몰랐기 때문에, 그녀는 그에게 연락할 수 없었다.

_____, she couldn't contact him.

정답 p.287

Daily Test

끊어 해석한 부분에 유의하여 다음의 우리말 문장을 영어로 바꾸어 쓰시오.

1 증가하는 자동차의 수는 / 관련되어 있다 / 대도시의 심각한 대기 오염과

    ＊ ~와 관련되어 있다 be related to ~   ＊ 대기 오염 air pollution

_____

2 당신은 살고 싶어 하지 않을 것이다 / 화학 쓰레기를 방출하는 공장 근처에서

    ＊ 화학 쓰레기 chemical wastes   ＊ 방출하다 emit

_____

3 몇몇 프로그램들은 / 아이들에 의해 시청되는 / 재미있고 교육적이다

    ＊ 재미있는 fun   ＊ 교육적인 educational

_____

4 당신은 발견할 수 있다 / 귀중한 지혜(wisdom)를 / 책에 쓰여진

    ＊ 귀중한 priceless

_____

5 나는 본 적이 있다 / 많은 학생들이 밖에서 빈둥거리는 것을 / 수업 시간에

    ＊ ~한 적이 있다 have 과거분사   ＊ 빈둥거리다 idle away   ＊ 수업 시간에 during school hours

_____

6 시골(countryside)에서 자랐기 때문에, / 나는 즐길 수 있었다 / 많은 야외 활동을

    ＊ 자라다 grow up   ＊ 야외 활동 outdoor activities

_____

7 기회가 주어진다면 / 역사적인 인물을 만날, / 나는 아인슈타인(Einstein)을 만나고 싶어 할 것이다

    ＊ 역사적인 인물 historical figure

_____

8 식당에서 형편없는(poor) 서비스를 마주칠 때, / 나는 표현한다 / 나의 불만(dissatisfaction)을 / 즉시

    ＊ 마주치다 encounter   ＊ 표현하다 express   ＊ 즉시 right away

_____

9 한 가지를 보내라고 요구받는다면 / 우리 나라를 대표하는, / 나는 반도체 칩을 선택하겠다

＊ ~할 것을 요구받다 be asked to 부정사　　＊ 대표하다 represent　　＊ 반도체 칩 semiconductor chip

_____

10 나의 친구들과 함께 여행하면서, / 나는 분담할 수 있었다 / 여행의 경비(expenses)를

＊ 분담하다 share

_____

11 개인적인 경험을 통해 배운 교훈(lessons)은 / 더 오래 지속된다 / 충고(advice)보다

＊ 개인적인 경험 personal experience　　＊ 지속되다 stay

_____

12 주의 산만(distractions)을 꺼려하여, / 나는 선호한다 / 혼자서 공부하는 것을

＊ ~을 꺼리다, 두려워하다 be afraid of ~　　＊ 혼자서 by oneself

_____

13 잘 계획된 활동이 해준다 / 당신의 여가 시간(free time)을 / 더 유쾌하게

＊ 유쾌한, 즐거운 enjoyable

_____

14 부모가 집안일(household tasks) 하는 것을 도우면서, / 아이들은 배울 수 있다 / 책임감을

＊ A가 B하는 것을 돕다 help A with B　　＊ 책임감 responsibility

_____

15 이웃(neighborhood)을 통해 지나가는 차들은 / 소음 공해를 일으킬 것이다

＊ ~을 통해 지나가다 pass through ~　　＊ 소음 공해 noise pollution　　＊ 일으키다 cause

_____

정답 p.287

1st Week

1일

2일

3일

4일

5일

6일

Hackers **TOEFL** Writing Basic

3일 명사절과 부사절

Overview

'내가 너를 좋아한다는 것'을 영어로 표현해 보자. 이때, '내가 너를 좋아한다'라는 뜻의 'I like you' 외에 '~라는 것'을 표현해 주는 명사절을 이끄는 접속사 that이 필요하다.

▶ **that** I like you

'네가 책을 읽을 때'를 영어로 표현해 보자. 마찬가지로 '네가 책을 읽는다'라는 뜻의 'you read a book' 외에 '~할 때'라는 의미를 표현하려면, 시간의 부사절을 이끄는 접속사 when이 필요하다.

▶ **when** you read a book

O1: "~하는 것/~하는지"는 〔명사절〕로 쓴다.

명사절은 문장에서 명사처럼 주어, 보어, 목적어, 전치사의 목적어, 동격절로 쓰인다.

■ 명사절 = [명사절 접속사 + (주어) + 동사]

~하는 것, 무엇이/무엇을 ~하는지	**what**
~하는 것	**that**
~인지 아닌지	**whether, if**
누가/누구를 ~하는지	**who**
언제 ~하는지	**when**
어디에서 ~하는지	**where**
왜 ~하는지	**why**
어떻게 ~하는지	**how**

■ 표현 만들기

어제 일어났던 것	**what** happened yesterday
그들의 관계가 불안정하다는 것	**that** their relationship is rocky
당신이 그것을 들어본 적이 있는지 (없는지)	**whether** you've ever heard of it before (or not)
누가 창문을 깨뜨렸는지	**who** broke the window
왜 내가 잠자는 데 문제가 있는지	**why** I have problems sleeping
어떻게 당신이 그녀를 만났는지	**how** you met her
언제 영화가 시작하는지	**when** the movie starts
Andy가 술을 마시지 않는다는 사실	**the fact that** Andy doesn't drink

■ 문장 써보기

1. **어제 일어났던 것**은 내게 많은 것을 의미했다.
   What happened yesterday meant a lot to me.   [주어 역할]

2. 진실은 **그들의 관계가 불안정하다는 것**이다.
   The truth is **that their relationship is rocky**.   [보어 역할]

3. 나는 **당신이 그것을 들어본 적이 있는지** 의심스럽다.
   I doubt **whether you've ever heard of it before**.   [목적어 역할]

4. 나는 **누가 창문을 깨뜨렸는지** 모른다.
   I don't know **who broke the window**.   [목적어 역할]

5. 의사조차도 **왜 내가 잠자는 데 문제가 있는지**를 설명하지 못한다.
   Even the doctor can't explain **why I have problems sleeping**.   [목적어 역할]

6. **어떻게 당신이 그녀를 만났는지** 말해 보아라.
   Tell me **how you met her**.   [목적어 역할]

7. 그것은 **언제 영화가 시작하는지**에 달려 있다.
   It depends on **when the movie starts**.   [전치사의 목적어 역할]

8. **Andy가 술을 마시지 않는다는 사실**이 나를 놀라게 한다.
   The fact that Andy doesn't drink surprises me.   [동격절]
   'The fact'와 that절은 서로 동격의 관계이다.

tip 1

what(~하는 것, 무엇이 ~하는지)과 who(~하는 사람, 누가 ~하는지)가 주어로 쓰이면 바로 뒤에 동사가 온다.

너를 행복하게 만드는 것 → **what makes** you happy
너를 행복하게 만드는 사람 → **who makes** you happy

tip 2

what과 that

둘 다 '~하는 것'으로 해석되지만, what은 그 자체가 '것'이라는 명사 기능을 하기 때문에 what 다음에는 주어나 목적어, 보어 중 하나가 빠진 불완전한 문장이 온다. 반면에 that은 접속사 역할만을 하기 때문에 that 다음에는 완전한 문장이 온다.

어제 발생했던 것은 나에게 많은 것을 의미했다.
What **happened yesterday** meant a lot to me. → [동사 + 부사]의 불완전한 문장

사실은 내가 너를 정말로 좋아한 적이 없다는 것이다.
The truth is that **I never really liked you**. → [주어 + 동사 + 목적어]의 완전한 문장

02: "~할 때/~한다면/~하므로/비록 ~하지만"은 〔부사절〕로 쓴다.

부사절은 문장 내에서 부사의 역할을 한다.

■ 부사절 = [부사절 접속사 + 주어 + 동사]

~이므로, ~하기 때문에 (원인)	**because, since, as, now that**
~할 때, ~하는 동안에 (시간)	**when, as, while**
비록 ~일지라도 (양보)	**although, though**
~인 반면에 (대조)	**while, whereas**
만일 ~라면, ~인 경우에 (조건)	**if, in case, granting that**
~하기 위해서, ~할 수 있도록 (목적)	**so that, in order that**
매우 ~해서 –하다 (결과)	**so** 형용사/부사 **that, such** 명사 **that**
~하는 한 (제한)	**as long as, as far as**

■ 부사절의 위치

나는 그녀가 똑똑하기 때문에 그녀를 좋아한다.

1) 주어 + 동사 + 부사절   I like her **because she is smart.**

2) 부사절 + comma(,) + 주어 + 동사   **Because she is smart,** I like her.

▶ 표현 만들기

당신이 책을 읽을 때   **when** you are reading a book

나는 마음을 정했으니까   **now that** I have made up my mind

아기가 잠자는 한   **as long as** the baby sleeps

모두가 들을 수 있을 정도로 시끄러운   **so** loud **that** everyone can hear you

▶ 문장 써보기

1. **책을 읽을 때** 당신은 행복해 보인다.

   You look happy **when you are reading a book**.

2. **나는 마음을 정했으니까**, 뒤돌아보지 않겠다.

   Now that I have made up my mind, I will not look back.

3. **아기가 잠자는 한** 우리는 쉴 수 있다.

   We can rest **as long as the baby sleeps**.

4. 당신의 목소리가 **너무 시끄러워서 모두가 듣겠다**.

   Your voice is **so loud that everyone can hear you**.

> **tip**
>
> 부사절이 주절 앞에 올 때는 comma가 사이에 오고 주절 뒤에 올 때는 comma를 쓰지 않는 것이 원칙이지만, '~인 반면에'의 뜻으로 while/whereas를 쓸 때는 예외적으로 부사절이 주절 뒤에 와도 comma를 쓴다.
>
> 그의 아버지는 마른 반면 John은 뚱뚱하다. → John is fat, **whereas** his father is skinny.

Jump-up Skills

1. whether와 if의 차이

① whether가 이끄는 절은 주어, 목적어, 보어로 쓰이고, whether는 to 부정사를 이끌 수 있다.

그녀가 올지 안 올지는 중요하지 않다.
[**Whether** she comes or not] doesn't matter. [주어]

나는 그가 정직한지 아닌지를 여전히 의심한다.
I still question [**whether** he is being honest]. [목적어]

중요한 것은 그녀가 오느냐 안 오느냐는 것이다.
The important thing is [**whether** she will come or not]. [보어]

그들은 떠날지 머무를지 결정할 수가 없다.
They cannot decide **whether to leave or stay**.

② if는 목적어가 되는 명사절만을 이끈다.

나는 그녀가 올지 안 올지 궁금하다.
I wonder **if** she will come.

2. 조건을 나타내는 in case와 if의 차이

① if는 '어떤 상황이 발생할 경우에만'의 의미일 때 쓴다.

그들이 오면 식사할 자리를 더 마련하자.
If they come, we will set up another table.

② in case는 '어떤 상황이 일어날 것을 대비하여', 즉 '실제로 상황이 발생하지 않을지라도 일단은'의 의미일 때 쓴다. 따라서 in case 뒤에는 발생 가능한 미래의 상황이 등장한다.

그들이 올 수도 있으니까 (오든 안 오든) 식사할 자리를 더 마련하자.
Let's set up another table **in case** they come.

3. 이유를 나타내는 as와 because의 차이

① as는 글을 읽는 사람이 이미 이유를 알고 있거나 별로 중요하지 않은 상황에 쓴다.

비가 다시 오니까, 그냥 집에 있는 게 낫겠다.
As it's raining again, we'd better stay at home.

② because는 새로운 정보를 제시하거나 중요한 이유를 나타낼 때 쓴다.

나는 아팠기 때문에, 출근하지 않았다.
Because I was sick, I didn't go to work.

4. "~해서 (형용사)하다"는 [형용사 + (that)절]로 쓴다.

sorry, pleased, glad, sure, afraid, amazed 등 감정이나 태도를 나타내는 형용사는 that절을 취하고, 이때의 that은 생략할 수 있다.

모두들 나를 위로하려고 노력해서 나는 감동받았다.
I was touched (**that**) everybody tried to cheer me up.

Daily Check-up

파란색으로 주어진 우리말 표현을 영어로 바꾸어 문장을 완성하시오.

1 그녀는 그들이 마침내(finally) 헤어졌다는 사실을 받아들일 수 없었다.

She couldn't accept _____.

＊ (남녀가) 헤어지다 break up

2 그들은 술(alcohol)을 마시는 것이 건강에 해롭다는 것을 지적했다.

They pointed out _____.

＊ 건강에 해로운 unhealthy

3 그는 근처에(nearby) 우체국이 있는지 없는지를 몰랐다.

He did not know _____.

4 나는 내가 여행에서 경험했던 것에 대해 적었다.

I wrote about _____.

＊ 여행에서 on the trip

5 당신은 저 남자들이 누구인지를 아는가?

Do you know _____?

6 내가 당신의 목소리를 들을 때, 나의 가슴은 두근거리기 시작한다.

_____, my heart starts to pound.

7 나는 Terry가 어디로 갔는지를 알아낼 수 있다.

I can find out _____.

8 왜 내가 비 오는 날을 좋아하는지를 설명하기는 어렵다.

It's hard to explain _____.

＊ 비 오는 날 rainy days

9 어떻게 그 사고(accident)가 일어났는지를 나에게 말해 줘.

Tell me _____ .

10 네가 수업 중이었을 때 그가 잠깐 들렀다.

He stopped by _____ .

* 수업 중에 있다 be in class

11 만일 당신이 Chris와 결혼한다면, 당신은 불행할 것이다.

_____ , you will be unhappy.

* 결혼하다 marry

12 우리는 살이 찌고 있으므로, 더 적게 먹어야 한다.

_____ , we should eat less.

* 살찌다 put on weight

13 비록 그 회사는 도산했지만, 그 회사의 제품은 여전히 사용되고 있다.

_____ , its products are still being used.

* 도산하다, 폐업하다 go out of business

14 비록 나는 지금 뉴욕에 살고 있지만, 캘리포니아에서 성장했다.

_____ , I grew up in California.

15 네가 그것들을 필요로 하는 한 그 책들을 가지고 있어도 좋다.

You may keep the books _____ .

정답 p.287

Daily Test

끊어 해석한 부분에 유의하여 다음의 우리말 문장을 영어로 바꾸어 쓰시오.

1 나는 동의한다 / 부모들이 가장 좋은 선생님이라는 것에

_____

2 나는 믿는다 / 텔레비전이 줄여 왔다는 것을 / 가족 간에 대화(communication)를

　　＊ 줄이다, 감소시키다 reduce　　＊ 가족 간에 among family members

_____

3 나는 의심스럽다 / 매일의 숙제가 도울 것인지 / 학생들이 더 잘 배우도록

_____

4 나는 논의할 것이다 / 무엇이 도왔는지 / 사람들이 더 오래 살도록

　　＊ ~에 대해 논의하다 discuss ~

_____

5 그도 좋아할 것이다 / 내가 우리 마을(town)에 대해 가장 좋아하는 것을

_____

6 우리는 알 필요가 있다 / 새로운 영화관이 지역 경제에 어떻게 영향을 미칠 것인지

　　＊ 지역 경제 local economy　　＊ 영향을 미치다 affect

_____

7 당신은 궁금해할지도 모른다 / 누가 당신의 룸메이트(roommate)가 될 것인지를

　　＊ 궁금해하다 wonder

_____

8 네가 최선을 다하는 한, / 이기거나 지는 것은 중요하지 않다

　　＊ 이기거나 지는 것 winning or losing

_____

토플자료 제공 · 유학정보 공유 goHackers.com

9 많은 사람들이 역사를 공부하는 반면에, / 소수만이 그것의 가치(value)를 인식한다

    ✽ 소수만이 only a few   ✽ 인식하다 recognize

_____

10 만일 내가 선택해야 한다면, / 나는 차라리 일하겠다 / 보수가 높은 직장에서

    ✽ 차라리 ~하겠다 would rather 동사원형   ✽ 보수가 높은 직장 a high-paying job

_____

11 비록 컴퓨터가 우리의 삶을 더 쉽게 만들어 왔지만, / 몇몇 단점들도 있다 / 마찬가지로

    ✽ 단점 drawback   ✽ 마찬가지로 as well

_____

12 스트레스를 받을 때면, / 나는 어딘가로 간다 / 혼자 있기 위해

    ✽ 스트레스를 받다 be stressed   ✽ 어딘가로 somewhere

_____

13 도시에 사는 것이 종종 스트레스를 줄 수 있는 반면에, / 또한 많은 혜택들(benefits)도 있다

    ✽ 스트레스를 주는 stressful

_____

14 어떤 사람이 부유하다는 사실이 / 그 사람을 성공적으로 만들지 않는다

    ✽ 성공적인 successful

_____

15 다른 옷은 때때로 영향을 준다 / 어떻게 사람들이 행동하는지에

    ✽ 영향을 주다 influence   ✽ 행동하다 behave

_____

정답 p.288

4일 관계절

Overview

'내가 좋아하는 사진'이라는 표현을 만들어 보자. 명사 '사진(picture)'을 '내가 좋아하다(I like)'라는 말로 수식해야 한다. 이때, 명사와 수식어의 관계를 나타내 주는 관계대명사 which로 연결한다.
▶ the picture **which** I like

이처럼 명사에 덧붙이고 싶은 말이 문장이 될 때, 자연스럽게 명사를 수식할 수 있는 방법이 관계대명사와 관계부사의 사용이다. 즉, 관계절이란 문장 안에서 형용사의 기능을 하는 절이다.

01: "(주어가) ~하는 명사"는 〔명사 + 관계대명사 + (주어) + 동사〕로 쓴다.

■ 관계절 = 〔관계대명사 + (주어)+ 동사〕
　　　　　　　┌ **who, whose, whom**
　　　　　　→ **which**
　　　　　　└ **that**

■ 관계대명사는 관계절 내에서 주어, 목적어 등의 역할을 하면서 관계절을 이끌어 앞에 오는 명사를 수식해 준다. 따라서 관계대명사 뒤에는 주어나 목적어 등이 빠진 문장이 온다.

나는 백화점에서 일하는 소녀를 만났다.
I met a girl . She works at a department store.
→ I met a girl **who** works at a department store.
관계대명사 who가 원래 주어 'she'를 대신하므로, who 다음에는 주어가 빠진 불완전한 문장이 온다.

이것들이 네가 찾고 있었던 열쇠들이다.
These are the keys . You were looking for them .
→ These are the keys **that** you were looking for.
관계대명사 that이 원래 목적어 'them'을 대신하므로, that 다음에는 목적어가 빠진 불완전한 문장이 온다.

■ 표현 만들기

결정을 내리는 사람	the man **who** makes the decisions
그가 추천한 영화	the movie **that** he recommended
차가 고장 난 여자	a woman **whose** car had broken down
내가 이야기할 수 있는 친구	a friend to **whom** I can talk

■ 문장 써보기

1. 그는 **결정을 내리는 사람**이 아니다.

   He is not **the man who makes the decisions**.　　　　　[주격 관계대명사]

2. 나는 **그가 추천한 영화**를 보았다.

   I watched **the movie that he recommended**.　　　　　[목적격 관계대명사]

3. 나는 **차가 고장 난 여자**를 도와주었다.

   I helped **a woman whose car had broken down**.　　　　　[소유격 관계대명사]

4. 나는 **내가 이야기할 수 있는 친구**를 찾았다.

   I found **a friend to whom I can talk**.　　　　　[전치사의 목적어]
   (= I found a friend whom I can talk to.)

tip 1

선행사(수식 받는 명사)가 사물이면 which나 that을, 사람이면 who나 that을 쓴다.

냉장고는 음식을 차게 유지하는 기계이다.
A refrigerator is a **machine which/that** keeps food cold.

옆집에 사는 여자는 선생님이다.
The woman **who/that** lives next door is a teacher.

tip 2

목적격 관계대명사 whom, that, which는 생략할 수 있다.

나는 네가 만나고 싶어 하던 여자와 우연히 마주쳤다.
I ran into the woman **(whom)** you wanted to see.

Eric은 내가 의지할 수 있는 유일한 사람이다.
Eric is the only person **(that)** I can rely on.

네가 관람한 영화는 쓰레기일 뿐이다.
The movie **(which)** you watched is nothing but trash.

02: "(주어가) ~하는 장소/시간/이유/방법"은〔장소/시간/이유/방법의 명사 + 관계부사 + 주어 + 동사〕로 쓴다.

■ 관계절 = [관계부사 + 주어 + 동사]

- where
- when
- why
- how

■ 관계부사는 관계절을 이끌어 앞에 오는 명사를 수식해 주고, 관계절 내에서 부사 역할을 한다. 따라서 관계부사 뒤에는 주어, 목적어 등을 갖춘 완전한 문장이 온다.

나는 타코를 먹을 수 있는 식당을 찾고 있다.
I'm looking for a restaurant . I can have tacos in the restaurant .
→ I'm looking for a restaurant **where** I can have tacos.
where는 부사구(in the restaurant)를 대신하므로, where 다음에는 완전한 문장이 온다.

■ 표현 만들기

우리가 E.T.를 본 영화관   the movie theater **where** we saw E.T.
우리가 Joe를 처음 만난 날   the day **when** we first met Joe
내가 채식주의자인 세 가지 이유   three reasons **why** I am a vegetarian
그녀가 가르치는 방법   **the way** she teaches / **how** she teaches

■ 문장 써보기

1. 우리가 E.T.를 본 영화관은 철거되었다.
   The movie theater where we saw E.T. has been torn down.   [장소의 명사 + where]

2. 그 사고는 우리가 Joe를 처음 만난 날에 일어났다.
   The accident happened **the day when we first met Joe**.   [시간의 명사 + when]

3. 내가 채식주의자인 세 가지 이유가 있다.
   There are **three reasons why I am a vegetarian**.   [이유의 명사 + why]

4. 그녀가 가르치는 방법은 그다지 효과적인 것 같지 않다.
   The way she teaches doesn't seem very effective.   [방법의 명사 / how]
   How she teaches doesn't seem very effective.
   '~하는 방법'이라고 관계절을 쓸 때는 'the way how'를 함께 쓰지 않고, 'the way'나 'how'만 써서,
   [the way + 주어 + 동사]나 [how + 주어 + 동사]로 쓴다.

Jump-up Skills

1. 관계절의 [계속적 용법]

계속적 용법이란 관계절이 명사를 수식하는 것(제한적 용법)이 아니라 명사나 문장 전체를 부가적으로 설명하는 용법, 즉 어떤 설명을 덧붙이는 느낌으로 관계절을 사용하는 것을 말한다. [주어 + 동사, 관계절] 혹은 [주어, 관계절, 동사]로 표현할 수 있고, 관계사로는 which, who, whose, where 등을 쓸 수 있다. 단, 문장 전체에 대한 부가적 설명은 **which**로만 쓸 수 있다.

그녀는 머리 스타일을 바꿨다, 그런데 이것은 그녀에게 무슨 일이 일어났음을 의미할지도 모른다.
She changed her hairstyle, **which** may mean that something has happened to her.

Laura는, 옆집에 살았었는데, 얼마 전에 결혼했다.
Laura, **who** used to live next door, just got married.

2. 다음의 경우에는 that만을 관계대명사로 사용해야 한다.

① [the only / the very / the same / the 서수 / the 최상급 + 명사]를 수식할 때

그는 내가 이야기하고 싶은 유일한 사람이다.
He is **the only** one **that** I feel like talking to.

② [all / any / some / every / many / no + 명사]를 수식할 때

영어를 잘 하는 모든 학생 → **every** student **that** speaks English well
음악을 즐기는 몇몇의 사람들 → **some** people **that** enjoy the music

③ anything / something / nothing / everything을 수식할 때

네가 원하는 것은 무엇이든지 말해 봐.
Tell me **anything that** you want.

3. 다음의 경우에는 관계대명사 that을 절대 사용할 수 없다.

① comma 뒤의 계속적 용법

그 프로젝트는 마침내 끝났다, 그런데 그것은 정말 성가신 일이었다.
The project is finally completed, **that** was a pain in the neck. (×)
The project is finally completed, **which** was a pain in the neck. (○)

② 전치사 + **that**

여기가 그녀가 일하는 식당이다.
This is the restaurant **at that** she works. (×)
This is the restaurant **at which** she works. (○)
This is the restaurant **that** she works **at**. (○)

Daily Check-up

파란색으로 주어진 우리말 표현을 영어로 바꾸어 문장을 완성하시오.

1 네가 어제 만났던 남자는 나의 고등학교 친구이다.

The man _____ is my high school friend.

2 그는 내가 데이트하고 싶은 이상적인 남자이다.

He is the ideal guy _____.

* 데이트하다 date

3 그녀는 나의 프로젝트를 돕고 있는 직장 동료이다.

She is a co-worker _____.

* A가 B하는 것을 돕다 help A with B

4 나의 수업들 중 하나를 가르치셨던 선생님께서 돌아가셨다.

The teacher _____ passed away.

5 그가 작년에 샀던 그림은 그의 거실에 걸려 있다.

The painting _____ hangs in his living room.

6 나는 아버지께서 나에게 사 주신 카메라를 그에게 빌려주었다.

I lent him the camera _____.

7 고장 난 그 기계는 내일 수리될 것이다.

The machine _____ will be fixed tomorrow.

* 고장 나게 하다, 부수다 break

8 그는 나에게 베스트셀러(bestseller) 목록에 있던 책 한 권을 추천했다.

He recommended a book _____ to me.

9 나의 성적이 떨어졌고, 그것은 나의 부모님을 걱정시켰다.

My grades fell, _____ .

* 걱정시키다 worry

10 내가 좋아하는 어린 시절의 기억은 내가 아버지와 함께 야구를 했던 시간들이다.

My favorite childhood memories are the times _____ .

11 나는 아버지가 이 대학의 교수인 소녀를 알고 있다.

I know a girl _____ .

12 나는 그녀가 생각하는 방식을 이해하지 못한다.

I don't understand _____ .

13 네가 못 갈 이유는 없다.

There is no reason _____ .

14 우리가 쇼핑했던 백화점은 사람들로 가득 차 있었다.

The department store _____ was packed with people.

* 쇼핑하다 shop

15 미리 준비하는 학생들은 보통 시험을 잘 본다.

Students _____ usually do well on tests.

* 미리 in advance

정답 p.288

Daily Test

끊어 해석한 부분에 유의하여 다음의 우리말 문장을 영어로 바꾸어 쓰시오.

1 동료(co-worker)는 / 직장에서 기꺼이 도와주는 / 고맙게 생각된다
   * 기꺼이 ~하다 be willing to 부정사   * 고맙게 생각되다 be appreciated

   _____

2 인스턴트 음식은, / 많은 방부제(preservatives)를 함유하고 있어서, / 몸에 해롭다
   * 함유하다, 포함하다 contain   * 몸에 해로운 unhealthy

   _____

3 나는 회사에서 일하고 싶다 / 내가 빨리 승진할 수 있는
   * ~하고 싶다 would like to 부정사   * 승진하다 advance(= be promoted)

   _____

4 때때로 기억들(memories)은, / 평생 동안 지속될 수 있어서, / 보석(jewelry)보다 더욱 가치 있다
   * 평생 동안 지속되다 last for a lifetime   * 가치 있는 valuable

   _____

5 아이들은 / 어린 나이에 교육을 시작하는 / 친구들을 사귀는 데 어려움을 겪는다
   * 어린 나이에 at an early age   * ~하는 데 어려움을 겪다 have difficulty (in) 동명사

   _____

6 이것들이 몇 가지 이유들이다 / 왜 미래를 위해 당신의 돈을 저축하는 것이 더 좋은지

   _____

7 나는 좋아한다 / 친구를 갖는 것을 / 내가 많은 것을 같이 공유하는
   * A를 B와 함께 공유하다 have A in common with B

   _____

8 우리는 사회에 산다 / 사람들이 성공을 결정하는 / 그들이 버는 돈의 액수에 의해
   * 결정하다 determine   * 그들이 버는 돈의 액수 the amount of money they make

   _____

9 사람들은 종종 느낀다 / 아무도 없다고 / 자신을 이해하는 사람이

   * ~라고 느끼다 feel that 주어 + 동사

---

10 물건들(items)은 / 손으로 만들어진 / 종종 최상의 질을 가진다

   * 손으로 by hand   * 최상의 질 the highest quality

---

11 부모들은 / 아이들을 너무 심하게 들볶는 / 아이들이 반항하게 만들지도 모른다

   * 들볶다 push   * 반항하다 rebel   * A가 ~하게 만들다, 초래하다 cause A to 부정사

---

12 좋은 직원(employees)은 찾기 힘들며, / 이것이 내가 경력 있는 사람을 고용하려는 이유이다 / 높은 급여에

   * 경력 있는 experienced   * 고용하다 hire   * 높은 급여에 at a higher salary

---

13 내 인생에서 가장 행복한 한 순간은 / 그날 밤이었다 / 내 여동생이 태어난

---

14 가장 좋은 종류의 친구는 사람이다 / 너를 웃게 만들 수 있는

   * ~하는 사람 someone who 주어 + 동사

---

15 아이들은 / 시골에서 자라는 / 공동체 의식을 발달시킬 수 있다

   * 공동체 의식 a sense of community

정답 p.289

5일 It과 There

Overview

'그의 이야기를 믿는 것은 어렵다.'를 영어로 표현해 보자. '그의 이야기를 믿는 것'은 'to believe his story'라는 to 부정사구의 주어로 쓸 수 있지만, 주어 자리에 쓰기에는 길기 때문에 가짜 주어인 'it'을 대신 써 준다.

▶ **It** is hard **to believe his story**.

'고양이가 있다.'를 영어로 표현해 보자. 단어 그대로 옮겨 쓰면 'A cat is'이지만, '~가 있다'라고 표현할 때는 'there'를 주어 자리에 써 준다.

▶ **There** is a cat.

01: "< >는 ~하다"는 〔It + 동사 + < >〕로 쓴다.

말하고자 하는 주어 < >가 to 부정사구나 명사절이 될 때, 즉 주어가 길어질 때 형식상의 주어 it을 쓰고 진짜 주어인 < > 부분을 문장 뒤로 보내면 더욱 매끄러운 문장 쓰기가 된다.

■ 표현 만들기

T. S. Eliot을 읽는 것   to read T. S. Eliot
당신이 T. S. Eliot을 이해하는 것   for you to understand T. S. Eliot
당신이 누구인지   who you are

■ 문장 써보기

1. T.S. Eliot을 읽는 것은 쉽다.

   To read T.S. Eliot is easy.

   → **It** is easy **to read T.S. Eliot**.

   to 부정사구가 주어일 때 'it'을 주어로 대신 써 주자.

2. 당신이 T.S. Eliot을 이해하는 것은 어렵다.

For you to understand T.S. Eliot is difficult.

→ **It** is difficult **for you to understand T. S. Eliot.**

3. 당신이 누구인지는 중요하지 않다.

Who you are doesn't matter.

→ **It** doesn't matter **who you are.**

주어 자리에 명사절이 오면 'it'을 주어로 대신 써 주자.

02: "주어는 (to 부정사)하는 것을 ~하게 해준다"는 (주어 + 동사 + it + ~ + to 부정사)로 쓴다.

목적어와 목적격 보어가 있는 문장에서, 목적어가 to 부정사일 때 반드시 목적어 자리에 it을 대신 쓰고, 진짜 목적어인 to 부정사는 뒤로 보낸다. 이때 주로 쓰이는 동사는 make이며, 그 외에 find, think 등을 쓸 수 있다.

■ 표현 만들기

| 많은 정보에 접근하는 것 | to access a lot of information |
| 손전등 없이 걷는 것 | to walk without a flashlight |

■ 문장 써보기

1. 인터넷은 **많은 정보에 접근하는 것**을 손쉽게 해준다.

The Internet makes **to access a lot of information** easy. (×)

목적어 자리에 to 부정사구가 쓰여 목적어와 목적격 보어와의 경계가 애매한 문장이 된다.

→ The Internet makes **it** easy **to access a lot of information.** (○)

2. 어둠은 **손전등 없이 걷는 것**을 불가능하게 했다.

The darkness made **to walk without a flashlight** impossible. (×)

→ The darkness made **it** impossible **to walk without a flashlight.** (○)

O3: "< >하는 것은 바로 ~이다"는 [It is ~ that < >]로 쓴다.

문장 내에서 특정 단어를 강조하고 싶을 때 [It is ~ that + (주어) + 동사]를 쓴다. 강조 어구가 사람이면 that 대신 who를 쓸 수 있다. 마찬가지로, 강조 어구가 장소이면 that 대신 where를, 시간이면 when을 쓸 수 있다.

■ 표현 및 문장 만들기

나는 세계 평화를 진정으로 원한다.	I really want world peace.
내가 진정으로 원하는 것은 **바로 세계 평화이다.**	**It is world peace that** I really want.
당신은 내 인생을 바꿔 놓았다.	You changed my life.
내 인생을 바꾼 것은 **바로 당신이다.**	**It was you who** changed my life.

O4: "~가 있다"는 [There + be동사 + 명사(구)]로 쓴다.

이때 there는 형식상의 주어이고, be동사 다음에 나오는 단어가 실제 주어이다.

■ 표현 및 문장 만들기

그 게임에는 세 가지 규칙이 있다.	**There are three rules** to the game.
그 마을에 교회가 있었다.	**There was a church** in the town.

tip 1

be동사 뒤의 명사, 즉 의미상 주어와 수를 일치시킨다.

박쥐 한 마리가 있다. → There **is a bat**.
박쥐 몇 마리가 있다. → There **are some bats**.

tip 2

[There + be동사] 다음에는 부정명사(a/some/many/no/one/two/three … + 명사)가 온다.

바구니 안에 공이 있었다.
There was **the ball** in the basket. (×)
There was **a ball** in the basket. (○)

Jump-up Skills

1. it은 시간, 거리, 날씨 등 막연한 상황에 대한 별 뜻 없는 주어로도 쓰인다.

10시다.	**It**'s 10 o'clock.
서울에서 부산까지는 멀다.	**It**'s far from Seoul to Busan.
비가 온다.	**It**'s raining.

2. "~하는 데 시간이 걸린다"는 [It takes + 시간 + to 부정사]로 쓴다.

'(사람)이 ~하는 데 시간이 걸린다'는 [It takes + 사람 + 시간 + to 부정사], 또는 [It takes + 시간 + for 사람 + to 부정사]로 표현한다.

집에 가는 데 5분이 걸린다.
It takes 5 minutes to get home.

내가 집에 가는 데 5분이 걸린다.
It takes **me** 5 minutes to get home.
It takes 5 minutes **for me** to get home.

3. "~하는 데 돈(혹은 가치)이 든다"는 [It costs + 돈 + to 부정사]로 쓴다.

'(사람)이 ~하는 데 돈이 든다'는 [It costs + 사람 + 돈 + to 부정사], 또는 [It costs + 돈 + for 사람 + to 부정사]로 표현한다.

그 집을 짓는 데 1억 원이 든다.
It costs one hundred million won to build the house.

우리가 그 집을 짓는 데 1억 원이 들었다.
It cost **us** one hundred million won to build the house.
It cost one hundred million won **for us** to build the house.

4. "~가 없다"는 [There is no + 명사]로 쓴다.

네가 걱정해야 할 이유는 없다.
There is no reason for you to worry.

Daily Check-up

파란색으로 주어진 우리말 표현을 영어로 바꾸어 문장을 완성하시오.

1 슈퍼맨을 이기는 것은 불가능하다.

It is impossible _____ .

* 이기다, 무찌르다 defeat

2 내가 안녕이라고 말하는 것은 힘들다.

It's hard _____ .

3 내가 너를 사랑하는 것은 사실이다.

It's true _____ .

4 그가 파리에 있었던 것이 드러났다.

It turned out _____ .

5 그녀의 키는 그녀가 유명한 모델이 되는 것을 불가능하게 만들었다.

Her height made it impossible _____ .

6 Sally가 그 식료품점에서 그녀의 대학 룸메이트를 우연히 만난 것은 운명(fate)이었다.

It was fate _____ .

* 식료품점 grocery store   * 우연히 만나다 run into

7 내가 너를 처음 보았던 곳은 바로 서점이었다.

It was in the bookstore _____ .

8 내가 그 책을 잃어버렸던 것은 바로 어제였다.

It was yesterday _____ .

9 너를 우울하게 하는 것은 바로 날씨이다.

_____ that makes you gloomy.

10 이 책을 끝내는 데 10년이 걸렸다.

_____ to finish this book.

11 내가 그 블라우스를 사는 데 일주일 치 급여가 들었다.

_____ to buy the blouse.

＊ 일주일 치 급여 a week's salary

12 그 집에는 두 남자와 한 여자가 있다.

_____ in the house.

13 냉장고에는 음식이 없다.

_____ in the fridge.

14 유머 감각이 없는 몇몇 사람들이 있다.

_____ that have no sense of humor.

15 그 토지가 개발된 후에는 남아 있는 숲이 없을 것이다.

_____ after the land is developed.

정답 p.289

Daily Test

끊어 해석한 부분에 유의하여 다음의 우리말 문장을 영어로 바꾸어 쓰시오.

1 줄이는 것이 필요하다 / 서울에서 자동차의 수를

    ＊ 줄이다 reduce   ＊ 필요한 necessary   ＊ ~의 수 the number of 복수명사

2 광고(advertising)가 조장한다는 것은 사실이다 / 사람들이 필요 없는 물건들을 사도록

    ＊ A가 ~하도록 조장하다 encourage A to 부정사   ＊ 필요 없는 물건들 unnecessary things

3 십 대들이 직업 경험을 갖는 것은 중요하다 / 어린 나이부터

    ＊ 직업 경험 work experience   ＊ 어린 나이부터 from an early age

4 바로 한 사람의 헌신적인 노력이다 / 실패와 성공의 차이를 만드는 것은

    ＊ 헌신적인 노력 dedication   ＊ A와 B의 차이를 만들다 make the difference between A and B

5 많은 액수의 세금이 든다 / 길과 도로를 개선하는 데

    ＊ 많은 액수의 a large amount of   ＊ 세금, 세액 tax (money)   ＊ 길과 도로 roads and highways

6 바로 성공이다 / 사람들이 얻으려고 애쓰는 것은 / 매일의 삶에서

    ＊ ~을 얻으려고 애쓰다 strive for ~   ＊ 매일의 삶에서 in one's daily life

7 기숙사들(dormitories)이 있다 / 고속 인터넷의 이용을 제공하는

    ＊ 고속 인터넷의 이용 high speed Internet access   ＊ 제공하다 offer

8 이점들이 거의 없다 / 텔레비전을 보는 것에 대한

    ＊ ~에 대한 이점들 benefits to 동명사   ＊ ~이 거의 없는 few 복수명사

9　거의 소용이 없을 것이다 / 우체국이 / 미래에는 / 이메일 때문에

　　* ~이 거의 소용이 없다　There is little use for ~　　　* ~ 때문에　due to(=owing to, because of)

　　_____

10　많은 온라인 대학이 있을 것이다 / 미래에는

　　* 온라인 대학　online university

　　_____

11　사람들은 결코(ever) 만족할 것 같지 않다 / 그들이 가진 것에

　　* ~할 것 같지 않다　It is unlikely that 주어 + 동사

　　_____

12　특정한 경험들이 있다 / 한 사람의 인생을 형성하는

　　* 특정한　certain　　　* 형성하다　shape

　　_____

13　이메일은 쉽게 만들었다 / 사람들이 연락하는 것을

　　* 연락하다　keep in touch

　　_____

14　나로서는 힘들다 / 좋은 책을 내려놓는 것이

　　* 내려놓다　put down

　　_____

15　때가 있다 / 십 대들이 시작해야 할 / 스스로 결정을 내리기를

　　* 스스로 결정을 내리다　make one's own decision

　　_____

정답 p.290

6일 비교와 병치

Overview

'나는 너보다 키가 작다.'를 영어로 표현해 보자. '키가 작다'라는 뜻의 형용사는 'small'이지만, 비교 대상이 있어서 '~보다 더 작다'라고 할 때는 'smaller than ~'을 써야 한다. 둘 이상의 대상을 형용사나 부사를 사용해서 비교할 때는 '~보다 더 −하다' 혹은 '~만큼 −하다'와 같은 비교 구문을 쓴다.

▶ I am **smaller than** you.

'baseball or sports'와 'baseball or football'을 살펴보자. 문법적으로는 오류가 없지만 의미의 범주상 'baseball or sports'보다 'baseball or football'이 더 자연스럽고 논리적인 배치이다. 영어로 문장을 만들 때는 이러한 동등한 대상의 나열, 즉 병치 구문에 주의해야 한다.

01: "~만큼 −한/하게"는 〔as 형용사/부사의 원급 as ~〕로 쓴다.

이를 '원급 비교'라고 하며, as와 as 사이에는 형용사나 부사를 원래 형태로 쓴다.
[as + 형용사 + 명사 + as]의 형태로도 쓸 수 있다.

■ 표현 만들기

피만큼 진한	**as** thick **as** blood
치타만큼 빠르게	**as** fast **as** a cheetah
그가 가진 것만큼 많은 책	**as** many books **as** he has

■ 문장 써보기

1. 이 와인은 **피만큼 진하다**.
   This wine is **as thick as blood**.

2. 그 소년은 **치타만큼 빠르게** 달렸다.
   The boy ran **as fast as a cheetah**.

3. 나는 **그가 가진 것만큼 많은 책**을 가지고 있다.
   I have **as many books as he does**.

02: "~보다 더 -한/하게"는 [형용사/부사의 비교급 than ~]으로 쓴다.

비교급을 사용한 비교 구문으로, 비교급은 형용사나 부사에 '-er'을 붙이거나, 3음절 이상의 형용사나 부사의 경우에는 형용사와 부사 앞에 more을 쓴다. 비교 대상 앞에는 than을 쓴다.

■ 표현 만들기

물보다 더 진한	thicker than water
치타보다 더 빨리	faster than a cheetah
꽃보다 더 아름다운	more beautiful than flowers

■ 문장 써보기

1. 피는 물보다 더 진하다.
   Blood is **thicker than water**.

2. 그 소년은 치타보다 더 빨리 달렸다.
   The boy ran **faster than a cheetah**.

3. 그녀는 꽃보다 훨씬 더 아름다웠다.
   She was **much more beautiful than flowers**.

> **tip**
>
> '훨씬'이라는 의미로 비교급을 강조할 때는 비교급 앞에 much, far, even, still 등을 쓴다. (very는 쓸 수 없음에 주의)
>
> 훨씬 더 진한 → **much** thicker   훨씬 더 빨리 → **even** faster

03: "가장 -한"은 [the + 형용사의 최상급]으로, "가장 -하게"는 [부사의 최상급]으로 쓴다.

최상급을 사용한 비교 구문으로, 최상급은 형용사나 부사에 '-est'를 붙이거나 3음절 이상의 형용사나 부사의 경우에는 앞에 most를 써 준다. 형용사의 최상급 앞에는 the를 쓴다.

■ 표현 만들기

가장 진한	**the** thick**est**
가장 빠르게	fast**est**
가장 아름다운	**the most** beautiful

■ 문장 써보기

1. 이 와인은 내가 마셔 본 것 중에 **가장 진하다**.
   This wine is **the thickest** I have ever drunk.

2. 치타는 모든 동물들 중에서 **가장 빠르게** 달린다.
   The cheetah runs **fastest** of all animals.

3. 그녀는 내가 본 **가장 아름다운** 소녀이다.
   She is **the most beautiful** girl that I have ever seen.

04: "A와 B", "A 또는 B"는 (A and B), (A or B)로 쓰고, 이때 A와 B의 품사, 형태, 의미 관계는 동등해야 한다.

두 가지 이상의 대상 나열도 마찬가지로 [A, B, and C], [A, B, or C] 등으로 표현한다.

■ 병치의 규칙

멋지고 쉬운 nice and easily (×)	⇨ nice and easy (○)	품사의 통일
오고 가는 coming and to go (×)	⇨ coming and going (○)	형태의 통일
복숭아 또는 사과 peach or fruit (×)	⇨ peach or apple (○)	동등한 의미 관계 / 논리적인 의미 범주

■ 그 외의 병치 구문

A와 B 둘 다	**[both A and B]**
A나 B 둘 중 하나	**[either A or B]**
A도 아니고 B도 아닌	**[neither A nor B]**
A가 아니라 B	**[not A but B]**
A뿐만 아니라 B도	**[not only A but (also) B] / [B as well as A]**

■ 표현 만들기

먹는 것과 자는 것	eating **and** sleeping
갈지 남을지	to go **or** to stay
강과 바다 둘 다	**both** rivers **and** seas
죽거나 다치거나 둘 중 하나	**either** dead **or** injured
보지도 않고 듣지도 않은	**neither** saw **nor** heard
스키 타는 것뿐만 아니라 스노보드 타는 것	**not only** skiing **but (also)** snowboarding
	snowboarding **as well as** skiing

■ 문장 써보기

1. 나는 **먹는 것과 자는 것**에 문제가 있다.
   I have problems **eating and sleeping**.

2. 나는 **갈지 남을지** 아직 결정하지 못했다.
   I haven't decided **to go or to stay**.

3. **강과 바다 둘 다** 중요한 수자원이다.
   Both rivers and seas are important water resources.

4. 전쟁 후 모든 사람들이 **죽거나 다치거나 둘 중 하나**였다.
   Everyone was **either dead or injured** after the war.

5. 그녀는 일주일 동안 누구도 **보지도 못했고 듣지도 못했다**.
   She **neither saw nor heard** anyone for a week.

6. 나는 **스키 타는 것뿐만 아니라 스노보드 타는 것도** 좋아한다.
   I like **not only skiing but (also) snowboarding**.
   I like **snowboarding as well as skiing**.

tip

병치 구문이 주어로 쓰일 때, 동사의 수는 다음과 같이 일치시킨다.

Both A and B는 복수 취급한다.

스미스 씨와 스미스 여사는 둘 다 선생님이다.
Both Mr. Smith and Mrs. Smith **are** teachers.

다음의 병치 구문에서는 동사를 B에 일치시킨다.
A or B / not only A but (also) B / B as well as A / either A or B / neither A nor B

너 또는 내가 옳다.
You or I **am** right.

그녀뿐만 아니라 나도 파티에 갈 것이다.
Not only she but I **am** coming to the party.

그뿐만 아니라 너도 그 시험을 치러야 한다.
You as well as he **have** to take the test.

Tom 또는 네가 가야 한다.
Either Tom or you **have** to go.

Jump-up Skills

1. 비교되는 대상은 일치시킨다.

내 피부는 너의 피부만큼 어둡다.

My skin is as dark as you. (×)

비교되는 대상은 '내 피부'와 '너의 피부'이므로 'you'가 아니라 'your skin'이 되어야 하며, 앞에 나온 명사 'skin'의 중복을 피하기 위해 'yours'로 고쳐 쓴다.

→ My skin is **as dark as yours.** (○)

중국의 인구는 러시아보다 많다.

China's population is bigger than Russia. (×)

'China's population'과 비교되는 대상이 'Russia'가 아니라 'Russia's population'이 되어야 하고, 'population'이라는 명사가 앞에 있으므로 'Russia's'만 쓴다.

→ China's population is **bigger than Russia's.** (○)

2. 'as ~ as'나 '비교급 than' 뒤에 [주어 + 동사]의 형태를 쓰게 될 때, 이 동사가 앞에 나온 문장 전체 동사의 의미와 중복될 경우에는 'do'를 대신 쓴다.

동사가 타동사일 때 as나 than 뒤의 명사가 목적어와 혼동될 수 있기 때문에 동사까지 써 주어야 한다.

나는 네가 하는 것만큼 자주 그들을 방문한다.

I visit them **as often as you do.**

'do'는 여기서 'visit them'을 대신한다.

> **비교** I visit them as often as you.
> '내가 너를 방문하는 것만큼 자주 그들을 방문한다.'의 의미가 된다.

그녀는 Jimmy가 관심을 가지는 것보다 훨씬 많이 아기에 대해 관심을 가진다.

She cares about the baby **even more than Jimmy does.**

'does'는 'cares about the baby'를 대신한다.

> **비교** She cares about the baby even more than Jimmy.
> '그녀는 Jimmy에 대해 관심을 가지는 것보다 아기에 대해 훨씬 많이 관심을 가진다.'의 의미가 된다.

3. "–만큼 ~하지 않다"는 [not as ~ as –]로 쓴다.

나는 너만큼 많이 먹지 않았다.

I did **not** eat **as** much **as** you.

4. "~의 몇 배만큼 ~한/하게"는 [배수사 + as 형용사/부사 as ~] 또는 [배수사 + 비교급 than ~]으로 쓴다. 단, half와 twice는 [배수사 + as 형용사/부사 as ~]로만 쓸 수 있다.

코끼리의 두 배만큼 큰

twice as big as an elephant

에펠 탑의 세 배만큼 높은

three times higher than the Eiffel Tower

5. "가능한 한 ~한/하게"는 [as 형용사/부사 as possible] 또는 [as 형용사/부사 as 주어 can]으로 쓴다.

나는 가능한 한 빨리 떠나고 싶었다.

I wanted to leave **as soon as possible**.

I wanted to leave **as soon as I could**.

6. "~할수록 더 -하다"는 [the 비교급 ~, the 비교급 -]으로 쓴다.

많이 배울수록 더 많이 배우고 싶다.

The more I learn, **the more** I want to learn.

Daily Check-up

파란색으로 주어진 우리말 표현을 영어로 바꾸어 문장을 완성하시오.

1 나는 어제만큼 바쁘다.

I am _____ I was yesterday.

2 그녀는 가능한 많은 시간을 그녀의 아이와 함께 보냈다.

She spent _____ with her child.

3 그는 그의 형만큼 멋있지 않다.

He is _____ his brother.

4 그 시험은 지난 시험보다 훨씬 더 쉬웠다.

The test was _____ the last one.

5 Ron은 팀에서 제일 빠른 달리기 선수(runner)이다.

Ron is _____ on the team.

6 무단횡단을 방지하는 가장 효과적인 방법은 벌금을 높이는 것이다.

_____ to prevent jaywalking is by increasing fines.

＊ 효과적인 effective

7 일본의 인구는 북한의 네 배만큼 많다.

Japan's population is _____ North Korea's.

8 사람들은 더 많이 가질수록, 더 많이 원한다.

_____ people have, _____ they want.

9 당신은 술 마시는 것과 담배 피우는 것을 끊어야만 한다.

You should quit _____.

10 외국어 수업을 수강하는 것은 의무적이 아니라 추천된다.

Taking a foreign language class is _____.

* 의무적인 mandatory   * 추천되는 recommended

11 나는 가장 최근에 은행에서 일했다.

I _____ worked for a bank.

* 최근에 recently

12 배우는 것과 가르치는 것은 둘 다 보람된 과정이다.

_____ are rewarding processes.

13 그녀는 똑똑할 뿐만 아니라 매우 친절하다.

She is _____.

14 당신의 추측은 나의 것만큼 좋다.

Your guess is _____ mine.

15 확실하게 일하는 것이 빨리 끝내는 것보다 더 중요하다.

It is more important to do a thorough job _____.

정답 p.290

Daily Test

끊어 해석한 부분에 유의하여 다음의 우리말 문장을 영어로 바꾸어 쓰시오.

1 혼자서 시간을 보내는 것은 유쾌하지 않다 / 친구들과 함께 시간을 보내는 것만큼
  * 유쾌한 pleasant * A를 B와 공유하다 share A with B

_____

2 대학 시절은 가장 보람된 시간이었다 / 내 인생에서
  * 대학 시절 college days * 보람된, 가치 있는 rewarding

_____

3 학생들에게 여러 번의 짧은 방학을 주는 것이 / 아마 학습을 가장 장려할 것이다
  * 여러 번의 짧은 방학 several short vacations * 아마 likely

_____

4 일찍 일어남으로써, / 나는 여분의 시간을 가진다 / 운동하거나 아침을 먹을
  * ~함으로써 by 동명사 * 여분의 extra

_____

5 높은 급여는 허락할 것이다 / 내가 집을 사거나 미래를 위해 저축하도록
  * 높은 급여 a large/high salary * A가 ~하도록 허락하다 allow A to 부정사

_____

6 주 4일 근무제는 이익을 줄 것이다 / 고용주와 직원들 둘 다에게
  * 주 4일 근무제 four-day workweek * ~에게 이익을 주다 benefit

_____

7 체육은 / 선택이 아닌 필수이어야 한다
  * 체육 physical education * 선택의 optional * 필수의 required

_____

8 유능한 의사소통 능력은 중요하다 / 사업에서뿐만 아니라 개인적인 일에서도
  * 유능한 strong * 개인적인 일 personal matters

_____

9 나는 알게 되었다 / 작은 회사에서 일하는 것이 보람 있다는 것을 / 큰 회사에서 일하는 것만큼

＊ ~한 것을 알게 되다 find that 주어 + 동사   ＊ 큰 회사 a large corporation

_____

10 십 대들은 초점을 더 많이 두어야 한다 / 공부하는 데 / 돈을 버는 것보다

＊ ~하는 데 초점을 두다 focus on 동명사   ＊ 돈을 벌다 earn money

_____

11 나는 선호한다 / 일을 끝마치는 것을 / 가능한 한 빨리

＊ 일을 끝마치다 get things done

_____

12 문학 수업은 유용하지 않다 / 과학 수업만큼

＊ 유용한 useful

_____

13 어떤 사람들에게는, / 애완동물(pets)이 가깝다 / 식구들만큼이나

＊ 식구들 family members

_____

14 보통, / 젊은 사람들이 더 개방적이다 / 나이 든 사람들보다

＊ 개방적인 open-minded

_____

15 큰 회사들은 더 안정적이다 / 작은 회사들보다

＊ 회사 company (가장 일반적 회사), firm (law firm 등 특정 분야의 회사), corporation (큰 규모의 회사)
＊ 안정적인 stable

_____

정답 p.290

다음의 우리말 문장을 영어로 바꾸어 쓰시오.

1 사람들은 새로운 것들을 시도하는 것을 배워야 한다.

* ~을 시도하다 try

---

2 누군가 다른 사람을 위해 일하는 것은 내 마음에 들지 않는다.

* 누군가 다른 사람 someone else   * ~의 마음에 들다 appeal to ~

---

3 내가 좋은 대화를 나눌 수 있는 친구는 내게 중요하다.

* ~와 대화를 나누다 have conversations with ~

---

4 학생들은 그들이 공부하는 과목에 흥미를 가질 때 더 많이 배울 수 있다.

* ~에 흥미를 갖다 be interested in ~

---

5 게임은 네가 이길 때 더 재미있다.

* 재미있는, 즐거운 enjoyable

---

6 나는 공원이 걸어갈 수 있는 거리에 있는 지역에서 살고 싶다.

* 걸어갈 수 있는 거리에 있는 within walking distance

---

7 납세자들(taxpayers)의 돈을 쓸 더 좋은 방법들이 있다.

---

8 아파트는 주택(house)만큼 공간이 충분하지 않다.

* 공간이 충분한 spacious

---

9 학생들은 교복(uniforms)을 입도록 강요되어서는 안 된다.

    * ~하도록 강요되다 be forced to 부정사

_____

10 나는 사람들과 편하게 되는 데 시간이 걸린다.

    * ~와 편하게 되다 become comfortable with ~

_____

11 영화는 가장 인기 있는 형태의 오락(entertainment)이다.

    * 인기 있는 popular

_____

12 내가 성장할 때, 아버지는 내가 닮고 싶은 사람이었다.

    * 성장하다 grow up　　* 닮고 싶은 사람, 역할 모델 role model

_____

13 외식은 저렴할 뿐만 아니라 매우 편리하다.

    * 외식 eating out

_____

14 네 돈을 다 써버리는 것은 어리석은 것 같다.

    * ~인 것 같다 It seems 형용사

_____

15 읽기와 쓰기는 모든 사람이 배워야 하는 기본적인 기술이다.

    * 기본적인 fundamental

_____

정답 p.291

2nd
Week
유형별 필수 표현

Introduction

2nd Week 유형별 필수 표현

1주에서는 라이팅에 필요한 기본적인 문법 사항들을 공부해 보았다. 당장 마음은 급하고 이제 라이팅을 시작해도 될 것 같은 생각이 든다. 하지만, 막상 자신의 생각을 글로 옮기려 하면 어떤 표현으로 문장을 시작해야 할지 몰라 막막해질 수 있다. 2주에서는 이러한 문제를 해결하기 위해 아이디어에 따라 문장을 구성하는 데 필수적으로 알아야 할 표현들을 유형별로 묶어 학습한다.

1. 아이디어를 이끄는 유형별 표현

참신한 아이디어를 많이 가지고 있고 문법을 잘 안다고 해도, 문장을 어떻게 시작해야 할지 몰라 당황하는 경우가 생길 수 있다.

이때 아이디어를 이끌어 주는 표현을 유형별로 잘 알고 있다면, 라이팅에 대한 부담감을 어느 정도 줄일 수 있고 자신의 생각을 자연스럽게 나타낼 수 있다.

구체적인 예를 보자.

> **EX** 내 생각에는, 우주 탐사에 돈을 쓰는 것은 국가의 위상을 높인다.
> In my opinion, spending money on space exploration raises a nation's standing.

> **EX** 나는 우주 탐사에 돈을 쓰는 것에 반대한다.
> I object to spending money on space exploration.

> **EX** 나는 우주 탐사에 돈을 쓰는 것에 찬성한다.
> I agree with spending money on space exploration.

위 예시들은 'In my opinion', 'I object to', 'I agree with'와 같은 표현들을 사용하여 '우주 탐사에 돈을 쓰는 것'에 대한 각기 다른 아이디어를 자연스럽게 문장으로 이어주고 있다.

2주에서는 이처럼 아이디어를 이끌어 주는 표현들을 유형별로 익히고 실제 문장에 적용하는 연습을 하고자 한다.

2. 유형별 표현의 활용

이제 우리가 2주에서 학습하게 될 유형별 표현들이 실제 답안에서 어떻게 활용될 수 있을지 살펴보자.

■ Professor's Question

Doctor Smith: Do you think **word-of-mouth marketing is an effective way to promote products**, or do you believe **it can spread inaccurate information and be harmful to a brand's reputation**?

여러분은 입소문 마케팅이 제품을 홍보하는 효과적인 방법이라고 생각하나요, 아니면 그것이 부정확한 정보를 퍼뜨리고 브랜드 평판에 해를 끼칠 수 있다고 생각하나요?

■ Students' Opinions

Jason: Word-of-mouth marketing is **a valuable tool for promoting products** as it relies on personal recommendations and helps to build trust between consumers and brands.

입소문 마케팅은 직접적인 추천에 기대고 소비자와 브랜드 간의 신뢰를 쌓는 것을 돕기 때문에 제품을 홍보하는 데 귀중한 도구입니다.

Miranda: Depending solely on word-of-mouth marketing **can be risky** as companies lack control over the information that is being spread.

기업들은 확산되고 있는 정보에 대한 통제력이 부족하기 때문에 입소문 마케팅에만 의존하는 것은 위험할 수 있습니다.

■ My Response

┌──→ 나의 의견을 나타내는 표현

In my opinion, word-of-mouth marketing is a highly efficient strategy for promoting products.

제 생각에는, 입소문 마케팅이 제품을 홍보하는 매우 효율적인 전략입니다.

┌────────→ 원인과 결과를 나타내는 표현   ┌──→ 예시와 인용을
                                              나타내는 표현

This is **mainly because** it can often result in an increased likelihood of a purchase. **For example**, if a friend or family member recommended a product to me, I would be more likely to consider it than if I saw an advertisement for the same product.

이는 주로 그것이 종종 구매 가능성을 높일 수 있기 때문입니다. 예를 들어, 친구나 가족이 저에게 제품을 추천한다면, 저는 같은 제품에 대한 광고를 봤을 때보다 그것을 고려할 가능성이 더 높을 것입니다.

┌──→ 부연 설명과 요약을 나타내는 표현

Overall, this can lead to more customers and, ultimately, increased revenue for companies.

전반적으로, 이는 더 많은 고객, 그리고 궁극적으로, 기업들의 증대된 수익으로 이어질 수 있습니다.

위의 예시에서는 'In my opinion', 'For example' 등의 유형별 표현을 사용하여 답안을 효과적으로 작성하고 있다. 이처럼 유형별 표현들을 통해 문장의 기본적인 틀 안에 자신의 아이디어를 담는 법을 배우고 나면, 어떤 문제를 만나더라도 자신의 주장과 근거를 효과적으로 제시할 수 있다.

2주에서는 토플 라이팅에서 유용하게 쓰일 수 있는 유형별 표현들을 익힌다.

1일 나의 의견을 나타내는 표현

Overview

'자신이 정책 입안자라면, 환경 보호와 경제 발전 중 어떤 것에 우선적으로 투자하겠는가?'라는 질문에 대해 '내 생각에는, 환경 보호에 투자하는 것이 경제 발전보다 더 중요하다.'라는 문장을 쓰려고 한다. 이때 '**내 생각에는, ~이다**'라는 표현은 '**In my opinion, 주어 + 동사**'로 나타낼 수 있다. 따라서 완성된 문장은 'In my opinion, investing in environmental protection is more important than economic development.'가 된다. 이처럼 나의 의견을 나타내는 표현들은 토플 라이팅에서 필수적이며, 특히 자신의 주장을 밝힐 때 유용하게 쓸 수 있다.

1 내 생각에는, ~이다
In my opinion, 주어 + 동사

내 생각에는, 고객 서비스의 질은 꾸준히 향상되어 왔다.
In my opinion, the quality of customer service has steadily improved.

2 나는 ~라고 주장한다
I contend that 주어 + 동사 / **I maintain that** 주어 + 동사

나는 실제 경험이 강의에 기초한 학습보다 더 효과적이라고 주장한다.
I contend that hands-on experience is more effective than lecture-based learning.
＊ 실제 경험 hands-on experience

3 개인적으로, 나는 ~라고 생각한다
Personally, I think that 주어 + 동사

개인적으로, 나는 대화를 하는 것이 폭력에 기대는 것보다 낫다고 생각한다.
Personally, I think that having a dialogue is better than resorting to violence.

4 나는 ~라는 의견을 갖고 있다
I am of the opinion that 주어 + 동사

나는 재활용이 모든 가정에서 의무적이어야 한다는 의견을 갖고 있다.
I am of the opinion that recycling should be mandatory for all households.

5 내 관점으로는, ~이다

From my point of view, 주어 + 동사

내 관점으로는, 사람들은 신문을 읽는 데 더 이상 충분한 시간을 쓰지 않는다.

From my point of view, people don't spend enough time reading the newspaper anymore.

6 나는 ~라는 A의 견해에 동의한다

I agree with A's perspective that 주어 + 동사

나는 북극곰의 감소하는 개체수가 심각한 우려 사항이라는 Bianca의 견해에 동의한다.

I agree with Bianca's perspective that the declining population of polar bears is a serious concern.

7 나는 ~에 찬성한다

I am in favor of ~

나는 경제 협력을 통해서 국제 관계를 개선하는 것에 찬성한다.

I am in favor of improving international relations through economic cooperation.

8 나는 ~라고 굳게 믿고 있다

I firmly believe that 주어 + 동사

나는 자전거 헬멧을 착용하는 것이 의무적이어야 한다고 굳게 믿고 있다.

I firmly believe that wearing bicycle helmets should be mandatory.

* 의무적인 mandatory

9 나는 왜 A가 ~라고 생각하는지 이해한다

I understand why A thinks that 주어 + 동사

나는 왜 Jeff가 전통적인 광고가 효과적이라고 생각하는지 이해한다.

I understand why Jeff thinks that traditional advertising is effective.

10 나는 ~(라는 의견)을 강력히 지지한다

I strongly support the idea of ~

나는 학생들로 하여금 교사를 평가하도록 해야 한다는 의견을 강력히 지지한다.

I strongly support the idea of having students evaluate their teachers.

* 평가하다 evaluate

11 ~에 반대할 이유가 없다

There is no reason to oppose ~

공공장소에서 흡연을 금지하는 것에 반대할 이유가 없다.

There is no reason to oppose banning smoking in public.

* 반대하다 ban

12 ~은 명백하다

It is evident that 주어 + 동사 / **Evidently,** 주어 + 동사

오염이 담수의 가용성을 위협하는 것은 명백하다.
It is evident that pollution threatens the availability of fresh water.

13 나는 ~에 반대한다(이의를 제기한다)

I object to ~ / **that** 주어 + 동사

나는 동물이 모피 코트를 만드는 데 사용되는 것에 반대한다.
I object that animals are being used to make fur coats.

14 나는 ~에 전적으로 반대한다

I entirely disagree with ~ / **that** 주어 + 동사

나는 학교에서의 체벌에 전적으로 반대한다.
I entirely disagree with corporal punishment in schools.
＊체벌 corporal punishment

15 나는 ~은 옳지 않다고 생각한다

I don't think it is right + **to** 부정사

나는 노동자들이 노동권을 보호하기 위해 노동조합을 결성하는 것을 금지하는 것은 옳지 않다고 생각한다.
I don't think it is right to prohibit workers from forming unions to protect their labor rights.
＊A가 ~하는 것을 금지하다 prohibit A from ~ing

16 나는 ~(라는 의견)에 반대한다

I am against the idea of ~

나는 대중매체의 검열에 반대한다.
I am against the idea of censorship of the media.
＊검열(제도) censorship

17 보편적인 견해와 반대로(달리), ~이다

Contrary to popular opinion, 주어 + 동사

보편적인 견해와 반대로, 약간의 스트레스는 긍정적일 수 있다.
Contrary to popular opinion, a little stress can be a good thing.

18 나는 ~이 –하다고 생각하지 않는다

I don't think it is 형용사 + **to** 부정사 / **that** 주어 + 동사

나는 직원들에게 유니폼을 입게 하는 것이 필요하다고 생각하지 않는다.
I don't think it is necessary **to** make employees wear uniforms.

19 나는 ~(라는 사실)을 인정할 수 없다

I cannot accept (the fact) that 주어 + 동사

나는 텔레비전을 시청하는 것이 인기 있는 취미로서 독서를 대체했다는 사실을 인정할 수 없다.

I cannot accept the fact that watching television has replaced reading as a favored pastime.

＊ 인기 있는 favored

20 나는 ~인지 의심스럽다(의문이다)

I question whether 주어 + 동사

나는 이민에 대한 우리의 현재 접근 방식이 공정하고 인도적인지 의문이다.

I question whether our current approach to immigration is fair and humane.

21 이것은 ~라는 문제를 야기시킨다

This raises the question of ~

이것은 직장에서의 사생활 문제를 야기시킨다.

This raises the question of privacy in the workplace.

22 ~의 주요한 문제는 −이다

The major problem with ~ is that 주어 + 동사

돈을 저축하는 것의 주요한 문제는 은행이 그토록 낮은 이자율을 제공한다는 것이다.

The major problem with saving money **is that** banks offer such low-interest rates.

＊ 이자율 interest rate

23 나는 왜 A와 B가 ~라고 생각하는지 이해한다

I see why A and B think that 주어 + 동사

나는 왜 Andrew와 Hailey가 임금과 유연 근무제가 중요한 요인이라고 생각하는지 이해한다.

I see why Andrew and Hailey think that salary and flexible schedules are important factors.

24 A와 B 중 하나를 선택해야 한다면, 나는 ~을 선택하겠다

Given the choice between A and B, I would choose ~

신선한 농산물과 통조림 중 하나를 선택해야 한다면, 나는 신선한 농산물을 구매하는 것을 선택하겠다.

Given the choice between fresh produce **and** canned foods, **I would choose** to buy fresh produce.

25 ~에 장점이 있을지 모르지만, 나는 −하는 것을 선호한다

Perhaps ~ has its advantages, but I prefer + to 부정사

모바일 결제 서비스를 사용하는 것에 장점이 있을지 모르지만, 나는 실물 신용카드로 지불하는 것을 선호한다.

Perhaps using a mobile payment service **has its advantages, but I prefer to** pay with a physical credit card.

Daily Check-up

파란색으로 주어진 우리말 표현을 영어로 바꾸어 문장을 완성하시오.

1 나는 그의 주장에 대한 논거에 전적으로 반대한다.

_____ the reasoning behind his argument.

＊논거 reasoning

2 나는 환경 보호가 긴급한 중대사라고 굳게 믿고 있다.

_____ environmental conservation is a pressing concern.

＊긴급한 pressing

3 나는 제품 실험에 동물을 이용한다는 의견에 반대한다.

_____ using animals in product testing.

4 건의된 변화에 반대할 이유가 없다.

_____ the proposed changes.

5 나는 모두가 매 학기에 외국어 수업을 수강해야 한다는 의견을 갖고 있다.

_____ everyone should take a language course every semester.

6 내 생각에는, 과당 음료의 제조업자들은 건강세를 내야 한다.

_____, sugary drink manufacturers should pay a health tax.

7 내 관점으로는, 해변 청소에 참여하는 것은 성취감을 주는 경험이다.

_____, participating in beach cleanups is a fulfilling experience.

8 차를 소유하는 것의 주요한 문제는 최근 휘발유 가격이 지나치게 높다는 것이다.

_____ owning a car _____ the cost of gas is
too high these days.

9 공공 체육 시설이 보다 쉽게 이용 가능해져야 한다는 것은 명백하다.

_____ public sports facilities need to be more easily accessible.

10 나는 국가의 의료 보장 제도에 변화가 필요하다는 Adam의 견해에 동의한다.

_____ changes are needed in the nation's health-care system.

11 나는 그 결정이 국민의 동의 없이 내려졌다는 것에 이의를 제기한다.

_____ the decision was made without the public's consent.

12 나는 왜 Anne과 Tom이 인스타그램과 유튜브가 강력한 도구라고 생각하는지 이해한다.

_____ Instagram and YouTube are powerful tools.

13 혼자 운전하는 것과 카풀하는 것 중 하나를 선택해야 한다면, 나는 탄소 배출을 줄이기 위해 카풀하는 것을 선택하겠다.

_____ driving alone _____ carpooling, _____
to carpool to reduce carbon emissions.

14 주택을 구입하는 것에 장점이 있을지 모르지만, 나는 아파트를 임대하는 것을 선호한다.

_____ buying a house _____ rent an apartment.

15 보편적인 견해와 반대로, 텔레비전은 가족 간 의사소통의 단절에 책임이 없다.

_____, television is not responsible for the breakdown in family communication.

＊ 단절, 붕괴 breakdown

정답 p.292

Daily Test

끊어 해석한 부분에 유의하여 다음의 우리말 문장을 영어로 바꾸어 쓰시오.

1 나는 동의한다 / Sarah의 견해에 / 발전된 인공지능이 세상을 바꿀 것이라는

_____

2 나는 인정할 수 없다 / 자유가 종종 사용된다는 사실을 / 혐오 표현을 정당화하기 위해
* 혐오 표현 hate speech   * 정당화하다 justify

_____

3 나는 찬성한다 / 새 디지털 도서관을 짓는 것에 / 지역의 어린이들을 위해

_____

4 나는 주장한다 / 현실적인 마감 기한을 정하는 것이 돕는다고 / 학생들이 시간을 관리하는 것을
* 마감 기한 deadline   * 시간을 관리하다 manage one's time

_____

5 나는 굳게 믿고 있다 / 사람들이 책임을 져야 한다고 / 그들의 행동에
* 책임을 지다 take responsibility

_____

6 하나를 선택해야 한다면, / 플라스틱 빨대와 종이 빨대 중 / 나는 종이 빨대를 사용하는 것을 선택하겠다

_____

7 내 생각에는, / 흡연(smoking)은 금지되어야 한다 / 모든 공공장소에서
* 금지되다 be banned   * 공공장소 public places

_____

8 나는 이해한다 / 왜 Justin과 Jennifer가 생각하는지 / 전기차와 에어컨이 혁신적이라고

_____

9 나는 공정하다고 생각하지 않는다 / 누군가를 처벌하는 것이 / 의견을 표현하는 것에 대해

   ✳ 처벌하다 punish

10 나는 옳지 않다고 생각한다 / 도심지에 쓰레기 매립장(landfill)을 건설하는 것은

11 개인적으로, / 나는 생각한다 / 최저 임금이 더 높아야 한다고

12 시험의 주요한 문제는 / 결과가 항상 정확한 것은 아니라는 것이다

   ✳ 항상 ~한 것은 아니다 not always ~　　✳ 정확한 accurate

13 나는 이해한다 / 왜 Rachel이 생각하는지 / 사람들이 휴대폰으로 통화해서는 안 된다고 / 운전하는 동안에

   ✳ 휴대폰으로 통화하다 talk on cell phones

14 내 관점으로는, / 등록금(tuition)을 인상하는 것은 / 대학을 발전시킬 것이다

   ✳ 인상하다 increase

15 나는 강력히 지지한다 / 도서관을 밤새도록 열어두어야 한다는 의견을

   ✳ A를 ~하게 유지하다 keep A 형용사　　✳ 밤새도록 all night

정답 p.292

실수 클리닉

다음 문장에서 틀린 부분을 찾아 고쳐 봅시다.

1. Run a marathon is a big achievement.

2. Curious is my strong point.

3. He a very popular class president last year.

4. Walk the dog can be a chore.

5. The scorpion it has a sting in its tail.

6. Most people enjoying having a drink every now and then.

7. The doctor performing surgery on the elderly man.

8. Play games is an important part of childhood.

9. The prizes they were given to the boys.

10. The first impressive lasts a long time.

1. 문장에는 반드시 주어가 있어야 한다

영어의 모든 문장에는 반드시 주어가 있어야 합니다(명령문 제외). 주어가 될 수 있는 것은 명사 역할을 하는 것으로 명사, 대명사, 동명사구, to 부정사구, 명사절입니다. 따라서 형용사나 동사를 주어로 쓰면 틀린 문장이 됩니다.

예) 아침 내내 자는 것은 시간 낭비이다.
   Asleep all morning is a waste of time. (×)
   → **Sleeping / To sleep all morning** is a waste of time. (○)

   * to 부정사를 주어로 쓸 경우에는 to 부정사를 문두에 주어로 쓰기보다는 가주어 it을 대신 씁니다.

또한 주어는 접속사 없이 중복되어 쓸 수 없으므로 명사 주어 뒤에 바로 대명사 주어가 반복되어 나오면 틀린 문장이 됩니다.

예) 그 소녀는 아무 말도 하지 않았다.
   The girl she said nothing. (×)
   → **The girl** said nothing. (○)

2. 문장에는 반드시 동사가 있어야 한다

모든 문장에는 반드시 동사가 있어야 합니다. 문장에서 동사가 될 수 있는 것은 '(조동사 +) 동사'이며, '동사원형 + ing'나 'to + 동사원형'과 같은 형태는 문장의 동사가 될 수 없습니다.

예) 그녀는 소풍을 갔다.
   She **to go** on a picnic. (×)
   → She **went** on a picnic. (○)

정답

1. Run → Running/To run   2. Curious → Curiosity   3. He → He was   4. Walk → Walking/To walk
5. The scorpion it → The scorpion   6. enjoying → enjoy   7. performing → performed
8. Play → Playing/To play   9. The prizes they → The prizes   10. impressive → impression

2일 원인과 결과를 나타내는 표현

Overview

'환경 문제에 대처하기 위한 가장 효과적인 방법은 무엇인가?'라는 질문에 대해 '이러한 이유 때문에, 환경 문제에 대처하기 위한 가장 효과적인 방법은 에너지 절약이다.'라는 문장을 쓰려고 한다. 이때 '**이러한 이유 때문에, ~이다**'라는 표현은 '**For this reason, 주어 + 동사**'로 나타낼 수 있다. 따라서 완성된 문장은 'For this reason, the most effective way to address environmental issues is through energy conservation.'이 된다. 이처럼 원인과 결과를 나타내는 표현들은 토플 라이팅에서 자신의 의견에 대한 이유나 근거를 효과적으로 제시하는 데 유용하다.

1 이러한 이유 때문에, ~이다
For this reason, 주어 + 동사

이러한 이유 때문에, 언론 매체는 어떠한 편향 없이 사실만을 보도해야 한다.
For this reason, media outlets should report facts without any biases.

2 그것이 ~한 이유이다
That is why 주어 + 동사

그것이 균형 잡힌 식단을 따르는 것이 중요한 이유이다.
That is why it is important to have a balanced diet.

3 이것은 ~의 원인이다
This gives rise to ~

이것은 높은 콜레스테롤 수치와 심장병과 같은 문제들의 원인이다.
This gives rise to problems such as high cholesterol and heart disease.

4 이는 주로 ~이기 때문이다
This is mainly because 주어 + 동사

이는 주로 인플레이션이 일용품의 가격을 상승시키기 때문이다.
This is mainly because inflation causes commodities to increase in price.
* 일용품, 필수품 commodities

5 ~ 때문에 -하다

주어 + 동사 on account of ~

모바일 스트리밍 서비스의 인기 증가 때문에 많은 사람들이 인터넷에서 음악을 다운로드하지 않는다.
Many people do not download music from the Internet **on account of** the rising popularity of mobile streaming services.

6 ~의 이유는 -이다

The reason for ~ is that 주어 + 동사

개선의 이유는 그 회사가 고객들의 불만에 귀를 기울였기 때문이다.
The reason for the improvements **is that** the company has listened to its customers' complaints.

7 ~는 -라는 사실에서 기인한다

주어 + result(s) from the fact that 주어 + 동사

지구 온난화는 사람들이 환경 보전보다 편리함을 중시한다는 사실에서 기인한다.
Global warming **results from the fact that** people value convenience over the health of the environment.

8 (이제) ~이니까, -하다

Now that ~, 주어 + 동사

시에서 운전 중 휴대폰 사용을 금지하는 법을 통과시켰으니까, 사고 수가 감소할 것이다.
Now that the city has passed a law banning the use of cell phones while driving, the number of accidents should decrease.

9 ~ 때문에, -이다

Due to ~, 주어 + 동사

도로의 교통 혼잡 때문에, 나는 지하철을 타는 것을 선호한다.
Due to the traffic congestion on the roads, I prefer to travel on the subway.

10 주된 이유는 ~라는 것이다

The main reason is that 주어 + 동사 / The primary reason is that 주어 + 동사

주된 이유는 교복이 학생들의 창의성을 억압한다는 것이다.
The main reason is that uniforms suppress students' creativity.

11 그 결과로, ~하다

As a result, 주어 + 동사

그 결과로, 많은 정부들이 인간을 대상으로 한 특정 과학 실험들을 금지해 왔다.
As a result, many governments have banned certain scientific experiments on humans.

12 ~의 결과로, −하다
As a result of ~, 주어 + 동사

예산 삭감의 결과로, 그 역사 박물관은 소장 유물을 늘릴 수 없었다.
As a result of funding cuts, the history museum was unable to expand its collection of artifacts.

13 A는 B의 결과이다
A is a consequence of B

빈곤은 교육에의 접근 부족의 결과이다.
Poverty **is a consequence of** a lack of access to education.
＊ ~에의 접근 access to ~

14 결과적으로, ~이다
Consequently, 주어 + 동사

결과적으로, 나이 든 사람들이 젊은 사람들보다 인생을 더 즐긴다.
Consequently, older people enjoy life more than young people.

15 따라서, ~이다
Therefore, 주어 + 동사 / **Thus**, 주어 + 동사

따라서, 일에서 벗어나는 것이 스트레스를 줄이는 최선의 방법이다.
Therefore, getting away from work is the best way to relieve stress.

16 이러한 점에서, ~이다
In this sense, 주어 + 동사

이러한 점에서, 컴퓨터는 별로 시간을 절약해 주는 도구는 아니다.
In this sense, a computer is not really a time-saving device.
＊ 시간을 절약해 주는 time-saving

17 당연히 ~하게 되다
It follows that 주어 + 동사

당연히 증가된 공급은 가격을 낮추게 된다.
It follows that increased supply will lower prices.

18 ~의 가장 큰 이유 중 하나는 −이다
One of the biggest reasons for ~ is −

실패의 가장 큰 이유 중 하나는 협력 부족이었다.
One of the biggest reasons for the failure **was** a lack of cooperation.
＊ 협력, 협동 cooperation

19 이러한 이유들 때문에, 나는 ~라고 생각한다

For all these reasons, I think that 주어 + 동사

이러한 이유들 때문에, 나는 아이들이 어린 나이부터 자신의 흥미를 좇도록 장려되어야 한다고 생각한다.
For all these reasons, I think that children should be encouraged to follow their interests from a young age.

20 결국 ~라는 것이 드러났다

It turned out that 주어 + 동사

결국 대부분의 사람들이 보수보다 근무 조건에 더 가치를 둔다는 것이 드러났다.
It turned out that most people value working conditions more than salaries.

＊ 근무 조건 working conditions

21 이는 대체로 ~라는 사실 때문이다

This is largely due to the fact that 주어 + 동사

이는 대체로 인구가 증가했다는 사실 때문이다.
This is largely due to the fact that the population has increased.

22 A는 B의 결과로 생각된다

A is thought to be the result of B

지능은 천성과 교육 둘 다의 결과로 생각된다.
Intelligence **is thought to be the result of** both nature and nurture.

＊ 천성과 교육 nature and nurture

23 ―하는지의 여부는 ~에 달려 있다

Whether 주어 + 동사 **(or not) depends on** ~

휴대 전화가 사회에 긍정적인 혹은 부정적인 영향을 미치는지의 여부는 그것이 어떻게 사용되는가에 달려 있다.
Whether cell phones have a positive or negative effect on society **depends on** how they are used.

24 예상했던 대로, ~이다

As might be expected, 주어 + 동사

예상했던 대로, 그 회사는 결국 파산했다.
As might be expected, the company ended up going bankrupt.

25 머지않아 ~하게 될 것이다

It will not be long before 주어 + 동사

머지않아 우리는 우리의 일상 생활에 인공지능을 완전히 통합시킬 수 있을 것이다.
It will not be long before we can fully integrate artificial intelligence into our daily lives.

Daily Check-up

파란색으로 주어진 우리말 표현을 영어로 바꾸어 문장을 완성하시오.

1 경기 침체 때문에, 많은 기업들은 직원 수를 줄여야 했다.

_____ the recession, many companies had to reduce their workforce.

2 당연히 많은 천연 자원의 공급이 부족하게 된다.

_____ many natural resources are in short supply.

3 그것이 내가 사형 제도에 반대하는 이유이다.

_____ I am against the death penalty.

＊ 사형 제도 death penalty

4 공원의 개선 사항들은 올해 예산이 거의 두 배가 되었다는 사실에서 기인한다.

The improvements in the public park _____
the budget nearly doubled this year.

5 이러한 이유들 때문에, 나는 모든 국가가 재활용하려는 노력을 증진하도록 노력해야 한다고 생각한다.

_____ all countries should try to increase
their recycling efforts.

6 이러한 점에서, 평생 학습을 우선시하는 것은 사람들이 경쟁력을 유지하도록 보장한다.

_____, prioritizing lifelong learning ensures that people remain
competitive.

7 따라서, 좋은 고객 서비스를 갖추는 것은 중요하다.

_____, it is important to have good customer service.

8 머지않아 과학자들은 이 불치병에 대한 치료약을 발견하게 될 것이다.

_____ scientists discover a cure for this fatal disease.

＊ 치명적인 fatal

9 주된 이유는 교육에 투자하는 것이 미래를 위한 더 교육된 노동력을 구축한다는 것이다.

_____ investing in education creates a more educated

workforce for the future.

10 증가된 범죄의 결과로, 더 많은 경찰관들이 배치될 것이다.

_____ increased crime, more police officers will be deployed.

* 배치하다 deploy

11 탄탄한 가족 간의 유대는 함께 보낸 많은 시간의 양의 결과로 생각된다.

Strong family bonds _____ a large quantity of

time spent together.

* 유대, 결속 bond

12 이제 소셜 미디어가 인기 있으니까, 기업들은 디지털 광고에 투자한다.

_____ social media is popular, companies invest in digital advertisements.

13 이것은 전 세계 기후 변화의 원인이다.

_____ changing weather patterns all over the world.

14 태양 전지판이 제대로 작동하는지의 여부는 날씨에 달려 있다.

_____ solar panels perform properly _____ the weather.

15 그 결과로, 더 많은 학생들이 컴퓨터 공학을 공부하고 있다.

_____, more students are studying computer science.

정답 p.293

Daily Test

끊어 해석한 부분에 유의하여 다음의 우리말 문장을 영어로 바꾸어 쓰시오.

1 이는 주로 ~ 때문이다 / 재택 교육을 받는 학생들이 사회적 교류가 부족하기 / 다른 학생들과의

＊ 재택 교육을 받는 homeschooled   ＊ 사회적 교류 social interaction

_____

2 이것은 원인이다 / 도시에서 증가된 오염의

＊ 도시에서 in the urban areas

_____

3 이 현상의 이유는 / 사람들이 지나친 관심을 기울인다는 것이다 / 자신의 외모에

＊ 현상 phenomenon   ＊ ~에 관심을 기울이다 pay attention to ~

_____

4 인플레이션(inflation) 때문에, / 생활비가 상당히 증가해 왔다

＊ 생활비 cost of living   ＊ 상당히 significantly

_____

5 당연히 / 유명인들(celebrities)은 미치게 된다 / 사회에 커다란 영향을

＊ ~에 영향을 미치다 have influence on ~

_____

6 따라서, / 임원들은 다른 이들의 조언을 들어야 한다 / 중요한 마케팅 결정을 내리기 전에

＊ 임원 executive   ＊ 결정을 내리다 make a decision

_____

7 결국 드러났다 / 그룹으로 공부했던 학생들이 / 더 높은 수준의 이해력을 가졌다는 것이

＊ 이해력 comprehension

_____

8 높은 사고율은 / 과속의 결과로 생각된다 / 도로에서

＊ 사고율 accident rate   ＊ 과속 excessive speeding

_____

9 이는 대체로 ~라는 사실 때문이다 / 많은 사람들이 최신 정보를 유지하는 것을 선호한다는 / 시사 뉴스에 대해

  * 최신 정보를 유지하다 stay up to date

  _____

10 두 지도자 간의 긴장은 ~라는 사실에서 기인한다 / 그들이 종종 효과적으로 의사소통할 수 없다는

  * ~ 간의 긴장 tensions between ~   * 의사소통하다 communicate

  _____

11 이러한 이유들 때문에, / 나는 생각한다 / 우리 정부가 지불해야 한다고 / 공립학교 교사들에게 더 높은 보수를

  * 공립 학교 public school   * 더 높은 보수 higher salaries

  _____

12 가족들이 함께 시간을 보내는지의 여부는 / 요인들에 달려 있다 / 가정 수입과 같은

  * 요인 factor   * 가정 household   * ~와 같은 such as

  _____

13 예상했던 대로, / IT 산업은 두드러지게 성장했다 / 지난 10년간

  * 두드러지게 significantly   * 지난 10년간 in the past decade

  _____

14 그것이 이유이다 / 텔레비전이 신문보다 더 믿을만한 소식의 원천(source)인

  * 믿을만한 reliable

  _____

15 지구 온난화의 가장 큰 이유 중 하나는 / 화석 연료의 연소이다

  * 화석 연료 fossil fuel   * 연소 burning

  _____

정답 p.293

실수 클리닉

다음 문장에서 틀린 부분을 찾아 고쳐 봅시다.

1. Only a few private organizations supporting the government's decision.

2. He watching television when the doorbell rang.

3. The subject which taught to students at school is English.

4. The man doesn't waters the flowers.

5. I have recently graduate from college.

6. Meeting new people can often is exciting.

7. He could ran faster than anyone else when he was younger.

8. A new factory will brings many changes to our community.

9. I already seen the movie twice.

10. She waiting for a package to arrive.

 토플자료 제공 · 유학정보 공유 goHackers.com

동사의 형태

1. 조동사 다음에는 동사원형을 쓴다

can, must, may, shall, will, might, should, would, could 등과 같은 조동사 다음에는 동사원형을 씁니다. 조동사 뒤에 동사의 과거형을 쓰거나 3인칭 단수형(동사+(e)s)을 쓰는 실수를 하지 않도록 주의해야 합니다. 또한 의문문이나 부정문에서 조동사로 쓰인 do(es)나 did 뒤에도 동사원형을 쓴다는 것에 주의해야 합니다.

예) 그는 음식을 살 돈이 없다.
　　He **doesn't has** money for food. (×)
　　→ He **doesn't have** money for food. (○)

2. be동사 다음에는 진행형이나 과거분사를 쓴다

문장에서 동사 자리에 be동사와 다른 동사가 함께 쓰일 경우에는 진행 시제로 쓰거나(be동사 + 동사의 ~ing) 수동태(be동사 + 과거분사)로 써야 합니다. 따라서 be동사 뒤에 동사의 과거형이나 현재형을 쓰면 틀리게 됩니다. 마찬가지로, 동사의 ~ing형이나 과거분사는 be동사 없이 쓰일 수 없습니다.

예) 그녀는 살 곳을 찾고 있다.
　　She **is look** for a place to live. (×)
　　→ She **is looking** for a place to live. (○)

3. 완료 시제에서 have 뒤에는 과거분사를 쓴다

현재완료 시제에서는 have + 과거분사(동사의 p.p)를 써야 합니다. 따라서 have 뒤에 동사가 원형으로 오거나 ~ing 형태로 오면 틀리게 됩니다.

예) 나는 결코 그녀를 전에 본 적이 없다.
　　I **have** never **meet** her before. (×)
　　→ I **have** never **met** her before. (○)

2nd Week

1일
2일
3일
4일
5일
6일

Hackers **TOEFL** Writing Basic

정답

1. supporting → are supporting　　2. watching → was watching　　3. taught → is taught
4. waters → water　　5. graduate → graduated　　6. is → be　　7. ran → run　　8. will brings → will bring
9. already seen → have already seen　　10. waiting → is waiting

3일 비교와 대조를 나타내는 표현

Overview

'기업의 입장에서, 광고와 제품 품질 중 무엇에 투자하는 것이 더 효과적인가?'라는 질문에 대해 '광고에 돈을 쓰는 것과 비교할 때, 제품 품질에 투자하는 것이 기업에 더 큰 장기적 이익을 가져다줄 수 있다.'라는 문장을 쓰려고 한다. 이때 '~와 비교할 때, -이다'라는 표현은 '**Compared with ~, 주어 + 동사**'로 나타낼 수 있다. 따라서 완성된 문장은 'Compared with spending money on advertising, investing in product quality can yield greater long-term benefits for a company.'가 된다. 이처럼 비교와 대조를 나타내는 표현들은 토플 라이팅에서 대상들의 비교와 대조를 통해 자신의 의견을 뒷받침할 때 유용하게 쓸 수 있다.

1 ~와 비교할 때, -이다
Compared with ~, 주어 + 동사

비행기를 이용하는 것과 비교할 때, 버스를 타는 것은 훨씬 저렴하다.
Compared with flying, taking the bus is much cheaper.

2 비교해 보면, ~이다
In comparison, 주어 + 동사

비교해 보면, 이메일을 보내는 것은 편지를 쓰는 것보다 훨씬 더 쉽다.
In comparison, sending an email is much easier than writing a letter.

3 그와 비슷하게, ~이다
Similarly, 주어 + 동사

그와 비슷하게, 텔레비전의 광고는 소비자의 인식을 증진시킬 수 있다.
Similarly, advertising on television can increase customer awareness.
* 인식, 의식 awareness

4 마찬가지로, ~이다
In the same way, 주어 + 동사

마찬가지로, 교통 체계는 사람들이 이동하는 것을 더 쉽게 해 주었다.
In the same way, transport systems have made it easier for people to move around.

5 이처럼, ~이다
Like this, 주어 + 동사

이처럼, 전문가의 조언을 구하는 것은 관리자가 더 나은 사업적 결정을 내리도록 도울 수 있다.
Like this, seeking expert advice can help managers make better business decisions.

6 A와 B는 몇 가지 점에서 다르다
A and B are different in several ways

가상 현실과 증강 현실은 몇 가지 점에서 다르다.
Virtual reality **and** augmented reality **are different in several ways**.

7 A와 B는 ~ 측면에서 비슷하다
A is similar to B in ~

지구와 금성은 크기 측면에서 비슷하다.
The Earth **is similar to** Venus **in** size.

8 A와 B 사이에는 몇 가지 차이점이 있다
There are several differences between A and B

허리케인과 토네이도 사이에는 몇 가지 차이점이 있다.
There are several differences between hurricanes **and** tornados.

9 A와 B는 많은 점에서 유사하다
A and B are similar in many ways

물리학과 수학은 많은 점에서 유사하다.
Physics **and** math **are similar in many ways**.

10 A와 B는 몇 가지 공통점을 지닌다
A and B have several things in common

마케팅과 광고 산업은 몇 가지 공통점을 지닌다.
The marketing **and** advertising industries **have several things in common**.

11 A와 B의 주요 차이점은 ~이다
The main difference between A and B is that 주어 + 동사

조깅과 걷는 것의 주요 차이점은 조깅이 더 많은 칼로리를 연소한다는 것이다.
The main difference between jogging **and** walking **is that** jogging burns more calories.

12 A와 B를 비교한다면, ~이다
If you compare A and B, 주어 + 동사

고등학교와 대학교를 비교한다면, 대학이 전문화된 학습을 위한 더 많은 기회를 제공한다.
If you compare high school **and** college, college offers more opportunities for specialized learning.

13 A는 B와 비교도 안 된다

A cannot compare with B

그 영화는 그것이 원작으로 하는 책과 비교도 안 된다.
The movie **cannot compare with** the book on which it is based.

14 ~와는 달리 −이다

Unlike ~, 주어 + 동사

전통적인 상점과는 달리, 온라인 소매업체는 물리적 장소에 의존할 필요가 없다.
Unlike traditional stores, online retailers don't need to rely on physical locations.

15 한편으로는 ~이지만, 다른 한편으로는 −이다

On the one hand 주어 + 동사, **but on the other hand**, 주어 + 동사

한편으로는 휴대폰은 편리하지만, 다른 한편으로는 종종 방해가 된다.
On the one hand cell phones are convenient, **but on the other hand**, they are often intrusive.

∗ 방해하는 intrusive

16 ~하는 반면, −이다

주어 + 동사, **while ~**

교외 거주자들은 더 비싼 교통비에 직면하는 반면, 도시의 통근자들은 돈을 절약한다.
Urban commuters save money, **while** suburban dwellers face higher transportation expenses.

∗ 통근자 commuter   ∗ 교외 거주자 suburban dweller

17 대조적으로, ~이다

In contrast, 주어 + 동사

대조적으로, 시골에 사는 사람들은 자신의 음식을 재배할 수 있다.
In contrast, people who live in rural areas can grow their own food.

18 반대로, ~이다

Conversely, 주어 + 동사

반대로, 가격이 낮아질수록 수요는 더 많아진다.
Conversely, the lower the price the greater the demand.

19 ~에 반대하여, −하다

In opposition to ~, 주어 + 동사

새로운 법률에 반대하여, 시민들은 화가 나서 항의했다.
In opposition to the new legislation, citizens angrily protested.

∗ 법률 (제정) legislation

20 반면에, ~이다
On the other hand, 주어 + 동사

반면에, 100년 전에는 기대 수명이 훨씬 더 짧았다.
On the other hand, life expectancy was much shorter a hundred years ago.
＊ 기대 수명 life expectancy

21 ~은 장점과 단점을 모두 지닌다
주어 **has its advantages and disadvantages**

신용카드를 사용하는 것은 장점과 단점을 모두 지닌다.
Using a credit card **has its advantages and disadvantages**.

22 ~의 장점이 단점보다 훨씬 크다
The advantages of ~ far outweigh the disadvantages

도시에서 사는 것의 장점이 단점보다 훨씬 크다.
The advantages of living in the city **far outweigh the disadvantages**.

23 그럼에도 불구하고, ~이다
Nevertheless, 주어 + 동사

그럼에도 불구하고, 사람들은 여전히 비행기를 타는 것이 위험하다고 생각한다.
Nevertheless, people continue to believe that flying is dangerous.

24 ~에도 불구하고, ‒이다
In spite of ~, 주어 + 동사

인상되고 있는 휘발유 가격에도 불구하고, 사람들은 여전히 대형차를 산다.
In spite of rising gas prices, people are still buying big cars.

25 ~라는 사실에도 불구하고, ‒이다
Despite the fact that 주어 + 동사, 주어 + 동사

대부분의 학생들이 캠퍼스 밖에서 살고 있다는 사실에도 불구하고, 대학 근처에 저렴한 주거 선택지가 충분하지 않다.
Despite the fact that most students live off campus, there are not enough affordable housing options near universities.
＊ 캠퍼스 밖에서, 교외에서 off campus   ＊ 저렴한 affordable

Daily Check-up

파란색으로 주어진 우리말 표현을 영어로 바꾸어 문장을 완성하시오.

1 유선 헤드폰과 비교할 때, 무선 헤드폰은 훨씬 더 편리하다.

_____ wired headphones, wireless headphones are much more convenient.

2 불평등에도 불구하고, 그는 큰 성공을 이루었다.

_____ the odds, he achieved great success.

＊ 불평등 odds

3 그와 비슷하게, 교환학생이 되는 것은 풍부한 경험이 될 수 있다.

_____, being an exchange student can be an enriching experience.

4 등록금 인상 제안에 반대하여, 학생들은 시위에 참가했다.

_____ the proposed tuition increases, students participated in a demonstration.

＊ 시위 demonstration

5 유학하는 것은 장점과 단점을 모두 지닌다.

Studying abroad _____.

6 온라인 쇼핑과 전통적인 쇼핑 사이에는 몇 가지 차이점이 있다.

_____ online shopping _____ traditional shopping.

7 담배가 심장병을 일으킨다는 사실에도 불구하고, 흡연자들은 계속 담배를 피운다.

_____ cigarettes cause heart disease, smokers continue to light up.

8 다른 국가들은 의회제로 운영되는 반면, 어떤 국가들은 대통령제를 실시하고 있다.

Some countries have presidential systems, _____ others operate under parliamentary systems.

9 바이러스와 박테리아는 몇 가지 공통점을 지닌다.

Viruses _____ bacteria _____.

10 지하철을 타는 것과 버스를 타는 것은 비용 측면에서 비슷하다.

Taking the subway _____ taking the bus _____ cost.

11 차를 소유하는 것의 장점이 단점보다 훨씬 크다.

_____ owning a car _____.

12 한편으로는 속도가 중요하지만, 다른 한편으로는 정확성 또한 중요하다.

_____ speed is important, _____,

accuracy counts too.

13 그의 초기 소설들과 그의 현재 작품들을 비교한다면, 몇 가지 문체상의 차이점이 있다.

_____ his earlier novels _____ his current work, there

are several stylistic differences.

14 라디오 광고는 소비자에게 미치는 영향에 있어 비디오 광고와 비교도 안 된다.

Radio commercials _____ video advertisements

in terms of their impact on consumers.

15 유기농 농업과 재래식 농업의 주요 차이점은 재래식 방법이 합성 살충제의 사용을 포함한다는 것이다.

_____ organic farming _____ conventional

farming _____ the conventional approach involves the use of synthetic

pesticides.

정답 p.293

Daily Test

끊어 해석한 부분에 유의하여 다음의 우리말 문장을 영어로 바꾸어 쓰시오.

1 사람의 외모(looks)와는 달리, / 성격(character)은 판단될 수 없다 / 첫인상에 의해
   * 판단하다 judge   * 첫인상 first impression

_____

2 비싼 등록금에도 불구하고, / 외국에서 공부하는 것은 여전히 인기 있다 / 학생들 사이에서
   * 등록금 tuition fee   * 여전히 ~하다 remain 형용사

_____

3 그럼에도 불구하고, / 비디오 게임을 하는 것은 제공한다 / 일상생활에 많은 유용한 기술을
   * 일상생활 everyday life

_____

4 반면에, / 대부분의 유럽 국가들은 사회보장제도를 제공한다 / 그들의 국민들에게
   * 사회보장제도 social security service   * 국민 citizen

_____

5 마찬가지로, / 인터넷은 급격한 변화를 가져왔다 / 우리가 사는 방식에
   * ~에 급격한 변화를 가져오다 revolutionize

_____

6 대조적으로, / 수업의 강제적인 출석은 가르친다 / 학생들로 하여금 책임감 있도록
   * 강제적인 mandatory   * 출석 attendance

_____

7 가맹점주가 되는 것은 / 장점과 단점을 모두 지닌다
   * 가맹점주 a franchise owner

_____

8 텔레비전으로 축구 경기를 관람하는 것은 / 비교도 안 된다 / 경기장에서 관람하는 것과
   * 경기장에서 at the stadium

_____

9 이처럼, / 직접적으로 의사소통하는 것은 / 오해를 방지한다

＊ 직접적으로 face-to-face   ＊ 오해 misunderstanding

_____

10 비교해 보면, / 더 느린 속도로 삶을 사는 사람들이 / 더 건강하고 행복하다

＊ 더 느린 속도로 at a slower pace

_____

11 어떤 이들은 경험함으로써 배우는 반면, / 어떤 이들은 독서함으로써 배운다

＊ ~함으로써 배우다 learn by ~ing

_____

12 반대로, / 창업하는 것은 / 커다란 위험을 수반한다

＊ 창업하다 start one's own business   ＊ 수반하다 involve

_____

13 전통 의학과 현대 의학은 다르다 / 몇 가지 점에서

＊ 의학 medicine

_____

14 한편으로는 / 도시에서의 삶은 흥미롭지만, / 다른 한편으로는 / 몹시 분주할 수 있다

＊ 몹시 분주한 hectic

_____

15 잠을 많이 자는 것의 장점이 / 단점보다 훨씬 크다

_____

정답 p.294

실수 클리닉

다음 문장에서 틀린 부분을 찾아 고쳐 봅시다.

1. Many children who grow up in small houses is more competitive.

2. The students in the other class wants to join this class.

3. The rest of her life were devoted to helping sick people.

4. Seventy-five percent of the Earth are covered with water.

5. Half of the passengers was killed in the accident.

6. Having pen pals abroad are delightful to me.

7. To climb steep hills require a slow pace at first.

8. Whether you are likely to have a disease or not depend on your immune system.

9. The number of babies born in the country are on the rise.

10. A number of students in this town has already visited the museum when young.

1. 주어와 동사 간의 수의 일치

주어와 동사 사이에 수식어구가 오는 경우에는, 실제 주어와 수식어구를 혼동하지 말고 주어의 단수와 복수를 구분해서 동사를 써야 합니다.

예) 두 아이와 함께 있는 한 여자가 지금 쇼핑하고 있다.
> **A woman** with two babies **are** shopping now. (×)
> → **A woman** with two babies **is** shopping now. (○)

2. '부분을 나타내는 표현 + 명사'는 명사에 따라 동사를 수 일치시킨다

분수, percent, half, rest, most, some, majority of와 같이 부분을 나타내는 말이 주어로 올 때는 수식 받는 명사를 살펴보아 명사가 단수일 때는 단수로, 복수일 때는 복수로 취급합니다.

예) 대부분의 창문이 깨졌다.
> Most of the windows **is** broken. (×)
> → Most of the windows **are** broken. (○)

3. 동명사구/to 부정사구/명사절은 단수 취급한다

동명사구나 to 부정사구, 또는 명사절(의문사절, whether절, that절, what절 등)이 주어가 되는 경우에는 단수 취급합니다.

예) 사진을 찍는 것은 매우 재미있다.
> Taking pictures **are** much fun. (×)
> → Taking pictures **is** much fun. (○)

4. 'the number of + 명사'는 단수 취급, 'a number of + 명사'는 복수 취급한다

'the number of 복수 명사'는 '~의 수'라는 뜻으로 단수 취급하고, 'a number of + 복수 명사'는 '많은 ~'이라는 뜻으로 복수로 취급하여 동사를 수 일치시켜야 합니다.

예) 많은 학생들이 참석했다.
> A number of students **was** present. (×)
> → A number of students **were** present. (○)

정답

1. is → are   2. wants → want   3. were → was   4. are → is   5. was → were
6. are → is   7. require → requires   8. depend → depends   9. are → is   10. has → have

4일 조건과 가정을 나타내는 표현

Overview

'지난 200년 동안 가장 영향력 있는 인물은 누구인가?'라는 질문에 대해 '과학, 사회, 그리고 기술에 미친 그의 영향을 고려하면, 아인슈타인이 지난 200년 동안 가장 영향력 있는 사람이다.'라는 문장을 쓰려고 한다. 이때 '~을 고려하면, −이다'라는 표현은 '**In consideration of ~, 주어 + 동사**'로 나타낼 수 있다. 따라서 완성된 문장은 'In consideration of his impact on science, society, and technology, Einstein is the most influential person in the last 200 years.'가 된다. 이처럼 조건과 가정을 나타내는 표현들은 상황에 대한 추측이나 가정을 통해 의견을 드러내는 문장에 효과적으로 사용할 수 있다.

1 ~라면 좋겠다
I wish 주어 + 동사의 과거형

세계가 환경을 보호하기 위해 집단적인 조치를 취한다면 좋겠다.
I wish the world would take collective action to protect the environment.

2 ~라고 가정해 보라
Suppose 주어 + 동사의 과거형

사람들이 몸에 더 좋은 음식을 섭취하고 더 많이 운동한다고 가정해 보라.
Suppose people ate healthier food and exercised more.

3 ~라고 가정해 보자
Let's assume that 주어 + 동사

휘발유의 가격이 인상될 것이라고 가정해 보자.
Let's assume that gas prices will rise.

4 나는 ~라고 추측한다
I suppose 주어 + 동사

나는 내가 정규직을 구할 때까지 시간제로 일할 수 있을 것이라고 추측한다.
I suppose I can work part-time until I find a full-time job.

5 아마도, ~인 것 같다
Presumably, 주어 + 동사

아마도, 거짓말 탐지기 검사는 어떤 사람이 사실을 말하고 있는지 아닌지를 판단하는 신뢰할 수 있는 방법인 것 같다.
Presumably, lie detector tests are a reliable way to determine if a person is telling the truth or not.

6 나는 ~인지 의문이다
I doubt whether 주어 + 동사

나는 새로운 정책이 그 문제에 큰 영향을 미칠지 의문이다.
I doubt whether the new policy will have a significant impact on the problem.

7 ~을 고려하면, -이다
In consideration of ~, 주어 + 동사

현재의 상황을 고려하면, 대규모 모임을 가지는 것은 강력히 저지된다.
In consideration of current conditions, having a large gathering is strongly discouraged.
* 저지하다, 단념시키다 discourage

8 만일 ~라면, -할 것이다
주어 **would** 동사원형, **provided that** 주어 + 동사의 과거형

만일 동등한 진급의 기회가 주어진다면, 더 많은 여성들이 과학계로 기꺼이 진출할 것이다.
More women **would** be willing to enter science, **provided that** they had equal advancement opportunities.

9 나는 ~라는 조건으로 -할 것이다
I would 동사원형 **on the condition that** 주어 + 동사의 과거형

나는 회사가 자사 제품에 대한 정확한 정보를 제공한다는 조건으로 회사를 믿을 것이다.
I would trust a company **on the condition that** it provided accurate information about its products.

10 ~한다면 한 가지 이점은 -일 것이다
One advantage would be 명사(구) **if** 주어 + 동사의 과거형

간소화된 절차가 시행된다면 한 가지 이점은 효율성 증가일 것이다.
One advantage would be the increase in efficiency **if** streamlined processes were implemented.
* 간소화된 streamlined

11 만일 ~가 없다면, -할 것이다
If it were not for 명사(구), 주어 **would** 동사원형

만일 매일의 숙제가 없다면, 학생들은 배운 것을 모두 잊어버릴 것이다.
If it were not for daily homework, students **would** forget everything they had learned.

12 내게 ~할 기회가 주어진다면, 나는 ~할 것이다
If I had the opportunity + to 부정사, I would 동사원형

내게 시장을 만날 기회가 주어진다면, 나는 도시에 더 많은 자전거 전용도로를 만들도록 그에게 촉구할 것이다.
If I had the opportunity to meet with the mayor, **I would** encourage him to build more bicycle paths in the city.

13 그렇지 않다면, ~이다
Otherwise, 주어 + 동사

그렇지 않다면, 빈부격차가 계속 커질 것이다.
Otherwise, the gap between the rich and the poor will continue to widen.
＊ 커지다 widen

14 내가 보기에는 ~할 가능성이 별로 없다
I do not see any chance of ~ing

내가 보기에는 이 상황이 개선될 가능성이 별로 없다.
I do not see any chance of this situation improv**ing**.

15 그것이 나에게 달려 있다면, 나는 ~하겠다
If it were up to me, I would 동사원형

그것이 나에게 달려 있다면, 나는 텔레비전에서 폭력적인 프로그램들을 금지하겠다.
If it were up to me, I would ban violent shows on television.

16 만일 나에게 ~하라고 한다면, 나는 ~하겠다
If I were asked + to 부정사, I would 동사원형

만일 나에게 정책을 수립하라고 한다면, 나는 공교육을 위한 자금을 늘리겠다.
If I were asked to establish a policy, **I would** increase funding for public education.

17 (마치) ~처럼 보인다
It seems as if 주어 + 동사

많은 사람들이 일생 동안 한 번쯤은 불면증을 경험하는 것처럼 보인다.
It seems as if many people experience insomnia at some point during their lives.
＊ 불면증 insomnia

18 ~인지 의심스럽다
It is doubtful whether 주어 + 동사

올해 경기가 아주 좋아질 것인지 의심스럽다.
It is doubtful whether the economy will improve much this year.

19 십중팔구, ~할 것이다
In all likelihood, 주어 + 동사

십중팔구, 암은 유전적인 요인보다는 환경적인 요인과 더 관련이 있을 것이다.
In all likelihood, cancer is related more to environmental factors than hereditary ones.
  * 유전적인 hereditary

20 틀림없이 ~하다
There is no doubt that 주어 + 동사

틀림없이 대부분의 학생들은 정보를 얻는 데 인터넷에 매우 의존적이다.
There is no doubt that most students are very dependent upon the Internet for information.

21 ~라면 어떨까
What if 주어 + 동사

사람들이 대학을 졸업한 후에 일자리를 찾을 수 없다면 어떨까?
What if people are unable to find a job after graduating college?

22 일단 ~하면, -하다
Once ~, 주어 + 동사

일단 우리가 구조적 인종 차별을 해결하면, 더 공평한 사회를 만들기 시작할 수 있다.
Once we address systemic racism, we can start building a more equitable society.
  * 공평한 equitable

23 그런 경우에는, ~이다
In that case, 주어 + 동사

그런 경우에는, 사람들은 실제 사건에 관한 책만 읽어야 한다.
In that case, people should only read books about real events.

24 내 결정은 ~일 것이다
My decision would be + to 부정사

내 결정은 불평등을 줄이기 위해 소외된 지역 사회를 지원하는 것일 것이다.
My decision would be to support marginalized communities to reduce inequality.
  * 소외된 marginalized * 불평등 inequality

25 ~에 관해서라면, -이다
When it comes to ~, 주어 + 동사

제2언어를 배우는 것에 관해서라면, 아이가 빨리 시작할수록 더 좋다.
When it comes to learning a second language, the earlier a child starts, the better.

Daily Check-up

파란색으로 주어진 우리말 표현을 영어로 바꾸어 문장을 완성하시오.

1 나는 대중 매체가 다양한 문화적 견해를 정확하게 대변하고 있는지 의문이다.

_____ the mass media accurately represents diverse cultural perspectives.

2 아마도, 전 세계의 식량 부족 때문에 인구 과잉은 세계를 위협하는 것 같다.

_____, overpopulation is a danger in the world because of a global shortage of food.

3 일단 직원들이 자유 근무 시간제로 바꾸고 나면, 그들은 되돌리고 싶어 하지 않는다.

_____ employees switch to flexible hours, they don't want to go back.

＊ 자유 근무 시간제 flexible hours

4 그런 경우에는, 부모들이 그들의 자녀에게 친구들보다 더 큰 영향을 미친다.

_____, parents have a much greater influence on a child than his or her friends do.

5 그렇지 않다면, 학생들은 공부하도록 동기를 부여받지 못할 것이다.

_____, students would not be motivated to study.

6 나는 신뢰할 수 있는 과학적 연구에 의해 뒷받침된다는 조건으로 재생 에너지 계획을 지지할 것이다.

_____ support renewable energy initiatives _____ they were backed by reliable scientific research.

＊ 계획 initiative

7 내가 유학하기로 결심한다면 한 가지 이점은 다른 문화를 경험하는 기회일 것이다.

_____ the opportunity to experience a different culture _____ I decided to study abroad.

8 이메일로 의사소통하는 것이 실제로 오해를 증가시켰다고 가정해 보라.

_____ communicating by email actually increased misinterpretation.

＊ 오해 misinterpretation

9 현재의 추세를 고려하면, 기업들은 소셜 미디어 광고에 집중해야 한다.

_____ the current trend, companies should focus on social media advertising.

10 만일 경험이 풍부한 기업가들로부터 멘토링을 받을 수 있다면, 더 많은 사람들이 기꺼이 창업할 것이다.

More people _____ be willing to start their own businesses, _____ they could receive mentorship from experienced entrepreneurs.

＊기업가 entrepreneur

11 많은 과목들을 공부하는 것이 학생들에게 도움이 될지 의심스럽다.

_____ studying many subjects helps students.

12 나는 사람들이 매일 한 잔의 우유를 마셔야 한다고 추측한다.

_____ one has to drink a glass of milk every day.

13 다른 행성에도 생명체가 있다고 가정해 보자.

_____ there is life on other planets.

14 내게 정책을 만들 기회가 주어진다면, 나는 모든 사람들에게 양질의 정신 건강 관리에 대한 보편적인 접근 기회를 촉진할 것이다.

_____ make a policy, _____ promote universal access to quality mental health care for all individuals.

15 내가 보기에는 큰 정책 변화 없이는 주택 위기를 해결할 가능성이 별로 없다.

_____ resolving the housing crisis without significant policy changes.

정답 p.294

Daily Test

끊어 해석한 부분에 유의하여 다음의 우리말 문장을 영어로 바꾸어 쓰시오.

1 가정해 보라 / 직원들이 이익을 얻는다고 / 일주일에 4일 일하는 것으로부터

    * ~하는 것으로부터 이익을 얻다 benefit from ~ing

    _____

2 만일 게임이 없다면, / 많은 아이들은 어려움을 겪을 것이다 / 사회적 기술을 발달시키는 데

    * ~하는 데 어려움을 겪다 have trouble ~ing　　* 사회적 기술 social skills

    _____

3 다른 문화에 대해 배우는 것에 관해서라면, / 직접적인 경험이 최고의 방법이다

    * 직접적인 firsthand　　* 방법 method

    _____

4 한 가지 이점은 편리함일 것이다 / 쇼핑센터가 건설된다면 / 나의 이웃에

    * 건설하다 construct　　* ~의 이웃에 in one's neighborhood

    _____

5 그것이 나에게 달려 있다면, / 나는 축소할 것이다 / 우주 탐험을 위한 자금을

    * 축소하다 decrease　　* 우주 탐험 outer space exploration

    _____

6 정부가 더 많은 돈을 쓴다면 어떨까 / 고속도로보다 대중교통을 개선하는 것에

    * 대중교통 public transportation

    _____

7 만일 나에게 현대의 광고 관행을 평가하라고 한다면, / 나는 강조하겠다 / 윤리적 마케팅의 중요성을

    * 광고 관행 advertising practice　　* 강조하다 highlight

    _____

8 내 결정은 / 내 아이들을 재택 교육하는 것일 것이다 / 그들이 대학에 갈 때까지

    * 재택 교육하다 homeschool

    _____

9 틀림없이 디지털 도서관은 제공한다 / 풍부한 정보를 / 조사하는 사람들에게
  * 디지털 도서관 digital library   * 풍부한 a wealth of

_____

10 십중팔구, / 비디오 게임을 많이 하는 아이들은 / 낮은 독해 능력을 지닐 것이다
  * 독해 능력 reading ability

_____

11 나는 동아리에 가입할 것이다 / 그것이 경력적인 이점을 제공한다는 조건으로
  * 경력적인 이점 career benefit

_____

12 최근의 등록금 인상을 고려하면, / 더 많은 학생들이 신청해야 할 것이다 / 학비 보조를
  * 등록금 tuition   * 학비 보조 financial aid

_____

13 의심스럽다 / 광고가 우리에게 많은 것을 이야기해 주는지 / 한 나라에 대해

_____

14 아마도, / 자유 무역은 경제에 이익을 준다 / 더 싼 상품과 다수의 일자리를 제공함으로써
  * 자유 무역 free trade   * 다수의 numerous

_____

15 모든 학생들에게 대학교육이 이용 가능하다면 좋겠다 / 재력과 상관없이
  * 이용 가능한 available   * ~와 상관없이 regardless of ~

_____

정답 p.295

실수 클리닉

다음 문장에서 틀린 부분을 찾아 고쳐 봅시다.

1. I have known her since she has been a child.

2. Every morning, I am going for a walk.

3. I have seen a good film yesterday.

4. He is never taking sugar in his coffee.

5. I have wanted to go to that country since I have seen the movie.

6. Water is boiling at 100 degrees Celsius.

7. I have heard nothing from him since he has gone to America.

8. It has snowed last night.

9. He hasn't been at work yesterday.

10. John lives in Vancouver. He lived there since 1985.

시제

1. 현재 시제와 진행 시제

현재 시제는 현재의 사실과 상태 외에도 현재의 반복적인 습관이나 불변의 진리를 나타낼 때 사용합니다. 진행 시제는 현재 진행 중인 동작을 나타내는 동사에만 사용할 수 있습니다. 따라서 현재의 습관이나 진리를 나타내는 문장에 진행 시제를 쓰면 틀리게 됩니다.

예) 달은 지구를 돈다.
> The moon **is going** around the earth. (×)
> → The moon **goes** around the earth. (○)

2. 현재완료와 과거 시제

현재완료 시제는 just, already, yet, recently, for, since와 같은 표현과 함께 쓰여 과거의 어느 한 시점에서 현재까지의 완료, 경험, 결과, 계속 등을 나타낼 때 씁니다. 따라서 yesterday, last night, 10 years ago, in the past, in 1980와 같이 이미 완료된 명백한 과거의 한 시점을 나타내는 표현과는 함께 쓰일 수 없으며, 이러한 경우에는 과거 시제를 써야 합니다.

예) 그녀는 어제 이곳에 도착했다.
> She **has arrived** here yesterday. (×)
> → She **arrived** here yesterday. (○)

또한, since가 시간의 부사절을 이끄는 접속사로 쓰이면 '과거의 한 시점에 ~한 이래로, 지금까지 계속 –하다'라는 의미로, since가 쓰인 종속절에는 과거 시제를, 주절에는 현재완료를 써야 합니다.

예) 그가 온 이래로, 우리는 행복했다.
> Since he came, we **are** happy. (×)
> → Since he came, we **have been** happy. (○)

정답

1. has been → was   2. am going → go   3. have seen → saw   4. is never taking → never takes
5. have seen → saw   6. is boiling → boils   7. has gone → went   8. has snowed → snowed
9. hasn't been → was not   10. lived → has lived

5일 예시와 인용을 나타내는 표현

Overview

'현대의 식문화가 과거의 식문화보다 건강에 해로운가?'라는 질문에 대해 찬성하는 의견을 제시하고, 그 근거로 '연구에 따르면, 인스턴트 음식은 염분을 다량 함유하는데, 이것이 고혈압을 유발할 수 있다.'라는 문장을 쓰려고 한다. 이때 '**연구에 따르면, ~이다**'라는 표현은 '**A study shows that 주어 + 동사**'로 나타낼 수 있다. 따라서 완성된 문장은 'A study shows that instant food contains high amounts of sodium, which can cause high blood pressure.'가 된다. 이처럼 예시와 인용을 나타내는 표현들은 자신의 의견에 대한 근거를 효과적으로 제시하는 데 유용하게 쓸 수 있다.

1 예를 들면, ~이다
For example, 주어 + 동사 / **For instance**, 주어 + 동사

예를 들면, 디지털 카메라는 이메일을 통해 즉석에서 사진을 공유할 수 있게 해 준다.
For example, digital cameras allow you to share pictures instantly via email.
* ~을 통해 via

2 예를 들어 설명하자면, ~이다
To illustrate my point, 주어 + 동사

예를 들어 설명하자면, 80퍼센트 이상의 고객들이 지속 가능한 포장을 한 제품을 선호한다.
To illustrate my point, over 80 percent of consumers prefer products with sustainable packaging.
* 지속 가능한 sustainable

3 내 경험에 따르면, ~이다
From my experience, 주어 + 동사

내 경험에 따르면, 정신 건강은 종종 우리 사회에서 간과된다.
From my experience, mental health is often overlooked in our society.

4 이해를 돕자면, ~이다
To give you an idea, 주어 + 동사

이해를 돕자면, 30년 전만 해도 아무도 휴대 전화를 갖고 있지 않았다.
To give you an idea, only thirty years ago, no one had a cell phone.

5 ~의 방법을 보여 줄 두 가지 예가 있다

I have two examples to show how 주어 + 동사 / to 부정사

그 문제가 해결될 수 있는 방법을 보여 줄 두 가지 예가 있다.

I have two examples to show how the problem can be solved.

6 ~의 또 다른 예는 −이다

Another example of ~ is 명사(구)

풍력 발전소에 의한 피해의 또 다른 예는 죽임을 당하는 새와 박쥐들이다.

Another example of the damage being done by wind farms **is** birds and bats that are getting killed.

　＊ 풍력 발전소 wind farm

7 구체적으로, ~이다

To be specific, 주어 + 동사

구체적으로, 인터넷 쇼핑은 많은 신용카드 정보 도난 사건을 초래했다.

To be specific, shopping over the Internet has led to many cases of credit card information theft.

　＊ 도난, 절도 theft

8 이제, ~을 살펴보자

Now, let's examine ~

이제, 이 새 전자 투표 시스템이 어떻게 작동하는지를 살펴보자.

Now, let's examine how this new computerized voting system works.

　＊ 전자 투표 시스템 computerized voting system

9 사실, ~이다

In fact, 주어 + 동사 / **As a matter of fact,** 주어 + 동사

사실, 대부분의 일찍 일어나는 사람들이 더욱 생산적이다.

In fact, most early risers are more productive.

10 ~은 사실이다

It is true that 주어 + 동사

현대의 과학 기술이 휴가 중에도 일하는 것을 가능하게 했다는 것은 사실이다.

It is true that modern technology has made it possible to work while on vacation.

11 일반적으로 말해서, ~이다

Generally speaking, 주어 + 동사

일반적으로 말해서, 매일 운동하는 사람들이 더 건강하다.

Generally speaking, people who exercise daily are healthier.

12 대다수의 경우에, ~이다

In most cases, 주어 + 동사

대다수의 경우에, 성공한 기업가들은 몇 가지 두드러진 특징들을 공유한다.
In most cases, successful entrepreneurs do share several distinguishing characteristics.

13 ~에 관해서는, -이다

Regarding ~, 주어 + 동사 / **Concerning ~**, 주어 + 동사

근무할 회사에 관해서는, 대기업이 직원들에게 더 많은 혜택을 제공한다.
Regarding what type of company to work for, larger companies offer their employees more benefits.

14 ~에 관한 한, -이다

As far as 주어 **be concerned**, 주어 + 동사

의사소통에 관한 한, 직접적인 대화보다 더 좋은 것은 없다.
As far as communication **is concerned**, nothing is better than face-to-face conversations.

15 이 점에 있어서, ~이다

In this respect, 주어 + 동사

이 점에 있어서, 인간의 활동은 지구를 살기에 편리한 곳으로 만들었다.
In this respect, human activity has made the Earth a convenient place to live.

16 ~에 의하면, -이다

According to ~, 주어 + 동사

최근 연구에 의하면, 기후 변화가 더 극심한 자연재해를 야기하고 있다.
According to recent studies, climate change is causing more severe natural disasters.

17 ~라고들 한다

It is said that 주어 + 동사

아침에 운동을 하는 것이 저녁에 운동을 하는 것보다 더 효과적이라고들 한다.
It is said that exercising in the morning is more effective than exercising in the evening.

18 ~라고 여겨진다

It is believed that 주어 + 동사

낙천적인 사람들이 더 오래 건강한 삶을 산다고 여겨진다.
It is believed that optimistic people live longer and healthier lives.

＊ 낙천적인 optimistic

19 어떤 사람들은 ~라고 생각한다

Some people presume that 주어 + 동사

어떤 사람들은 오늘날에는 과거에 대해 배우는 것이 중요하지 않다고 생각한다.
Some people presume that learning about the past is not important today.

20 누구나 예상할 수 있듯이, ~이다

As one might expect, 주어 + 동사

누구나 예상할 수 있듯이, 대부분의 사람들은 많은 이들 앞에서 말하는 것을 두려워한다.
As one might expect, most people dread having to speak in front of many people.

＊ 두려워하다 dread

21 연구에 따르면, ~이다

A study shows that 주어 + 동사

연구에 따르면, 매일 한 잔의 포도주를 마시는 것이 심장마비의 위험을 줄여 준다.
A study shows that drinking one glass of wine every day reduces the risk of a heart attack.

22 조사에 따르면, ~이다

The survey shows that 주어 + 동사

조사에 따르면, 전자 투표가 사람들이 이해하기에 훨씬 더 쉽다.
The survey shows that computerized voting is much easier for people to understand.

23 통계에 따르면, ~이다

Statistics have shown that 주어 + 동사

통계에 따르면, 반려동물을 기르는 것이 스트레스를 줄이고 행복감을 증가시킬 수 있다.
Statistics have shown that owning a pet can reduce stress and increase happiness.

24 보도에 따르면, ~이다

It is reported that 주어 + 동사

보도에 따르면, 생활비는 내년에 오를 것으로 예상된다.
It is reported that the cost of living is expected to rise within the next year.

＊ 생활비, 물가 cost of living

25 옛 속담이 말해주듯, ~이다

As the old saying goes, 주어 + 동사

옛 속담이 말해주듯, 돈으로는 행복을 살 수 없다.
As the old saying goes, money can't buy happiness.

Daily Check-up

파란색으로 주어진 우리말 표현을 영어로 바꾸어 문장을 완성하시오.

1 내 경험에 따르면, 첫인상은 종종 기만적일 수 있다.

_____, first impressions can often be deceiving.

＊ 기만적인, 속이는 deceiving

2 전문가들에 의하면, 흔한 질병에 약을 복용하는 것은 면역성을 감소시킨다.

_____ experts, taking medicine for common ailments lowers immunity.

＊ 질병 ailment   ＊ 면역성 immunity

3 어떤 사람들은 돈이 일하기 위한 유일한 동기 부여라고 생각한다.

_____ money is the only motivation for working.

4 누구나 예상할 수 있듯이, 컴퓨터는 학생들이 정보에 접근하는 방식을 완전히 바꾸어 놓았다.

_____, computers have completely changed the way
students access information.

5 예를 들면, 대기 오염은 호흡기 질환을 야기할 수 있다.

_____, air pollution can cause respiratory disease.

＊ 호흡기 질환 respiratory disease

6 조사에 따르면, 대부분의 사람들이 한 주에 최소한 다섯 번 외식을 한다.

_____ most people eat out at least five times per week.

7 옛 속담이 말해주듯, 행동은 말보다 더 많은 것을 전달한다.

_____, actions speak louder than words.

8 평균적인 성인은 하룻밤에 적어도 8시간의 수면을 필요로 한다고 여겨진다.

_____ the average adult needs at least eight hours of
sleep a night.

9 예를 들어 설명하자면, 매일 운동하는 사람들은 심장병의 위험을 줄일 수 있다.

_____, people who exercise daily lower their risk of heart disease.

10 보도에 따르면, 어렸을 때 학대받았던 사람들은 평생 고통에 시달린다.

_____ people who were abused as children suffer from lifelong pain.

＊ 학대하다 abuse

11 이제, 재활용하는 것이 왜 중요한지를 살펴보자.

_____ why it is important to recycle.

12 통계에 따르면, 강의를 주의 깊게 듣는 학생들은 그들의 학습 시간을 반으로 줄일 수 있다.

_____ students who listen carefully during lectures can cut their studying time in half.

13 이해를 돕자면, 매일 아침 한 시간씩 일찍 일어나는 것은 1년에 365시간을 벌게 해 준다.

_____, getting up one hour earlier every morning would save a person 365 hours a year.

14 구체적으로, 임신 중 흡연은 아기의 출생 시 저체중과 관련이 있다.

_____, smoking while pregnant correlates to a baby's low birth weight.

＊ ~와 관련이 있다 correlate to ~

15 효과적으로 쓰레기를 줄이고 재활용을 촉진하는 방법을 보여 줄 두 가지 예가 있다.

_____ effectively reduce waste and promote recycling.

정답 p.295

Daily Test

끊어 해석한 부분에 유의하여 다음의 우리말 문장을 영어로 바꾸어 쓰시오.

1 사실이다 / 학생들이 또래들(peers)에게 의존하는 것은 / 정신적인 지지를 위해

    ＊ 의존하다 rely on   ＊ 정신적인 지지 moral support

_____

2 예를 들면, / 젊은 세대들은 적극적으로 옹호하고 있다 / 기후 행동과 지속 가능성을

    ＊ 옹호하다 advocate   ＊ 기후 행동 climate action   ＊ 지속 가능성 sustainability

_____

3 좋은 상사의 또 다른 예는 / 제안에 기꺼이 귀를 기울이는 사람이다

    ＊ 기꺼이 ~하다 be willing to 부정사

_____

4 구체적으로, / 새 영화관은 가져올 것이다 / 그 지역에 많은 새로운 일자리를

    ＊ A를 ~에 가져오다 bring A to ~

_____

5 일반적으로 말해서, / 젊은 사람들은 인터넷에 매우 의존적이다 / 의사소통과 오락을 위해

    ＊ ~에 의존적인 reliant upon ~

_____

6 어떤 사람들은 생각한다 / 실황 음악회에 참석하는 것이 더 재미있다고 / 텔레비전으로 똑같은 행사를 시청하는 것보다

    ＊ 참석하다 attend   ＊ 재미있는 enjoyable

_____

7 여겨진다 / 자동차 배기가스(car exhaust)가 공기 오염의 주된 원인이라고

_____

8 사실, / 폭력적인 비디오 게임을 하는 것은 / 공격적인 행동을 초래할 수 있다

    ＊ 공격적인 aggressive   ＊ 초래하다 lead to

_____

9 이 점에 있어서, / 자원봉사는 학생들에게 제공한다 / 직접적인 경험을 쌓을 수 있는 기회를 / 선택 분야에서

＊ 직접적인 hands-on　　＊ 선택 분야에서 in one's chosen field

_____

10 우주를 탐험하는 것에 관한 한, / 정부는 훨씬 더 많은 돈을 투자할 필요가 있다

＊ 우주 outer space

_____

11 대다수의 경우에, / 대기 오염은 발생한다 / 운송 및 산업 활동에 의해

＊ 운송 transportation　　＊ 산업의 industrial

_____

12 옛 속담이 말해주듯, / 책 표지만 보고 내용을 알 수 없다(겉만 보고 속을 판단할 수 없다)

_____

13 통계에 따르면, / 모든 대학생들(undergraduates)의 절반이 / 졸업 후에 학업을 계속하기로 계획한다

＊ 계획하다 plan to 부정사

_____

14 누구나 예상할 수 있듯이, / 규칙적인 운동은 줄여 준다 / 심장마비의 위험을

＊ 심장마비 heart attack

_____

15 연구에 따르면, / 일주일에 4일을 근무하는 직원들이 더 생산적이다 / 일주일에 5일을 근무하는 직원들보다

＊ 생산적인 productive

_____

정답 p.296

실수 클리닉

다음 문장에서 틀린 부분을 찾아 고쳐 봅시다.

1. Tom married with Jennifer last year.

2. The meeting discussed about the problems of poor families.

3. He has not replied my email yet.

4. I waited for him to apologize me, but he didn't.

5. He entered into the room.

6. The stranger approached to me to talk.

7. She graduated high school three years ago.

8. You must answer to the question.

9. He resembles with his mother.

10. I had to leave from the party early.

1. 전치사가 필요한 자동사

자동사가 목적어를 취하기 위해서는 목적어 앞에 전치사를 반드시 써 주어야 합니다. 따라서 '너를 기다리다'라는 표현은 'wait you'가 아닌 'wait for you'가 되어야 맞는 표현입니다. 자동사로 착각하기 쉬운 타동사와 마찬가지로, 목적어를 취할 때 전치사가 필요한 자동사들은 전치사와 함께 묶어 외워두어야 합니다.

타동사로 착각하기 쉬운 자동사

wait for ~을 기다리다	apologize to ~에게 사과하다	compensate for ~을 보상하다
compete with ~와 경쟁하다	graduate from ~을 졸업하다	participate in ~에 참여하다
reply to ~에게 대답하다	complain about ~을 불평하다	consent to ~을 승낙하다

예) 그는 모든 것을 불평했다.
> He **complained** everything. (×)
> → He **complained about** everything. (○)

2. 전치사 없이 바로 목적어를 취하는 타동사

타동사는 전치사 없이 동사 뒤에 바로 목적어를 취합니다. 우리말로 '방에 들어가다'를 영작하면 'enter into a room'이 아닌 'enter a room'이라고 해야 맞는 표현입니다. 이처럼 자동사로 착각하기 쉬운 타동사들은 반드시 의미와 함께 암기해야 합니다.

자동사로 착각하기 쉬운 타동사

attend ~에 참석하다	discuss ~에 대해 토론하다	enter ~에 들어가다
mention ~을 언급하다	reach ~에 도달하다	resemble ~와 닮다
leave ~을 떠나다	approach ~에 접근하다	answer ~에 대답하다

예) 우리는 그 문제에 대해 토론했다.
> We **discussed about** the matter. (×)
> → We **discussed** the matter. (○)

정답

1. married with → married 2. discussed about → discussed 3. replied → replied to
4. apologize → apologize to 5. entered into → entered 6. approached to → approached
7. graduated → graduated from 8. answer to → answer 9. resembles with → resembles
10. leave from → leave

6일 부연 설명과 요약을 나타내는 표현

Overview

'학생들에게 전문적인 지식을 전달하는 것과 자신감을 심어주는 것 중, 더 중요한 교사의 역할은 무엇인가?'라는 질문에 대해 '요약하자면, 교사는 학생들에게 지식을 제공하는 것보다 학생들이 자신감을 얻을 수 있도록 도와주는 것이 더 중요하다.'라는 문장을 쓰려고 한다. 이때 '**요약하자면, ~이다**'라는 표현은 '**To sum up**, 주어 + 동사'로 나타낼 수 있다. 따라서 완성된 문장은 'To sum up, it is more important for a teacher to help students to gain self-confidence than to provide them with knowledge.' 가 된다. 이처럼 부연 설명이나 요약을 나타내는 표현들은 특히 답안을 마무리할 때 유용하게 사용할 수 있다.

---

1 게다가, ~이다
Moreover, 주어 + 동사 / **In addition**, 주어 + 동사

게다가, 온라인 쇼핑은 사람들이 비용과 시간을 들여 상점까지 가지 않아도 되게 해 준다.
Moreover, online shopping saves people a costly and time-consuming trip to a store.

2 게다가, ~이다
On top of that, 주어 + 동사

게다가, 냉방은 많은 유독성 가스를 배출하기 때문에 환경에 나쁘다.
On top of that, air conditioning is bad for the environment because it releases many toxic gases.
＊ 유독한 toxic

3 그것뿐만이 아니라, ~이다
Not only that, but 주어 + 동사

그것뿐만이 아니라, 훌륭한 상사는 자신의 부하 직원들에게 도움이 되는 의견을 제공할 것이다.
Not only that, but a good boss will provide helpful feedback to his or her employees.

4 특히, ~이다
In particular, 주어 + 동사

특히, 그 기념물의 역사적 맥락은 이해하기가 힘들었다.
In particular, the historical context of the monument was hard to understand.

5 ~을 제외하면, -이다

Aside from ~, 주어 + 동사

이념적 차이를 제외하면, 두 정당은 많은 비슷한 견해를 가지고 있는데, 특히 경제 정책에 대해 그러하다.
Aside from the ideological differences, the two parties have many similar views, especially on economic policies.

6 ~은 말할 것도 없고 -이다

주어 + 동사, **not to mention ~**

매일 도시로 통근하는 것이 비싼 것은 말할 것도 없고 불편하다.
Commuting to the city every day is inconvenient, **not to mention** expensive.

7 다시 말하면, ~이다

In other words, 주어 + 동사

다시 말하면, 두 언어 병용 교육은 갈수록 더 다문화적인 오늘날의 세계에서 환영받는 대안이다.
In other words, bilingual education is a welcome alternative in today's increasingly multicultural world.

* 두 언어 병용 교육 bilingual education

8 달리 표현하자면, ~이다

To put it another way, 주어 + 동사

달리 표현하자면, 고용 시장은 점점 더 경쟁적이 되었다.
To put it another way, the job market has grown increasingly competitive.

* 고용 시장 job market

9 좀 더 명확히 설명을 하기 위해, ~이다

To illustrate my point more clearly, 주어 + 동사

좀 더 명확히 설명을 하기 위해, 이 원칙들의 몇 가지 예를 제시하겠다.
To illustrate my point more clearly, I will offer some examples of these principles.

* 원칙 principle

10 대체로, ~이다

On the whole, 주어 + 동사

대체로, 그 광고는 제품의 장점을 명확하게 전달했다.
On the whole, the commercial conveyed the product's benefits clearly.

11 전반적으로, ~이다

Overall, 주어 + 동사

전반적으로, 대부분의 학생들은 그들의 교사들에게 만족했다.
Overall, most students were pleased with their instructors.

12 이런 식으로, ~이다

In this way, 주어 + 동사

이런 식으로, 학생들은 좀 더 개인적인 교육을 받게 된다.
In this way, students receive more personalized instruction.

13 우리가 알고 있는 것처럼(알다시피), ~이다

As we have seen, 주어 + 동사

우리가 알고 있는 것처럼, 스트레스와 고혈압은 서로 관련이 있다.
As we have seen, there is a connection between stress and high blood pressure.

14 내가 언급했던 바와 같이, ~이다

As I have noticed, 주어 + 동사

내가 언급했던 바와 같이, 학생들은 학기 초에 더욱 열정적이다.
As I have noticed, students are more enthusiastic at the beginning of the term.

15 모든 것을 고려해 보면, ~이다

All things considered, 주어 + 동사

모든 것을 고려해 보면, 나는 단순히 관광 명소를 방문하는 것보다 그 나라의 역사에 대해 배우고 싶다.
All things considered, I would rather learn about a country's history than just visit tourist attractions.

16 보다 중요하게도, ~이다

More importantly, 주어 + 동사

보다 중요하게도, 많은 사람들이 힘들고 스트레스가 많은 환경 때문에 도심에서 근무하는 것을 원하지 않는다.
More importantly, many people do not want to work in inner cities because of the difficult and stressful conditions.

17 마지막으로 중요한 것은, ~이다

Last but not least, 주어 + 동사

마지막으로 중요한 것은, 어린이들에게 영향을 미치는 데 있어 가족이 선생님보다 훨씬 더 큰 역할을 한다는 것이다.
Last but not least, family plays a much more important role than teachers in influencing children.

18 결론적으로, ~이다

In conclusion, 주어 + 동사 / **To conclude**, 주어 + 동사

결론적으로, 우리는 날씨의 패턴이 지난 10년 동안 두드러지게 변화했다는 것을 알 수 있다.
In conclusion, we can see that weather patterns have changed significantly over the past ten years.

19 나는 ~라는 결론에 이르렀다
I have come to the conclusion that 주어 + 동사

나는 직업을 가진 젊은이들이 좀 더 효율적으로 자신의 시간의 우선순위를 매긴다는 결론에 이르렀다.
I have come to the conclusion that young people who have jobs prioritize their time more effectively.

＊ 우선순위를 매기다 prioritize

20 결국 요점은 ~이다
What it comes down to is that 주어 + 동사

결국 요점은 등록금이 인상되지 않으면, 학생 편의 서비스는 축소된다는 것이다.
What it comes down to is that unless tuition is raised, student services will be cut back.

＊ 등록금 tuition

21 어쨌든, ~이다
After all, 주어 + 동사

어쨌든, 전쟁은 누구에게도 이익을 주지 않는다.
After all, war does not benefit anyone.

22 이러한 점에서, ~이다
In this regard, 주어 + 동사

이러한 점에서, 나는 균형 잡힌 식단이 좋은 건강을 유지하기 위해 필수적이라고 생각한다.
In this regard, I think that a balanced diet is essential for maintaining good health.

23 요약하자면, ~이다
To sum up, 주어 + 동사 / **To summarize,** 주어 + 동사

요약하자면, 끊임없이 자신의 기술을 향상시키는 사람들은 직장에서도 업무를 더 잘 수행한다.
To sum up, people who continually upgrade their skills perform better in the workplace.

24 요컨대, ~이다
In short, 주어 + 동사

요컨대, 광고는 소비자들을 끌고 판매를 증대하기 위해 이용된다.
In short, advertising is used to attract customers and boost sales.

25 한마디로, ~이다
In a word, 주어 + 동사

한마디로, 직접 불평하는 것이 편지로 항의하는 것보다 훨씬 더 효과적이다.
In a word, complaining in person is much more effective than complaining in writing.

Daily Check-up

파란색으로 주어진 우리말 표현을 영어로 바꾸어 문장을 완성하시오.

1 게다가, 어떤 학생들은 추가적인 경제적 원조를 요구할 수도 있다.

_____, some students may require additional financial assistance.

2 한마디로, 교육 제도는 변화할 필요가 있다.

_____, the education system needs to change.

3 일회용 플라스틱은 야생동물을 해치는 것은 말할 것도 없고 바다와 매립지를 오염시키고 있다.

Single-use plastics are polluting our oceans and landfills, _____ harming wildlife.

4 나는 전공을 선택하는 것이 보기보다 더 어렵다는 결론에 이르렀다.

_____ choosing a major is more difficult than it seems.

5 우리가 알고 있는 것처럼, 한 사람이 사회에 굉장한 영향을 미칠 수 있다.

_____, one person can have a great effect on society.

6 어쨌든, 정치에서 가장 중요한 것 중 하나는 인권을 보호하는 것이다.

_____, one of the most important things in politics is protecting human rights.

7 요약하자면, 인터넷은 사람들이 의사소통하는 방식에 대변혁을 일으켰다.

_____, the Internet has revolutionized how people communicate.

8 특히, 사람들은 방문하고 있는 지역의 역사에 대해 배우기 위해 종종 박물관을 찾는다.

_____, people often visit museums to learn about the history of the area they are visiting.

9   모든 것을 고려해 보면, 인플루언서 마케팅의 비용이 터무니없는 것은 아니다.

_____, the cost of influencer marketing is not unreasonable.

＊ 터무니없는 unreasonable

10   결론적으로, 한국의 경제는 수입과 수출의 성장에 밀접하게 연관되어 있다.

_____, Korea's economy is closely related to the growth of its imports and exports.

11   전반적으로, 모든 것은 계획대로 진행되었다.

_____, everything went according to plan.

12   주택을 제외하면, 교통수단이 종종 많은 가정에 가장 큰 비용이다.

_____ housing, transportation is often the greatest expense for many families.

13   요컨대, 유학하는 것은 가치 있는 경험이 될 수 있다.

_____, studying abroad can be a rewarding experience.

＊ 가치 있는, 보람 있는 rewarding

14   이런 식으로, 사람들은 좀 더 효율적인 의사소통 기술을 계발한다.

_____, people develop more effective communication skills.

15   대체로, 모든 사람은 그 문화 교류 프로그램이 매우 유익하다고 느꼈다.

_____, everyone found the cultural exchange program very informative.

정답 p.296

Daily Test

끊어 해석한 부분에 유의하여 다음의 우리말 문장을 영어로 바꾸어 쓰시오.

1 그것뿐만이 아니라, / 시간제 근무는 불어넣는다 / 책임감을
  * 시간제 근무 part-time job   * 불어넣다 instill

_____

2 마지막으로 중요한 것은, / 종신 고용은 생산성을 저하시킨다는 것이다
  * 종신 고용 lifetime employment   * 저하시키다 discourage

_____

3 보다 중요하게도, / 규칙적으로 운동하는 것은 / 우리의 면역 체계를 강하게 유지시킨다
  * 면역 체계 immune system   * A를 ~하게 유지시키다 keep A 형용사

_____

4 특히, / 놀이(playing)는 아이들에게 준다 / 그들의 상상력을 계발할 기회를
  * 계발하다 develop

_____

5 다시 말하면, / 교사들은 학생들을 평가해야 한다 / 그들의 노력에 근거하여
  * ~에 근거하여 based on ~

_____

6 게다가, / 재택근무(telecommuting)는 시간과 돈을 절약하는 데 도움을 준다 / 운전하거나 대중교통 (public transportation)을 이용하는 데 소모되는

_____

7 한마디로, / 다른 옷차림은 영향을 미친다 / 사람들이 행동하는 방식에
  * 영향을 미치다 influence

_____

8 결국 요점은 / 사람들은 기꺼이 더 지불한다는 것이다 / 편의(convenience)를 위해
  * 기꺼이 ~하다 be willing to 부정사

_____

9 전반적으로, / 혼자 공부하는 것은 훨씬 더 유익하다 / 그룹으로 공부하는 것보다

* 유익한 beneficial

_____

10 주말을 제외하면, / 대부분의 학생들은 갖지 못한다 / 교제할 충분한 시간을

* ~할 시간을 갖다 have time for ~ing   * 교제하다 socialize

_____

11 요약하자면, / 성적은 효과적인 수단(means)이다 / 학업 향상을 측정하는

* 학업 향상 academic progress   * 측정하다 measure

_____

12 대체로, / 전문가들은 동의한다 / 기억력(memory)이 향상될 수 있다는 것에

_____

13 내가 언급했던 바와 같이, / 학생들은 종종 아침 수업에 늦는다

* ~에 늦다 be late for ~

_____

14 우리가 알고 있는 것처럼, / 생활비는 천천히 증가하고 있다

* 생활비 cost of living

_____

15 달리 표현하자면, / 학생들은 더 열심히 공부해야 한다 / 그들이 더 좋은 성적을 받기를 원한다면

* 더 좋은 성적을 받다 get better grades

_____

정답 p.297

실수 클리닉

다음 문장에서 틀린 부분을 찾아 고쳐 봅시다.

1. A watch was bought me by him.

2. I was asked do the job.

3. The boy was resembled by his father.

4. He was seemed happy.

5. The accident was occurred yesterday.

6. English is taught us by him.

7. I was encouraged study harder by my teacher.

8. The show is started at eight.

9. The book was given me by him.

10. His parents were died when he was very young.

수동태

1. 4형식의 수동태 만들기

4형식의 문장은 두 개의 목적어, 즉 간접목적어와 직접목적어를 각각의 주어로 하여 수동태 문장을 만들 수 있습니다. 이때 직접목적어를 주어로 수동태 문장을 만들면 수동태 문장의 간접목적어 앞에 동사에 따라 전치사 to, for, of 등을 써야 하는 것에 주의해야 합니다.

예) 아버지께서 나에게 선물을 주셨다.
　　My father gave **me a present**.

　　나는 아버지께 선물을 받았다.
　　→ **I** was given **a present** by my father. (○) 　　　　　　　　[간접목적어 주어]

　　선물이 아버지에 의해 내게 주어졌다.
　　→ **A present** was given me by my father. (×) 　　　　　　　　[직접목적어 주어]
　　→ **A present** was given **to** me by my father. (○)

2. 5형식의 수동태 만들기

[주어 + 동사 + 목적어 + 목적보어]의 5형식 문장이 수동태가 되면, 목적어가 주어가 되고 목적보어가 주격보어가 되어 [주어 + 동사 + 주격보어]의 문장이 됩니다. 5형식의 문장을 수동태로 만들 때는 목적보어로 쓰인 명사, 형용사, to 부정사는 그대로 동사 뒤에 써주면 됩니다.

예) 그녀는 나에게 잠자리에 들라고 말했다.
　　She told **me to go to bed**.

　　나는 그녀에게 잠자리에 들라는 말을 들었다.
　　→ **I** was told **to go to bed** by her.

3. 수동태로 만들 수 없는 자동사

목적어를 취하지 않는 자동사이기 때문에 수동태로 쓸 수 없는 동사들이 있습니다. 예를 들면, start, die, happen, occur, seem, appear, look, exist, remain 등과 같은 동사들은 수동태로 만들 수 없다는 것에 주의해야 합니다.

예) 그녀는 주저하는 듯 보였다.
　　She **was appeared** to hesitate. (×)
　　→ She **appeared** to hesitate. (○)

> **정답**
>
> 1. me → for me　　2. do → to do　　3. was resembled by → resembled　　4. was seemed → seemed
> 5. was occurred → occurred　　6. us → to us　　7. study → to study　　8. is started → starts
> 9. me → to me　　10. were died → died

다음의 우리말 문장을 영어로 바꾸어 쓰시오.

1 내 생각에는, 과학자들은 재생 가능한 에너지원에 대한 연구를 우선시해야 한다.

    ＊ 에너지원 energy source

_____

2 보편적인 견해와 반대로, 지역 사회에 대학을 위치시키는 것에는 단점들이 있다.

    ＊ A를 ~시키다 have A 과거분사　＊ 단점 drawback

_____

3 민족주의에 장점이 있을지 모르지만, 나는 국제적인 협력을 촉진하는 것을 선호한다.

    ＊ 민족주의 nationalism　＊ 국제적인 협력 international cooperation

_____

4 이러한 이유 때문에, 나는 대학생들에게 출석은 선택적이어야 한다고 생각한다.

    ＊ 선택적인 optional

_____

5 책이 더 유익하다는 사실에도 불구하고, 사람들은 텔레비전을 보는 것을 선호한다.

    ＊ 유익한 informative

_____

6 책을 통해 얻어진 지식과 비교할 때, 경험으로부터의 지식이 훨씬 더 유지하기가 쉽다.

    ＊ 얻다 gain　＊ 유지하다 retain

_____

7 대조적으로, 노력을 존중하지 않는 사람들은 더 실패하기 쉽다.

_____

8 마치 부모의 기대가 종종 학생들로 하여금 능력 이상의 성적을 올리도록 강요하는 것처럼 보인다.

    ＊ A로 하여금 ~하도록 강요하다 drive A to 부정사　＊ 능력 이상의 성적을 올리다 overachieve

_____

9   그런 경우에는, 사람들이 입는 옷은 그들이 어떻게 행동하는지에 상당히 영향을 미친다.

    ＊ 상당히 significantly

_____

10   그것이 나에게 달려 있다면, 나는 재난 관리 체계의 질을 향상시키는 데 돈을 쓰겠다.

    ＊ 재난 관리 disaster management

_____

11   연구에 따르면, 간접 흡연에 노출된 사람들이 흡연자보다 암의 더 큰 위험에 처한다.

    ＊ 간접 흡연 secondhand smoke   ＊ 더 큰 ~의 위험에 처하다 be at a greater risk of ~

_____

12   조사에 따르면, 오늘날 사람들이 20년 전보다 미래에 대해 더 낙관적이다.

    ＊ ~에 대해 낙관적이다 be optimistic about ~

_____

13   보도에 따르면, 자동차 배기가스 때문에 지구의 기후가 더 뜨거워지고 있다.

    ＊ 자동차 배기가스 car emissions

_____

14   다시 말하면, 자신의 직업을 사랑하는 사람들이 더 행복하다.

_____

15   게다가, 훌륭한 교사는 학생들이 배우는 것을 즐기도록 동기를 부여한다.

    ＊ A가 ~하도록 동기를 부여하다 motivate A to 부정사

_____

정답 p.297

3rd

Week

주제별 필수 표현

Introduction

3rd Week 주제별 필수 표현

문장 쓰기의 문법적인 문제도 풀렸고 유형별 표현도 공부했으니, 실전 라이팅 연습으로 들어가기 전에 배울 것은 하나만 남았다. 바로 개별 아이디어를 나타낼 수 있는 구체적인 표현들이다. 3주에서는 자신의 아이디어를 담아낼 수 있는 세부적인 표현들을 토플 라이팅에서 자주 출제되는 주제인 교육과 광고, 정치와 사회, 건강과 환경, 생각과 행동, 문화와 과학기술, 경영과 경제로 묶어 학습한다.

1. 아이디어를 구현하는 주제별 표현

영어를 공부해 본 사람이라면 누구나 영어로 말하거나 글을 쓸 때 적절한 표현이 생각나지 않아 답답했던 기억이 있을 것이다. 또 읽거나 들었을 때는 분명 쉬운 표현이라 생각했는데, 막상 내가 사용하려 하면 잘 생각이 나지 않는 경우도 있다.

이때 자신의 아이디어를 구현해 줄 수 있는 주제별 표현들을 다양하게 알고 있다면, 자신이 생각하는 내용을 정확한 표현으로 구체화시킬 수 있다.

구체적인 예를 보자.

교육과 관련된 주제에 대해 답안을 쓸 때, '급하게 시험공부를 하면 장기 기억에 좋지 않다는 연구 결과가 있다'라는 주장을 펼치기 위해 '급하게 시험공부를 하다'라는 표현을 하고자 한다.

EX study hastily

여기서 우리가 쉽게 떠올릴 수 있는 표현은 'study hastily' 와 같이 한글과 영어 단어를 일대일로 대응시킨 표현일 것이다. 하지만 'study'와 'hastily'는 함께는 잘 쓰이지 않는 단어로 오히려 이 두 단어의 조합이 글을 어색하게 만든다.

EX cram for an exam

반면 '벼락치기로 공부하다'라는 뜻을 가진 'cram for an exam'이란 표현을 알고 있다면, '급하게 시험공부를 하다'라는 의미를 정확하게 구현해 낼 수 있다.

3주에서는 이처럼 구체적인 아이디어를 구현해 주는 표현들을 주제별로 익히고 실제 문장에 적용하는 연습을 하고자 한다.

2. 주제별 표현의 활용

이제 우리가 3주에 학습하게 될 주제별 표현들이 실제 답안에서 어떻게 활용될 수 있을지 살펴보자.

■ Professor's Question

└──→ 정치와 사회 주제의 질문

Doctor Hanson: There is much controversy surrounding agricultural subsidies. Is it appropriate for the government to provide subsidies to encourage agriculture, or is this practice discriminatory against other industries?

농업 보조금을 둘러싼 많은 논란이 있습니다. 정부가 농업을 장려하기 위해 보조금을 제공하는 것이 적절한가요, 아니면 이러한 관행은 다른 산업에 대한 차별인가요?

■ Students' Opinions

Jaehyun: Providing subsidies for agriculture is necessary to ensure food security for the country's population.

농업에 보조금을 제공하는 것은 국가 인구의 식량 안보를 보장하기 위해 필요합니다.

Aditya: Giving money to farmers to support their industry can make the market imbalanced.

농부들에게 그들의 산업을 지원하기 위해 돈을 주는 것은 시장을 불균형하게 만들 수 있습니다.

■ My Response

In my opinion, **implementing a policy** that provides agricultural subsidies is a necessary measure for ensuring the sustainability of the industry.

제 생각에는, 농업 보조금을 제공하는 정책을 실시하는 것은 그 산업의 지속 가능성을 보장하기 위해 필요한 조치입니다.

This is mainly because the agricultural sector can have positive impacts on the environment, resulting in clean air, and a **well-designed system** that focuses on sustainable practices can offer many benefits. For instance, farmers can plant fruit trees that absorb carbon dioxide from the air, which mitigates climate change and reduces air pollution.

이는 주로 농업 분야가 환경에 긍정적인 영향을 미칠 수 있어서 깨끗한 공기를 만들고, 지속 가능한 관행에 초점을 맞춘 잘 고안된 제도는 많은 이점들을 제공할 수 있기 때문입니다. 예를 들어, 농부들은 공기로부터 이산화 탄소를 흡수하는 과일 나무를 심을 수 있는데, 이는 기후 변화를 완화하고 대기 오염을 줄입니다.

Overall, **allocating resources** to farmers would be a good decision.

전반적으로, 농부들에게 자원을 배분하는 것은 좋은 결정일 것입니다.

위의 예시에서는 'implement a policy', 'well-designed system' 등의 표현을 사용하여 답안을 효과적으로 전개해 나가고 있다. 이처럼 주제별 표현들을 잘 익혀 두면 어떤 토픽이 출제되더라도 자신이 말하고자 하는 내용을 정확하게 구현해 낼 수 있고, 다채로운 표현을 통해 답안을 더욱 풍성하게 할 수 있다.

3주에서는 토플 라이팅에서 자주 출제되는 주제별 표현들을 익힌다.

1일 교육과 광고

Overview

'미성년자에게 유해한 광고는 텔레비전 송출이 금지되어야 하는가, 아니면 광고는 기업의 표현의 자유인가?'라는 질문에 대해 '미성년자가 술 광고에 노출되면, 그들의 판단력은 손상될 수 있다'라는 문장을 쓰려고 한다. 이때 '~에 노출되다'라는 표현은 '**be exposed to ~**'로 나타낼 수 있다. 따라서 완성된 문장은 'If minors are exposed to alcohol advertisements, their judgment can become impaired.'가 된다. 이처럼 교육이나 광고에 관련된 토픽은 토플에서 자주 출제되는 주제들 중 하나이므로, 관련 표현들을 미리 익혀 두면 유용하게 쓸 수 있다.

1 평생 교육
lifelong education

평생 교육에 대해 증가하는 관심은 배움에는 끝이 없다는 것을 보여 주었다.
The growing interest in **lifelong education** has shown that learning never stops.

2 숙제, 과제
homework assignment

규칙적으로 과제를 완수함으로써, 학생들은 수업 내용을 더 잘 이해한다.
By regularly completing their **homework assignments**, students gain a better understanding of the material.
* ~을 더 잘 이해하다 gain a better understanding of ~

3 시험을 치다
take an exam

대부분의 대학생들은 중간 고사와 기말 고사 기간에만 시험을 친다.
Most college students **take exams** only during midterms and finals.

4 벼락치기로 공부하다
cram for an exam

벼락치기로 공부하는 학생들은 수업 내용을 그다지 잘 기억하지 못한다.
Students who **cram for an exam** do not remember the material very well.

5 지식을 얻다
gain knowledge

독서 외에도 지식을 얻을 수 있는 다른 방법들이 많다.
There are many other ways to **gain knowledge** besides reading books.

6 ~을 암기하다
learn ~ by heart

학교는 암기하는 것을 지양하기 시작하고 있다.
Schools are starting to discourage **learning** things **by heart**.

* 지양하다 discourage

7 좋은 성적을 받다
get good grades

고등학교에서 공부를 잘했던 학생이라도 대학에서 좋은 성적을 받는 데 어려움을 겪을 수 있다.
Even students who do well in high school may have trouble **getting good grades** in college.

* ~하는 데 어려움을 겪다 have trouble ~ing

8 잠재력을 최대로 발휘하다
achieve one's full potential

잠재력을 최대로 발휘하기 위해서는 자신의 강점과 약점을 이해할 필요가 있다.
People need to understand their strengths and weaknesses to **achieve their full potential**.

9 목표에 도달하다
reach a goal

부모는 목표에 도달하려고 노력하는 자녀에게 정서적인 지원과 재정적인 지원을 모두 해 줄 수 있다.
Parents can offer both emotional and financial support to their children trying to **reach their goals**.

10 경쟁심
a sense of competition

부모가 아이를 너무 다그치면, 아이는 건전한 경쟁심을 키우지 못한다.
When parents push their children too hard, they can't develop **a** healthy **sense of competition**.

* ~를 너무 다그치다 push ~ too hard

11 사회 규범을 배우다
learn social norms

형제자매가 있는 아이들은 사회 규범을 더 빨리 배운다.
Children with siblings **learn social norms** more quickly.

* 형제자매 siblings

12 창의력을 증진하다
promote creativity

어릴 때 악기를 배우는 것은 창의력을 증진하는 데 도움이 된다.
Learning a musical instrument at a young age helps to **promote creativity**.

13 생각을 교환하다
share ideas

훌륭한 팀장은 구성원들이 원활하게 생각을 교환할 수 있게 한다.
A good team leader enables members to **share ideas** easily.

14 졸업 직후
upon graduation

졸업 직후, 많은 학생들은 자립해서 살 여력이 없기 때문에 집으로 돌아간다.
Upon graduation, many students return home because they can't afford to live on their own.

15 동료, 또래와 교류하다
interact with peers

요즘에는 많은 교수들이 학생들에게 또래와 교류하는 것을 요구하는 과제를 내주고 있다.
Many professors are now assigning work that requires students to **interact with** their **peers**.

16 체벌
corporal punishment

체벌은 어린아이들을 훈육하는 효과적인 방법이 아니다.
Corporal punishment is not an effective way of disciplining young children.
＊훈육하다 discipline

17 브랜드 인지도
brand awareness

브랜드 인지도는 성공적인 마케팅 전략의 대단히 중요한 요소이다.
Brand awareness is a critical component of a successful marketing strategy.

18 ~에 책임이 있다
be responsible for ~

그 광고팀은 시청자들의 관심을 사로잡는 고품질의 광고를 제작하는 것에 책임이 있다.
The advertising team **is responsible for** producing high-quality advertisements that capture viewers' attention.

19 정보의 원천
a source of information

소셜 미디어는 많은 소비자들에게 주요한 정보의 원천이 되어 왔다.
Social media has become **a** major **source of information** for many consumers.

20 ~에 노출되다
be exposed to ~

텔레비전 시청자들은 일반적으로 많은 수의 광고에 노출된다.
Television viewers **are** typically **exposed to** a large number of commercials.

21 제품 품질
product quality

제품 품질을 우선시하는 기업은 경쟁 시장에서 성공할 가능성이 더 높다.
Companies that prioritize **product quality** are more likely to succeed in competitive markets.

22 신뢰를 쌓다
build trust

우수한 고객 서비스를 제공하는 것은 소비자와의 신뢰를 쌓는 데 중요한 부분이다.
Providing excellent customer service is an important part of **building trust** with consumers.

23 정보를 수집하다
collect data

광고주는 민감하거나 개인적인 것으로 간주될 수 있는 정보를 수집하지 않도록 주의해야 한다.
Advertisers must be careful not to **collect data** that could be considered sensitive or personal.

24 제품을 홍보하다
promote products

효과적으로 제품을 홍보하기 위해서 소비자 행동을 이해하는 것은 필수적이다.
Understanding consumer behavior is necessary to effectively **promote products**.

25 ~을 차별화하다
set ~ apart

기억에 남는 광고 문구를 만드는 것은 회사를 경쟁사들과 차별화하는 데 도움이 될 수 있다.
Creating a memorable advertising slogan can help **set** a company **apart** from its rivals.

Daily Check-up

파란색으로 주어진 우리말 표현을 영어로 바꾸어 문장을 완성하시오.

1 고객과의 정서적 연결을 형성하기 위해 스토리텔링을 사용하면 한 브랜드를 다른 것들과 차별화할 수 있다.

Using storytelling to create emotional connections with customers can _____ a brand _____ from others.

＊ 정서적 연결 emotional connection

2 낮은 제품 품질은 회사의 마케팅 노력에 피해를 줄 수 있다.

Poor _____ can damage a company's marketing efforts.

＊ 피해를 주다 damage

3 광고 담당자들은 사회 규범에 맞는 마케팅 전략을 개발하는 것에 책임이 있다.

Advertising managers _____ developing marketing strategies that align with social norms.

＊ 사회 규범 social norm   ＊ ~에 맞다 align with ~

4 윤리적 관행을 채택함으로써, 기업들은 고객들과 신뢰를 쌓을 수 있다.

By adopting ethical practices, companies can _____ with clients.

＊ 윤리적 관행 ethical practice   ＊ 고객 client

5 브랜드가 소비자에 노출되는 빈도가 중요하다.

The frequency at which a brand _____ consumers is important.

＊ 빈도 frequency

6 많은 학교들은 평생 교육 센터가 이윤을 많이 낼 수 있다는 것을 발견해 왔다.

Many schools have found that _____ centers can be profitable.

＊ 이윤을 많이 내는 profitable

7 경쟁심은 너무 지나치지 않는 한 이로울 수 있다.

_____ can be beneficial if it isn't too much.

8 만일 학생들이 일찍 준비를 시작한다면, 나중에 벼락치기로 공부하지 않아도 될 것이다.

If students start preparing early, they will not have to _____ later.

9 미국의 학교에서 체벌은 불법이다.

The use of _____ is illegal in American schools.

10 어떤 학생이 좋은 성적을 받으면, 그 학생은 장학금을 받을 자격이 있다.

If a student _____, he or she can qualify for a scholarship.

＊ 장학금 scholarship   ＊ ~할 자격이 있다 qualify for ~

11 많은 교수들은 학생들이 시험을 치는 동안 휴대 전화 사용을 금지한다.

Many professors ban the use of cell phones when students are _____.

＊ 휴대 전화 cell phone   ＊ 금지하다 ban

12 다른 언어로 말하는 것을 배울 때, 어휘를 암기하는 것이 필요하다.

_____ vocabulary _____ is necessary when learning to speak another language.

13 예술 과목은 창의력을 증진하는 것을 돕기 때문에 학교에서 필요하다.

Art is needed in schools because it helps to _____.

14 사람들은 목표를 너무 높게 잡으면 목표에 도달하는 데 어려움을 겪는다.

People have trouble _____ if they set them too high.

＊ ~하는 데 어려움을 겪다 have trouble ~ing

15 교육의 주요 목표 중 하나는 학생들이 지식을 얻도록 돕는 것이다.

One of the primary goals of education is to help students _____.

정답 p.298

Daily Test

끊어 해석한 부분에 유의하여 다음의 우리말 문장을 영어로 바꾸어 쓰시오.

1 기업들은 정보를 수집한다 / 경쟁사들에 대한 / 성장을 위한 기회를 파악하기 위해

    ＊ 파악하다 identify

_____

2 무료 체험판을 제공하는 것은 / 강력한 방법이다 / 제품을 홍보하는

    ＊ 무료 체험판 free trial   ＊ 강력한 potent

_____

3 장기적인 성공을 거두기 위해, / 기업들은 브랜드 인지도를 구축해야 한다

    ＊ 장기적인 long-term

_____

4 소비자 사용 후기는 영향력이 큰 정보의 원천이다 / 잠재 고객을 위한

    ＊ 영향력이 큰 influential   ＊ 잠재 고객 potential customer

_____

5 높은 제품 품질은 기여할 수 있다 / 더 나은 고객 유지에

    ＊ ~에 기여하다 contribute to ~   ＊ 유지 retention

_____

6 학생들에게 다양한 경험을 제공하는 것은 효과적인 방법이다 / 그들의 창의력을 증진할 수 있는

    ＊ A에게 ~을 제공하다 provide A with ~

_____

7 우리가 성장하면서, / 우리는 사회 규범을 배운다 / 우리의 가족과 친구들로부터

_____

8 팀 프로젝트는 도와준다 / 학생들이 배우도록 / 생각을 교환할 수 있는 방법을

    ＊ ~하는 방법 how to 부정사

_____

9 많은 학생들은 찾지 못한다 / 일자리를 / 대학 졸업 직후

_____

10 좋은 성적을 받기 위해서, / 학생은 기꺼이 노력을 들여야 한다

* 기꺼이 ~하다 be willing to 부정사   * 노력을 들이다 put in the effort

_____

11 계획을 세우는 것이 중요하다 / 목표에 도달하기 위해 노력할 때는

* 계획을 세우다 make a plan

_____

12 갭이어를 가짐으로써, / 학생들은 지식을 얻을 수 있다 / 전통적인 학업 환경 바깥에서

* 갭이어(고교 졸업 후 일 혹은 여행을 하며 보내는 1년) a gap year

_____

13 대부분의 연구는 발견했다 / 벼락치기로 공부하는 것이 / 학생들에게 도움이 되지 않는다는 것을

* ~에게 도움이 되다 benefit

_____

14 평생 교육을 수용하는 것은 향상시킬 수 있다 / 개인의 성장과 발전을

* 수용하다 embrace   * 향상시키다 enhance

_____

15 또래와 교류하는 것은 중요하다 / 사회적 기술을 개발하기 위해

_____

정답 p.298

실수 클리닉

다음 문장에서 틀린 부분을 찾아 고쳐 봅시다.

1. I laughed though it was very funny.

2. Since she knows me well, so I cannot hide my feelings from her.

3. Although it's raining, but he will go.

4. Mark can swim, however I can't.

5. Although he was tired, he went to bed early.

6. The tickets were selling at half price, however very few bought them.

7. Nevertheless he was sick, he was absent from school.

8. Though I live near the sea, but I'm not a good swimmer.

9. I drink my coffee black instead he prefers his with cream.

10. We have not yet won. Because, we shall keep trying.

1. 접속사와 접속부사

접속사는 절과 절을 연결하는 기능을 하는 반면에, 접속부사는 부사이기 때문에 접속사의 기능을 할 수 없고 문장 맨 앞에 쓰여서 앞 문장과의 관계를 나타내는 역할을 합니다. 따라서 절과 절을 연결하는 접속사의 자리에 접속부사를 쓰면 틀린 문장이 됩니다.

	접속사	접속부사
시간	**when** ~할 때, **while** ~하는 동안, **before** ~ 전에, **after** ~ 후에, **since** ~ 이후로, **until** ~ 때까지, **as soon as** ~하자마자	**then** 그리고 나서, **meanwhile** 그 동안에, **afterward** 그 이후, **later** 나중에, **soon** 곧, **next** 다음에, **finally** 마침내
대조/양보	**but/yet** 그러나, **while** 반면에, **though, although** 비록 ~일지라도	**however/still** 그러나, **instead** 대신에, **on the other hand** 반면에, **nevertheless** 그럼에도 불구하고
인과	**because/as/since** ~하기 때문에	**therefore/thus/accordingly** 따라서, **consequently/as a result** 결과적으로
조건	**if** ~라면, **unless** ~하지 않는다면	**otherwise** 그렇지 않으면

예) 비가 내리고 있다, 하지만 어쨌든 나는 달릴 것이다.
It is raining, **however** I will run anyway. (×)
→ It is raining, **but** I will run anyway. (○)
→ It is raining. **However**, I will run anyway. (○)

2. 접속사의 개수

접속사는 절과 절을 연결하는 역할을 하므로, 절이 두 개일 때 접속사는 하나만 올 수 있습니다. 따라서 접속사의 개수는 항상 절의 개수보다 하나가 적습니다.

예) 그녀가 아팠기 때문에, 나는 그녀에게 수프를 가져다주었다.
Since she was feeling sick, **so** I brought her soup. (×)
→ **Since** she was feeling sick, I brought her soup. (○)
→ She was feeling sick, **so** I brought her soup. (○)

정답

1. though → because   2. Since 또는 so 생략   3. Although 또는 but 생략   4. however → but
5. Although → Because   6. however → but   7. Nevertheless → Since   8. Though 또는 but 생략
9. instead → while   10. Because → However

2일 정치와 사회

Overview

'다른 세대들이 서로의 관점을 배우는 것이 더 중요한가, 아니면 각자 자신 세대의 독특한 정체성과 사고방식을 유지하는 것이 더 중요한가?'라는 질문에 대해 '나는 협력을 증진하기 위해 세대 차이를 최소화해야 한다고 생각한다.'라는 문장을 쓰려고 한다. 이때 '**세대 차이**'라는 표현은 '**generation gap**'으로 나타낼 수 있다. 따라서 완성된 문장은 'I think that we must minimize the generation gap to increase cooperation.'이 된다. 이처럼 정치, 사회, 국가 차원의 공동체 생활에 관련된 토픽은 토플에서 자주 출제되는 주제들 중 하나이므로, 관련 표현들을 미리 익혀 두면 유용하게 쓸 수 있다.

1 국제 협력
international cooperation

성공적인 국제 협력은 상호 신뢰와 존중을 필요로 한다.
Successful **international cooperation** requires mutual trust and respect.
  * 상호의 mutual

2 외교 관계
diplomatic relations

양국은 수년간의 긴장 상태 끝에 외교 관계를 수립하기로 결정했다.
The two countries have decided to establish **diplomatic relations** after years of tension.

3 잘 고안된 제도
well-designed system

잘 고안된 제도는 시간과 자원을 절약해 줄 수 있다.
A **well-designed system** can save time and energy.

4 국가 간의 문화 교류
cultural exchanges between nations

국가 간의 문화 교류는 관광업을 통해 경제적 이익을 창출할 수 있다.
Cultural exchanges between nations can generate economic benefits through tourism.

5 자원을 배분하다
allocate resources

정치 지도자들은 어떻게 자원을 배분할지 결정할 때 종종 어려움에 직면한다.
Political leaders often face challenges when deciding how to **allocate resources**.

6 깊이 뿌리박힌 편견
deep-rooted prejudice

수입에 대해 깊이 뿌리박힌 편견을 가진 일부 정치인들은 관세를 높이는 것을 지지한다.
Some politicians with a **deep-rooted prejudice** against imports support raising tariffs.
＊ 관세 tariff

7 중립적인 입장을 취하다
take the middle ground

중립적인 입장을 취하는 것이 핵심 가치나 원칙에 대해 타협하는 것을 의미하는 것은 아니다.
Taking the middle ground doesn't mean compromising on core values or principles.
＊ 타협하다 compromise

8 복지 제도
welfare system

그 복지 제도는 노인들의 의료 비용을 보장하지 않는다.
The **welfare system** doesn't cover the medical expenses of the elderly.
＊ 노인들 the elderly

9 정책을 실시하다
implement a policy

인기 없는 정책을 실시하려는 시도는 거의 지지받지 못한다.
Attempts to **implement an** unpopular **policy** are rarely supported.
＊ 거의 ~ 않는 rarely

10 여론
public opinion

정치인들은 법을 제정할 때 여론을 고려해야 한다.
Politicians should take **public opinion** into consideration when making laws.
＊ ~을 고려하다 take ~ into consideration

11 아이를 키우다
raise children

부모는 종종 아이를 키우기 위해 희생한다.
Parents often make sacrifices in order to **raise children**.

12 세대 차이
generation gap

세대 차이 때문에 부모와 자녀 사이의 의사소통에는 종종 문제가 있다.
Communication between parents and their children is often problematic due to the **generation gap**.
＊ 문제가 있는 problematic

13 ~에 대해 기준을 세우다
set standards for ~

사람들은 자기 자신에 대해서보다 공무원들에 대해 더 높은 기준을 세우는 경향이 있다.
People tend to **set** higher **standards for** public officials than they do for themselves.
＊ 공무원 public official

14 ~을 돌보다
look after ~

사회는 스스로를 보살필 수 없는 사람들을 돌봐야 한다.
Society must **look after** those who are unable to care for themselves.

15 자립하다
stand on one's own two feet

인턴직은 사람들이 자립할 수 있을 정도로 충분한 돈을 지급하는 일이 거의 없다.
Internships rarely pay enough to allow people to **stand on their own two feet**.

16 (사람과의) 직접 대면, 만남
personal contact

이메일의 성장에도, 직접 대면하는 것은 여전히 더 효과적이다.
Even with the growth of email, **personal contact** is still more effective.

17 집안일
household chores

집안일은 가족 구성원 간에 동등하게 분배되어야 한다.
Household chores should be shared equally among family members.

18 가정 환경
family background

한 사람의 가정 환경은 그 사람이 어떤 종류의 직업을 추구하는지에 영향을 미칠 수 있다.
A person's **family background** may influence what type of job he or she pursues.

19 법을 어기다
violate the law

권력을 가진 자리에 있는 사람들은 법을 어길 경우 엄격하게 처벌되어야 한다.
People in positions of power should be punished severely if they **violate the law**.

* 엄격하게 severely

20 경계하다, 조심하다
take precautions

사람들이 지나치게 조심하면, 삶이 제한된다.
If people **take** too many **precautions**, their lives become restricted.

* 제한된 restricted

21 ~의 사생활을 침해하다
infringe upon one's privacy

정부는 사람들의 사생활을 침해할 권리가 없다.
The government doesn't have the right to **infringe upon people's privacy**.

22 시사
current affairs

신문은 여전히 시사를 배우는 가장 인기 있는 방법 중 하나이다.
Newspapers remain one of the most popular ways to learn about **current affairs**.

23 교통 혼잡
traffic congestion

교통 혼잡은 지역 주민들의 삶의 질을 떨어뜨린다.
Traffic congestion decreases the quality of life for local residents.

* 지역 주민 local residents

24 대중교통
public transportation

대도시의 대중교통은 종종 통근자들의 필요를 충족시킬 수가 없다.
Public transportation in large cities is often unable to meet the needs of commuters.

* ~의 필요를 충족시키다 meet the needs of ~

25 아동 학대
child abuse

교사들은 아동 학대로 의심되는 경우가 있으면 경찰에 신고하도록 요구된다.
Teachers are required to report any suspected **child abuse** to the police.

Daily Check-up

파란색으로 주어진 우리말 표현을 영어로 바꾸어 문장을 완성하시오.

1 다른 사람들과 직접 대면할 일이 거의 없는 사람들은 더 높은 우울증 발생률을 가지는 경향이 있다.

People who have little _____ with others tend to have higher rates of depression.

＊우울증 depression

2 오늘날에는 한부모가 아이를 키우는 일이 20년 전보다 훨씬 흔하다.

It is much more common now for single parents to _____ than it was 20 years ago.

3 정치적 양극화는 자원을 배분하는 방법에 대한 합의에 도달하는 것을 어렵게 만들 수 있다.

Political polarization can make it difficult to reach a consensus on how to _____

_____.

＊양극화 polarization   ＊합의 consensus

4 현재의 복지 제도는 사람들이 일하도록 장려하지 않기 때문에 개혁될 필요가 있다.

The current _____ needs to be reformed because it doesn't encourage people to work.

＊개혁되다 be reformed

5 원활한 의사소통은 새로운 정책을 실시하는 것을 훨씬 더 쉽게 만든다.

Good communication makes it much easier to _____ new _____.

6 정부는 대중교통을 위한 자금을 늘릴 책임이 있다.

The government has a responsibility to increase funding for _____.

＊자금 funding

7 부모들은 어릴 때부터 자녀의 행동에 대해 기준을 세워 둘 필요가 있다.

Parents need to _____ their child's behavior from an early age.

8 세대 차이는 때때로 가족 구성원 간의 관계에 중대한 장애물이다.

The _____ is sometimes a significant obstacle to relationships between family members.

9 불우한 가정 환경을 가진 어린이들은 학교에서 더 많은 지원을 필요로 한다.

Children from disadvantaged _____ need more support in school.

10 대가족의 구성원들은 서로의 사생활을 침해하는 것을 피하기 위해 주의를 기울여야 한다.

Members of large families have to be careful to avoid _____

_____ .

11 자동차 사고를 피하기 위해서는 조심할 필요가 있다.

It is necessary to _____ to avoid car accidents.

12 대중 매체는 여론을 형성하는 데 중요한 역할을 한다.

The mass media plays a significant role in shaping _____ .

∗ 역할을 하다 play a role   ∗ 형성하다 shape

13 올바른 통치는 공공의 이익을 우선시하는 잘 고안된 제도를 요한다.

Good governance requires a _____ that prioritizes the public interest.

14 집안일을 하는 것은 어린이들이 책임감을 기를 수 있도록 도와준다.

Doing _____ helps children develop responsibility.

15 대학생들이 학교에서 시사에 대해 배우는 것은 중요하다.

It is important for college students to learn about _____ in school.

정답 p.299

Daily Test

끊어 해석한 부분에 유의하여 다음의 우리말 문장을 영어로 바꾸어 쓰시오.

1 강한 지도자는 실시해야 한다 / 필요하지만 인기가 없는 정책을

_____

2 국가 간의 문화 교류는 증진시킨다 / 이해와 관용을

    * 이해 understanding   * 관용 tolerance

_____

3 아이들에게 주어져야 한다 / 집안일이 / 어린 나이부터

    * 어린 나이부터 from an early age

_____

4 외교 관계의 수립은 열 수 있다 / 무역의 기회를

    * 수립 establishment

_____

5 기후 변화는 긴급한 문제이다 / 국제 협력을 필요로 하는

    * 긴급한 pressing   * 필요로 하다 demand

_____

6 깊이 뿌리박힌 편견은 해로울 수 있다 / 개인과 사회 모두에

    * 해로운 harmful

_____

7 법을 어긴 사람들은 / 처벌받아야 한다

    * 처벌하다 punish

_____

8 사람들이 자립할 때, / 그들은 통제권을 갖는다 / 그들 자신의 삶에 대한

    * ~에 대한 통제권을 갖다 take control of ~

_____

9 부모가 둘 다 일을 할 때는, / 어렵다 / 그들이 자녀를 돌보는 것이

_____

10 다른 세대의 관점에 대해 배우는 것은 / 도움이 될 수 있다 / 세대 차이를 극복하는 데
   * 관점 perspective   * 극복하다 overcome

_____

11 도시의 한 가지 큰 단점은 / 교통 혼잡이다

_____

12 유권자들은 알고 있을 필요가 있다 / 시사에 대해
   * 유권자 voter   * ~을 알고 있다 be aware of ~

_____

13 어린이를 때리는 것만이 / 아동 학대의 유일한 형태는 아니다

_____

14 일부 정치인들은 중립적인 입장을 취한다 / 더 많은 유권자들에게 호소하기 위해

_____

15 많은 국가들이 갖고 있지 않다 / 포괄적인 복지 제도를 / 장애인을 돌보기 위한
   * 포괄적인 comprehensive   * 장애인 disabled people

_____

정답 p.299

3rd Week

1일
2일
3일
4일
5일
6일

Hackers **TOEFL** Writing Basic

실수 클리닉

다음 문장에서 틀린 부분을 찾아 고쳐 봅시다.

1. Most his money was inherited from his parents.

2. Each candidates was given fifteen minutes to speak.

3. Health is the first requisite for a success.

4. Most the students in my school come from middle-class families.

5. Every letters need to be checked before it is sent out.

6. Most of employees do not work on Saturdays.

7. Teachers should be able to give their students some good advices.

8. Most of cities have public transportation systems.

9. We can think of another ways to learn about life.

10. Korea has made great economic progresses.

명사

1. 셀 수 있는 명사와 셀 수 없는 명사

구체적인 사물을 가리키는 보통 명사는 셀 수 있기 때문에 부정관사 a(n)을 붙이거나 복수로 쓸 수 있고, (a) few, many, several과 같은 수량 형용사를 취합니다. 반면에, 일정한 형태가 없는 물질 명사(water, air, bread, metal, wood)와 개념을 나타내는 추상 명사(success, knowledge, beauty, advice, happiness, luck, information, progress)는 단위와 관련하여 생각할 수 없기 때문에 a(n)을 붙이거나 복수로 쓸 수 없고, (a) little, much와 같은 수량 형용사를 취합니다.

예) 우리는 대학에서 많은 지식을 얻는다.
　　We get **many informations** in a university. (×)
　　→ We get **much information** in a university. (○)

2. every / each / another + 단수 명사

every는 '모든', each는 '각각의', another는 '또 다른'의 의미로 단수 명사와 결합해서 단수 동사를 취합니다. 따라서 복수 명사와 결합하거나 복수 동사를 쓰면 틀립니다.

예) 모든 시민들은 그 시장을 존경한다.
　　Every citizens respects the mayor. (×)
　　→ **Every citizen** respects the mayor. (○)

3. 'most + 명사'와 'most of + 한정사 + 명사'

'most + 명사'는 '대부분의 ~'라는 의미로 일반적인 대상에 대해 말할 때 쓰고, 'most of + 한정사(the 또는 소유격 대명사) + 명사'는 '~ 중 대부분'이라는 의미로 특정한 대상에 대해 말할 때 씁니다.

예) 대부분의 아이들은 사탕을 좋아한다.
　　Most of children like candy. (×)
　　→ **Most children** like candy. (○)

내 친구들 중 대부분은 도시에 산다.
　　Most my friends live in the city. (×)
　　→ **Most of my friends** live in the city. (○)

정답

1. Most → Most of　　2. candidates → candidate　　3. a success → success　　4. Most → Most of
5. letters need → letter needs　　6. Most of → Most 또는 employees → the employees　　7. advices → advice
8. Most of → Most 또는 cities → the cities　　9. ways → way　　10. progresses → progress

3일 건강과 환경

Overview

'태양, 물, 바람과 같은 재생 에너지가 가스, 석유, 석탄과 같은 화석 에너지를 곧 대체할 것인가, 아니면 화석 에너지가 가까운 미래에도 여전히 우세할 것인가?'라는 질문에 대해 '석유 가격이 상승함에 따라 대체 에너지원이 더욱 인기를 끌고 있다.'라는 문장을 쓰려고 한다. 이때 '**대체 에너지**'라는 표현은 '**alternative energy**'로 나타낼 수 있다. 따라서 완성된 문장은 'Alternative energy sources are becoming more popular as the cost of oil increases.'가 된다. 이처럼 인간의 건강이나 자연환경에 관련된 토픽은 토플에서 자주 출제되는 주제들 중 하나이므로, 관련 표현들을 미리 익혀 두면 유용하게 쓸 수 있다.

1 건강상의 문제
health problems

부실한 식사를 하는 어린이들은 종종 건강상의 문제를 갖고 있다.
Children with poor diets often have **health problems**.

2 신체 장애인의
physically challenged

모든 건물은 신체 장애인들에게 접근 가능해야 한다.
All buildings must be accessible to the **physically challenged**.
* 접근 가능한 accessible

3 (병에) 걸리다
come down with

열이 나는 것은 독감에 걸리고 있다는 초기 신호이다.
A fever is an early sign that one is **coming down with** the flu.

4 사소한 질병
minor ailment

사소한 질병은 치료되지 않으면 더욱 심각해지기 때문에 잘 치료하는 것이 중요하다.
It is important to take care of **minor ailments** since they can become more severe if untreated.
* 심각한 severe

5 규칙적인 운동

regular exercise

규칙적인 운동 외에도, 어린이들은 영양에 대해 더 배울 필요가 있다.

In addition to **regular exercise**, children need to learn more about nutrition.

6 비만이 되다

become obese

미국 인구가 점점 더 비만이 됨에 따라 수많은 건강상의 우려가 있다.

There are numerous health concerns as America's population **becomes** more and more **obese**.

＊ 비만의, 지나치게 살찐 obese

7 건강식

healthy diet

사람들이 더 바빠짐에 따라, 건강식을 먹는 경우가 적다.

As people become busier, they are less likely to have a **healthy diet**.

8 식사를 거르다

skip a meal

식사를 거르는 사람들은 결국 하루 종일 간식을 먹게 된다.

People who **skip meals** often end up snacking throughout the day.

＊ 간식을 먹다 snack

9 다이어트를 하다

go on a diet

미국에서 비만율이 높아짐에 따라, 어린아이들조차도 다이어트를 하기 시작하고 있다.

With the rising levels of obesity in America, even young children are beginning to **go on diets**.

10 건강을 유지하다

keep in shape

자녀들이 생기고 나면, 사람들은 보통 건강을 유지하기 위해 필요한 시간이 부족하게 된다.

After people have children, they often lack the time needed to **keep in shape**.

11 연간 정기 검진

annual checkup

의사들은 환자들에게 예방책으로 연간 정기 검진을 받을 것을 권한다.

Doctors advise patients to get **annual checkups** as a preventative measure.

＊ 예방책 preventative measure

12 호흡기 질환

respiratory disease

도시의 호흡기 질환 발생률은 시골보다 훨씬 높다.

The rate of **respiratory disease** in urban areas is much higher than that in rural areas.

13 담배를 많이 피우는 사람

heavy smoker

오늘날에는 담배를 많이 피우는 사람들이 금연하도록 도와주는 프로그램들이 많다.

Heavy smokers now have many programs available to help them quit.

14 의료적 도움을 청하다

seek medical attention

보험이 없는 사람들은 심각하게 아플 때까지 의료적 도움을 청하는 경우가 거의 없다.

People without insurance rarely **seek medical attention** until they are seriously ill.

15 기대 수명

life expectancy

의료 기술이 향상함에 따라 평균 기대 수명은 크게 늘었다.

Improvements in health-care technology have led to significant gains in average **life expectancy**.

16 ~을 희생하여

at the expense of ~

한 국가의 경제 발전은 종종 환경을 희생하여 이루어진다.

A country's economic development often comes **at the expense of** its environment.

17 멸종 위기에 처한 (동식물의) 종

endangered species

비록 멸종 위기에 처한 종들을 보호하는 것이 중요한 명분이 될지라도, 기본적인 인간의 필요를 희생하여 얻어서는 안 된다.

Although protecting **endangered species** is an important cause, it should not come at the expense of basic human needs.

18 (문제의) 주요 원인

main culprit

패스트푸드는 아동 비만율 증가의 주요 원인이다.

Fast food is the **main culprit** in rising levels of childhood obesity.

19 환경 친화적인
environmentally friendly

고객들은 환경 친화적인 방식으로 만들어진 상품에 대해서 돈을 더 지불할 용의가 있다.
Customers are willing to pay more for products made with **environmentally friendly** methods.

＊ ~할 용의가 있다 be willing to 부정사

20 오염된 공기
polluted air

많은 사람들은 오염된 공기 때문에 공장 근처에서 사는 것을 싫어한다.
Many people dislike living near factories due to the **polluted air**.

21 대체 에너지
alternative energy

태양 에너지는 가장 촉망되는 대체 에너지의 형태이다.
Solar power is the most promising form of **alternative energy**.

22 연료 효율적인
fuel-efficient

연료 효율적인 자동차는 결국 운용하는 데 비용이 더 적게 든다.
Fuel-efficient cars end up costing less to operate.

23 ~을 최대한 활용하다
make the most of ~

낡은 물건을 최대한 활용함으로써, 사람들은 버리는 양을 줄일 수 있다.
By **making the most of** old products, people can reduce the amount they throw away.

24 ~을 위험에 처하게 하다
put ~ at risk

법을 준수하지 않는 기업들은 환경을 위험에 처하게 한다.
Companies that don't follow the law **put** the environment **at risk**.

25 에너지 부국
energy-rich country

대체 에너지로의 전환은 에너지 부국에 타격을 주고 있다.
The switch to alternative forms of energy is hurting **energy-rich countries**.

＊ 전환 switch

Daily Check-up

파란색으로 주어진 우리말 표현을 영어로 바꾸어 문장을 완성하시오.

1 대부분의 신체 장애인들은 독립적인 삶을 살 수 있다.

Most _____ people are able to live independent lives.

2 대부분의 사소한 질병들은 처방전 없이 살 수 있는 약으로 치료될 수 있다.

Most _____ can be treated with over-the-counter medications.

＊처방전 없이 살 수 있는 over-the-counter

3 오늘날에 사람들은 건강을 유지하기 위해 과거보다 더 많은 노력을 기울이고 있다.

People are now putting in more effort to _____ than they did in the past.

4 건강식과 규칙적인 운동은 체중을 줄이는 가장 좋은 방법으로 증명되어 왔다.

Healthy diet and _____ have been proven to be the best methods for losing weight.

＊건강식 healthy diet

5 즉각적인 의료적 도움을 청하는 환자들은 응급실에 가야 한다.

Patients _____ immediate _____ should go to the emergency room.

＊응급실 emergency room

6 국가의 경제적 입지와 국민의 기대 수명 사이에는 직접적인 관련이 있다.

There is a direct relationship between a nation's economic status and the _____ _____ of its citizens.

＊경제적 입지 economic status

7 소비자들은 환경 친화적인 물건을 더 많이 사도록 장려된다.

Consumers are encouraged to buy more _____ products.

8 회사들이 자원을 최대한 활용할 때 낭비를 줄일 수 있다.

Waste can be reduced when companies _____ their resources.

9 에너지 부국들조차도 환경 친화적인 연료에 대한 필요를 인정한다.

Even _____ recognize the need for environmentally friendly fuel.

＊ 인정하다 recognize

10 많은 세계적 기업들은 환경을 희생하여 이윤을 낸다.

Many global companies make a profit _____ the environment.

＊ 이윤을 내다 make a profit

11 담배를 많이 피우는 사람들은 다양한 건강상 문제로 고통받게 될 가능성이 많다.

_____ are more likely to suffer from a wide range of health problems.

＊ 다양한 a wide range of

12 정부는 대체 에너지 연구를 위해 더 많은 장려책을 마련할 필요가 있다.

Governments need to offer more incentives for _____ research.

＊ 장려책 incentive

13 대부분의 보험 정책은 무료로 연간 정기 검진을 제공한다.

Most insurance policies offer _____ for free.

14 그 연구는 수면 부족이 감기에 걸릴 가능성을 증가시킬 수 있다는 것을 증명했다.

The research showed that a lack of sleep can increase the likelihood of _____ _____ the flu.

15 오염된 공기는 호흡기 질환 증가의 주요한 원인이다.

Polluted air is the main reason for increases in _____.

정답 p.299

Daily Test

끊어 해석한 부분에 유의하여 다음의 우리말 문장을 영어로 바꾸어 쓰시오.

1 규칙적인 운동은 도움이 될 것이다 / 건강상의 문제를 예방하는 데
  ＊ 예방하다 prevent

_____

2 패스트푸드 섭취는 / 한 가지 주요 원인이다 / 어린 아이들이 비만이 되고 있는

_____

3 많은 과일과 채소는 / 건강식의 중요한 부분이다

_____

4 식사를 거르는 것은 / 효과적인 방법이 아니다 / 살을 빼는
  ＊ 살을 빼다 lose weight

_____

5 사회적 압력은 결정에 영향을 미친다 / 다이어트를 하려는
  ＊ 사회적 압력 social pressure

_____

6 수많은 호흡기 질환은 / 야기된다 / 오염에 의해

_____

7 담배를 많이 피우는 사람들은 / 자신의 가족을 / 위험에 처하게 한다

_____

8 계속적인 논란이 있다 / 동물원이 보호하는지 / 멸종 위기에 처한 종을 / 혹은 그들을 착취하는지
  ＊ 계속적인 ongoing   ＊ 논란 controversy   ＊ 착취하다 exploit

_____

9 대기 오염의 주요 원인은 / 자동차이다

_____

10 많은 사람들은 선호한다 / 도시에 사는 것을 / 오염된 공기에도 불구하고
   * ~에도 불구하고 despite

_____

11 대체 에너지는 필요하다 / 가솔린과 석유를 대체하기 위해

_____

12 연료 효율적인 버스는 줄여준다 / 오염을 / 교통이 혼잡한 지역에서
   * 교통 혼잡 지역 congested area

_____

13 많은 사람들은 위험에 처하게 한다 / 자신의 건강을 / 부실한 식사로

_____

14 많은 회사들이 이제 바꾸고 있다 / 더 환경 친화적인 생산 방식으로
   * ~으로 바꾸다 switch to ~

_____

15 많은 사람들이 담배를 피운다 / 자신의 건강을 희생하면서

_____

정답 p.300

실수 클리닉

다음 문장에서 틀린 부분을 찾아 고쳐 봅시다.

1. Great artists have an unique talent.

2. I did not like her first time I met her.

3. I need the good book to read in the mornings on the subway.

4. Seoul is largest city in Korea.

5. There were no specific methods to cure disease in past.

6. Since we do not know a future, it is best to be cautious.

7. The Internet has had a profound impact on how world communicates.

8. Washington is the capital of a United States of America.

9. People can eat with their pets at same table.

10. Smoking in public places such as school, hospital, and station harms other people.

1. 부정관사 a/an

부정관사 a/an은 '하나의'라는 의미로 앞에서 언급되지 않는 명사를 나타낼 때 가산 명사 앞에 씁니다. 따라서 셀 수 있는 단수 명사가 부정관사 없이 단독으로 쓰이면 틀립니다. 또한 부정관사는 고유 명사와 추상 명사 앞에 쓸 수 없고, 뒤에 오는 단어의 철자에 상관 없이 발음이 모음으로 시작되면 a 대신 an을 쓰는 것에 주의해야 합니다.

예) 그는 Peter에게서 차를 빌렸다.
　　He borrowed **car** from Peter. (×)
　　→ He borrowed **a car** from Peter. (○)

2. 정관사 the

정관사 the는 앞에서 언급되었거나 특정한 사물, 장소, 개념을 나타낼 때 씁니다. 정관사는 부정관사와는 달리 단수 명사, 복수 명사, 가산 명사, 불가산 명사 모두에 사용될 수 있으며, 다음과 같이 반드시 정관사를 사용해야 하는 특수한 용법들은 기억해두어야 합니다.

- the + 형용사의 최상급
- the + 서수(first, second, third, …)
- the + 유일한 사물(moon, sun, earth, world, universe, sky, …)
- the + same, only, next, last, …
- the + morning, afternoon, evening, present, future, past, …
- by the + 단위(hour, pound, dozen, …)

예) 그것은 2층에 있다.
　　It is on **second** floor. (×)
　　→ It is on **the second** floor. (○)

정답

1. an unique → a unique　　2. first → the first　　3. the good book → a good book　　4. largest → the largest
5. past → the past　　6. a future → the future　　7. world → the world　　8. a → the　　9. same → the same
10. school, hospital, and station → a school, a hospital, and a station 또는 schools, hospitals, and stations

4일 생각과 행동

Overview

'아이들을 교육할 때 야심 찬 목표를 세우게 하는 것이 나은가, 아니면 현실적인 목표를 추구하게 하는 것이 나은가?'라는 질문에 대해 '비현실적인 목표를 세우는 아이들은 성공하지 못하면 금방 좌절할 수 있다.'라는 문장을 쓰려고 한다. 이때 '**목표를 세우다**'라는 표현은 '**set a goal**'로 나타낼 수 있다. 따라서 완성된 문장은 'Children who set unrealistic goals may quickly become discouraged if they do not succeed.'가 된다. 이처럼 생각과 행동에 관한 표현은 토픽에 상관없이 두루 사용될 수 있으므로, 관련 표현들을 미리 익혀 두면 여러 주제에 유용하게 쓸 수 있다.

1 상식
common sense

많은 나이 든 사람들은 젊은이들이 충분한 상식을 지니고 있지 않다고 생각한다.
Many older people believe that younger people don't have enough **common sense**.

2 자부심
self-esteem

아이가 자라면서 받는 대접은 그 아이의 자부심이 어떻게 발달하는지를 결정할 것이다.
The treatment a child receives while growing up will determine how his **self-esteem** develops.

3 노력하다
make an effort

사람들은 어려움에 처한 다른 이들을 돕기 위한 노력을 좀처럼 하지 않는다.
People very rarely **make an effort** to help others in need.

4 이해하다, 이치에 맞다
make sense

우리가 지속적으로 노출되는 모든 정보를 이해하기는 어려울 수도 있다.
It can be difficult to **make sense** of all the information we are constantly exposed to.

5 목표를 세우다

set a goal

성공을 하기 위해서, 사람은 반드시 목표를 세우고 이를 성취하기 위해 노력해야 한다.

To succeed, a person must **set a goal** and then strive to achieve it.

6 ~에 집착하다

be obsessed with ~

어떤 사람들은 심지어 그들의 정신 건강을 희생하면서도 학업적 성공을 성취하는 것에 집착한다.

Some individuals **are obsessed with** achieving academic success, even at the expense of their mental health.

7 약속하다

make a promise

사람들은 지킬 수 없는 약속을 하지 않도록 주의해야 한다.

People must be careful not to **make promises** that they won't be able to keep.

8 ~에 역할을 하다

play a role in ~

재활용은 환경 보전에 중요한 역할을 한다.

Recycling **plays an** important **role in** environmental conservation.

* 환경 보전 environmental conservation

9 ~에 대해 책임을 지다

take responsibility for ~

사람들은 변명을 하는 대신 자신의 행동에 대해 책임을 져야 한다.

People should **take responsibility for** their actions instead of making excuses.

10 전환점, 전환기

turning point

사람들은 구체적인 전환점을 찾으려고 할지도 모르지만, 변화는 대개 긴 시간에 걸쳐 일어난다.

While people may look for a specific **turning point**, change generally occurs over a period of time.

11 본보기가 되다, 모범이 되다

set a good example

흡연하는 사람들은 자녀들에게 본보기가 되지 못한다.

Parents who smoke are not **setting a good example** for their children.

12 의문을 제기하다, 질문하다
raise a question

증가하는 석유 사용은 환경에 대한 사람들의 책임에 의문을 제기한다.

The increasing use of oil **raises the question** of people's commitment to the environment.

＊ 책임, 의무 commitment

13 공통점을 지니다
have ~ in common

형제자매가 일정한 특징을 공통점으로 지닌다는 사실은 생물학적인 요인과 환경적인 요인 때문이다.

The fact that siblings often **have** certain traits **in common** is due to biological and environmental factors.

14 마음 속으로 그리다
picture in one's mind

자신의 회복을 마음 속으로 그리는 환자들은 더 빨리 회복할지도 모른다.

Patients who **picture** their recovery **in their minds** may get well faster.

15 내적 갈등
inner conflict

어떤 사람들은 내적 갈등을 해소하는 데 어려움을 겪는다.

Some people have trouble resolving **inner conflicts**.

＊ 해소하다 resolve

16 우호적인 몸짓
goodwill gesture

기업들은 잘못된 일을 하고 나서야 우호적인 몸짓을 취한다.

Companies offer **goodwill gestures** only after doing something wrong.

17 인성, 인간성
human nature

몇몇 과학자들은 공감 능력이 인간성에 내재한다고 생각한다.

Some scientists believe that empathy is inherent to **human nature**.

＊ 공감 (능력) empathy ＊ 내재하는 inherent

18 자가당착에 빠지다
contradict oneself

거짓말을 하는 사람들은 자가당착에 빠지기 때문에 결국 들키게 된다.

People who tell lies eventually get caught because they end up **contradicting themselves**.

＊ 결국 ~하게 되다 end up ~ing

19 속단하다
jump to a conclusion

텔레비전에서 뉴스가 보도되는 방식은 종종 사람들로 하여금 속단하게 한다.
The way news is reported on television often causes people to **jump to conclusions**.

20 약속을 지키다
keep one's word

아이들에게 어릴 때부터 약속을 지키도록 가르치는 것은 굳은 정직함을 불어넣을 것이다.
Teaching children from a young age to **keep their word** will instill a strong sense of honesty.

＊ 불어넣다 instill

21 충동적으로
on the spur of the moment

만약 사람들이 자신의 삶을 지나치게 엄격하게 계획한다면, 그들은 충동적으로 즐길 수 없다.
If people plan their lives too rigidly, they can't enjoy things **on the spur of the moment**.

＊ 엄격하게 rigidly

22 ~라는 결론에 이르다
come to the conclusion that 주어 + 동사

많은 부모들은 체벌이 자녀들을 교육하는 효과적인 방법이 아니라는 결론에 이르렀다.
Many parents have **come to the conclusion that** physical punishment is not an effective way to discipline their children.

23 ~에 자신감을 갖다
have confidence in ~

경쟁적인 스포츠에 참여하는 것은 아이들이 자신의 능력에 자신감을 갖도록 도와준다.
Participating in competitive sports helps children to **have confidence in** their abilities.

24 잘못된 믿음, 맹목
misguided beliefs

많은 사람들의 환경에 대한 잘못된 믿음은 지식의 부족 탓이다.
A lack of knowledge is to blame for many people's **misguided beliefs** about the environment.

25 ~하는 데 어려움을 겪다
have difficulty ~ing

아이들이 학교에 입학하면, 새로운 일정에 적응하는 데 어려움을 겪는다.
When children first attend school, they may **have difficulty** adjusting to their new schedule.

＊ ~에 적응하다 adjust to ~

Daily Check-up

파란색으로 주어진 우리말 표현을 영어로 바꾸어 문장을 완성하시오.

1 운동을 하는 아이들은 더 큰 자부심을 발달시킨다.

Children who play sports develop greater _____.

2 부모는 자녀들이 학교에서 잘하도록 돕기 위해 항상 노력해야 한다.

Parents should always _____ to help their children do well in school.

    ＊ 잘하다, 성공하다 do well

3 정치인들은 대체로 선출되기 위해서 수많은 약속을 한다.

Politicians usually _____ numerous _____ in order to get elected.

    ＊ 선출되다 get elected

4 부모는 자녀의 성격을 형성하는 데 주요한 역할을 한다.

Parents _____ major _____ shaping their child's character.

5 부모는 자녀들에게 본보기가 되어야 한다.

Parents should _____ for their children.

6 사람들은 대체로 친구와 많은 공통점을 지닌다.

People generally _____ many things _____ with their friends.

7 목표를 마음 속으로 그리는 것은 그것을 성취하기 위한 첫 번째 단계이다.

_____ a goal _____ is the first step towards achieving it.

8 많은 사람들은 인성이 변하지 않는다고 주장한다.

Many people argue that _____ is unchangeable.

    ＊ 변하지 않는 unchangeable

9 속단하는 것을 피하기 위해서, 사람들은 먼저 모든 사실을 알아야 한다.

To avoid _____, people should get all the facts first.

10 나는 충동적으로 결정을 내리지 않도록 조심해야 한다고 생각한다.

I think we need to be careful not to make decisions _____.

11 교사들은 학생들의 잘못된 믿음을 바로잡아야 한다.

Teachers should correct the _____ of their students.

* 바로잡다 correct

12 어떤 학자들은 상식이란 학습될 수 있는 것이 아니라고 주장한다.

Some scholars argue that _____ is not something that can be learned.

13 사람들은 인생의 전환점에 도달할 때까지 계속 나쁘게 행동할 것이다.

People will continue behaving poorly until reaching a _____ in their lives.

14 신입 교사들은 학급을 통제하는 데 어려움을 겪을 수 있다.

New teachers could _____ their classes.

15 정부는 시민들의 행동에 책임을 질 필요가 있다.

Governments need to _____ the actions of their citizens.

정답 p.300

Daily Test

끊어 해석한 부분에 유의하여 다음의 우리말 문장을 영어로 바꾸어 쓰시오.

1 사람들은 종종 무시한다 / 이치에 맞지 않는 문제들을
    * 무시하다 ignore

_____

2 이룰 수 있는 목표를 세우는 것은 / 사람들에게 동기를 부여할지도 모른다 / 성공하도록
    * 이룰 수 있는 attainable   * 동기를 부여하다 motivate

_____

3 텔레비전은 야기했다 / 많은 사람들로 하여금 / 자신의 외모에 집착하게
    * A로 하여금 ~하게 (야기)하다 cause A to 부정사

_____

4 자동차와 같은 발명품들은 / 전환점으로서 역할을 했다 / 역사에서
    * ~와 같은 such as   * ~로서 역할을 하다 serve as ~

_____

5 많은 내적 갈등들은 기인한다 / 충격적인 경험들로부터 / 어린 시절 동안
    * ~로부터 기인하다 arise from ~   * 충격적인 traumatic

_____

6 많은 우호적인 몸짓들은 / 부족하다 / 진심이
    * 진심 true sincerity

_____

7 마음을 바꾸는 사람들은 / 종종 비난받는다 / 자가당착에 빠진다고
    * ~라고 비난받다 be accused of ~

_____

8 연구자들은 결론에 이르렀다 / 적포도주의 적당한 섭취가 / 건강상의 이점을 지닌다는

* 적당한 섭취 moderate consumption

_____

9 어떤 사람들은 잘못된 속단을 한다 / 진실을 알아보려는 시도조차 하지 않고

_____

10 충동적으로 내린 결정은 / 나중에 후회하게 될지도 모른다

_____

11 부모들은 가르칠 필요가 있다 / 자녀들에게 / 자신의 행동에 대해 책임을 지는 것을

_____

12 훌륭한 교사는 조성한다 / 환경을 / 학생들이 질문하도록 장려되는

* 조성하다 foster

_____

13 자신의 능력에 자신감이 없는 사람들은 / 훌륭한 지도자가 될 수 없다

_____

14 상식은 중요하다 / 지능만큼 / 성공하기를 원한다면

* 지능 intelligence

_____

15 많은 사람들은 어려움을 겪는다 / 직장 생활과 정신 건강 사이의 균형을 맞추는 데

* 균형을 맞추다 balance

_____

정답 p.301

실수 클리닉

다음 문장에서 틀린 부분을 찾아 고쳐 봅시다.

1. He went traveling to abroad this summer.

2. Thoughts are expressed by means words.

3. He promised that such accidents wouldn't happen again from this day to forward.

4. The results were contrary all expectations.

5. He does as he wants regardless others.

6. In addition criticism from health experts, the fast-food industry has faced criticism from environmental groups.

7. The woman next me tried to tell me something.

8. I volunteered at the orphanage instead taking a vacation.

9. He was in charge of the sales department before going to overseas.

10. I cannot accept your invitation because my illness.

1. 2개 이상의 단어로 이루어진 전치사

다음은 2개 이상의 단어로 이루어진 전치사로, 반드시 함께 쓰여야 전치사의 역할을 할 수 있으므로 함께 묶어 외워두고 활용할 수 있어야 합니다.

according to ~에 따르면	by means of ~을 사용해서
contrary to ~와는 반대로	due to/because of ~ 때문에
far from ~하기는커녕	in addition to ~ 외에도, ~에 덧붙여
in spite of ~에도 불구하고	instead of ~ 대신에
next to ~의 옆에	regardless of ~에 상관없이
in front of ~의 앞에	thanks to ~ 덕택에

예) 그들은 폭우에도 불구하고 외출했다.
    They went out **in spite** the heavy rain. (×)
    → They went out **in spite of** the heavy rain. (○)

2. 전치사와 함께 잘못 쓰기 쉬운 부사

abroad(해외로), overseas(해외로), home(집으로), upward(위쪽으로), forward(앞으로), backward(뒤로), downward(아래로)와 같은 단어들은 방향과 장소를 나타내는 부사로 쓰일 때 앞에 전치사를 쓰면 틀리므로 주의해야 합니다.

예) 그는 비 때문에 일찍 집에 갔다.
    He went **to home** early because of the rain. (×)
    → He went **home** early because of the rain. (○)

정답
1. to abroad → abroad   2. by means → by means of   3. to forward → forward   4. contrary → contrary to
5. regardless → regardless of   6. In addition → In addition to   7. next → next to   8. instead → instead of
9. to overseas → overseas   10. because → because of

5일 문화와 과학기술

Overview

'대중 매체가 문화에 미친 영향은 무엇인가?'라는 질문에 대해 '대중 매체는 이야기를 더 다채롭고 극적으로 만든다.'라는 문장을 쓰려고 한다. 이때 '**대중 매체**'라는 표현은 '**mass media**'로 나타낼 수 있다. 따라서 완성된 문장은 'Mass media makes stories more colorful and dramatic.'이 된다. 이처럼 문화, 예술, 과학기술에 관련된 토픽은 토플에서 자주 출제되는 주제들 중 하나이므로, 관련 표현들을 미리 익혀 두면 유용하게 쓸 수 있다.

1 문화 활동
cultural activity

모든 문화권의 문화 활동은 사람들이 그 문화권을 더 잘 이해하는 데 도움을 준다.
The **cultural activities** of every culture help people to understand it better.

2 전통을 보존하다
preserve a tradition

많은 나이 든 사람들은 젊은 세대가 전통을 보존하는 것에 관심이 없다고 걱정한다.
Many older people worry that the younger generation isn't interested in **preserving traditions**.

3 대중 매체
mass media

대중 매체가 사건을 보도하는 방식은 대중이 그 사건을 바라보는 관점에 크게 영향을 미칠 수 있다.
How the **mass media** reports an event can greatly affect how the public views that event.

4 개봉 영화
newly released film

인터넷 불법 복제 때문에, 많은 개봉 영화들이 개봉 며칠 만에 인터넷에서 입수 가능하다.
Because of Internet piracy, many **newly released films** are available online within a few days of their release.

＊ 인터넷 불법 복제 Internet piracy

5 대중 음악

popular music

많은 대중 음악 가수들은 실력이 없지만, 외면적인 매력으로 인기가 있다.

Many **popular music** stars aren't talented singers but are celebrated for their physical appeal.

∗ 실력 있는 talented

6 복장 규정

dress code

복장 규정이 학생들의 학업 성취를 향상시킨다는 것이 연구에서 드러났다.

Research has found that **dress codes** improve students' academic performance.

∗ 학업 성취 academic performance

7 풍부한 문화유산

rich cultural heritage

다른 국가의 역사에 대해 배우는 것은 우리가 그들의 풍부한 문화유산을 감상하는 데 도움이 된다.

Learning about the history of other countries helps us appreciate their **rich cultural heritage**.

8 가전 제품

home electronics

가전 제품 부문에서 가장 큰 판매 성장이 있었다.

The greatest growth in the market has been in **home electronics**.

9 주거지

residential area

많은 사람들이 대도시에서 멀리 떨어진 주거지에서 사는 것을 선호한다.

Many people prefer living in **residential areas** far away from big cities.

10 보통 사람

the average person

보통 사람은 대체로 자신의 문화 외의 다른 문화에는 익숙하지 않다.

The average person is generally unfamiliar with cultures other than his own.

∗ ~에 익숙하지 않다 be unfamiliar with ~

11 도덕 규범

moral standard

각 세대들은 후대의 낮은 도덕 규범에 대해 불평한다.

Each generation complains of the lower **moral standards** of the following one.

12 유망한 미래
bright future

대학 교육이 반드시 유망한 미래를 보장하지는 않는다.
A college education does not necessarily guarantee a **bright future**.

13 대중 정서, 민심
popular sentiment

문화 운동은 종종 대중 정서에 의해 형성된다.
Cultural movements are often shaped by **popular sentiment**.

14 최첨단의
state-of-the-art / cutting-edge

몇 달 전에 최첨단이었던 것들이 이미 구식이 되어 버릴지도 모른다.
What was **state-of-the-art** a few months ago may already be obsolete.

＊ 구식의, 쓸모없게 된 obsolete

15 과학 연구
scientific research

대다수의 과학 연구는 사기업에 의해 지원받는다.
The majority of **scientific research** is funded by private companies.

16 과학 기술의 진보
technological advancement

많은 연구원들은 과학 기술의 진보가 현재의 속도로 계속될 것이라고 생각하지 않는다.
Many researchers don't believe that **technological advancement** will continue at its current rate.

17 눈부신 발전을 이루다
achieve a breakthrough

사람들이 목표를 정하면, 눈부신 발전을 이룰 가능성이 더 많다.
When people set goals, they are much more likely to **achieve a breakthrough**.

＊ 목표를 정하다 set a goal

18 구식이 되다
become obsolete

너무 빨리 구식이 되는 것을 피하기 위해, 많은 제품들이 업그레이드될 수 있도록 설계된다.
In order to avoid **becoming obsolete** too quickly, many devices are designed to be upgraded.

19 특허권을 갖다

hold a patent

대기업들이 값진 특허권을 갖고 있는 작은 회사들을 구매할 수도 있다.
Large companies may purchase smaller ones **holding** valuable **patents**.

20 ~의 등장으로

with the advent of ~

인터넷의 등장으로, 사람들은 놀라운 양의 정보에 접근할 수 있다.
With the advent of the Internet, people have access to an astonishing amount of information.

＊ ~에 접근할 수 있다 have access to ~

21 위협하다

pose a threat

대형 할인점들은 소규모 동네 상점을 위협한다.
Large discount stores **pose a threat** to small neighborhood stores.

22 정보를 유출하다

leak information

많은 신문사들이 기밀 정보를 유출하는 직원들에게 의존한다.
Many newspapers rely upon employees **leaking** secret **information**.

23 우주 탐험

space exploration

우주 탐험을 위한 자금은 축소되기 시작했다.
The funds needed for **space exploration** began to decrease.

24 인간 복제

human cloning

인간 복제 연구의 주된 동기는 심각한 질병을 지닌 사람들을 돕기 위해서이다.
The primary reason for research in **human cloning** is to aid people with serious diseases.

25 무선 통신 기술

wireless technology

무선 통신 기술의 위험성에 대한 문제는 아직 해결되지 않았다.
Questions on the dangers of **wireless technology** have yet to be answered.

Daily Check-up

파란색으로 주어진 우리말 표현을 영어로 바꾸어 문장을 완성하시오.

1 많은 문화들이 다음 세대를 위해 자신의 전통을 보존하려고 노력하고 있다.

Many cultures are working to _____ for the next generation.

2 기원 국가에 상관없이, 대중 음악은 종종 비슷하게 들린다.

Regardless of its country of origin, _____ often sounds similar.

＊ 기원 국가 country of origin

3 과학 기술의 진보는 컴퓨터의 가격을 낮추었다.

_____ have lowered the cost of computers.

4 어떤 소비자들은 최첨단의 기술을 위해 기꺼이 많은 돈을 지불할 의사가 있다.

Some consumers are willing to pay a lot for _____ technology.

＊ 기꺼이 ~할 의사가 있다 be willing to 부정사

5 한 나라에 대해 더 많이 배우는 좋은 방법은 그 나라의 문화 활동을 공부하는 것이다.

A great way to learn more about a country is to study its _____.

6 기업들이 너무 오래 특허권을 가지면, 그 분야의 발전을 저해한다.

When companies _____ for too long, they hinder development in the field.

＊ 저해하다, 방해하다 hinder

7 무선 통신 기술의 사용은 오래된 제품들을 구식으로 만들고 있다.

The use of _____ is making older devices obsolete.

8 텔레비전은 대중 정서를 형성하는 데 주요한 역할을 한다.

Television plays a major role in shaping _____.

＊ 형성하다 shape

9 그 도시는 많은 역사적인 주거지들을 보존하기 위해 노력하고 있다.

The city is working to preserve many historic _____.

＊ 보존하다 preserve

10 재생 에너지 기술은 유망한 미래를 지닌다.

Renewable energy technologies have a _____.

11 많은 개봉 영화들이 세계적으로 배급된다.

Many _____ are distributed internationally.

＊ 배급되다 be distributed

12 보통 사람은 은행 업무에서 내비게이션에 이르기까지, 다양한 일상 업무를 스마트폰에 의존한다.

_____ relies on smartphones for various daily tasks, from banking to navigation.

13 많은 과학자들이 우연히 눈부신 발전을 이룬다.

Many scientists _____ by accident.

＊ 우연히 by accident

14 휴대폰의 등장으로, 사람들은 언제든지 서로 연락을 취할 수 있다.

_____ cell phones, people can contact each other anytime.

15 기업들은 정보가 유출되는 것을 막기 위해 많은 돈을 쓴다.

Companies spend a lot of money to prevent _____.

정답 p.301

Daily Test

끊어 해석한 부분에 유의하여 다음의 우리말 문장을 영어로 바꾸어 쓰시오.

1 대중 매체는 크게 영향을 미친다 / 사람들이 생각하는 방식에

　　 * 영향을 미치다 influence

_____

2 복장 규정을 가짐으로써, / 학생들은 돈을 절약할 수 있다

_____

3 이민자들은 종종 가져온다 / 그들의 풍부한 문화유산을 / 그들의 새로운 사회로

　　 * 이민자 immigrant

_____

4 대부분의 가전 제품 상점들은 / 엄청나게 성장했다 / 지난 십 년간

　　 * 지난 십 년간 over the last decade

_____

5 한 나라의 도덕 규범은 변화한다 / 세대마다

_____

6 사람들은 생산성을 향상시켰다 / 컴퓨터의 등장으로

　　 * 생산성 productivity

_____

7 정부는 더 많이 투자할 필요가 있다 / 국가의 과학 연구에

_____

8 뉴스 웹사이트들은 위협한다 / 신문을

_____

9 인터넷은 쉽게 만들었다 / 사람들이 정보를 유출하는 것을

_____

10 정부는 증대할 필요가 있다 / 우주 탐험을 위한 자금을

＊ 자금 funding

_____

11 인간 복제는 제기한다 / 수많은 윤리적 문제를

＊ 문제를 제기하다 raise an issue

_____

12 각 세대는 가지고 있다 / 자신만의 독특한 스타일의 대중 음악을

＊ 독특한 unique

_____

13 과학 교육에 투자하는 국가들은 / 유망한 미래를 지닌다

_____

14 최첨단의 장치들은 대개 이용 가능하지 않다 / 소비자에게 직접적으로

＊ 장치 device   ＊ 이용 가능한 available

_____

15 많은 사람들이 두려워한다 / 자신의 전자제품이 구식이 될까 봐

＊ 전자제품 electronic devices

_____

정답 p.302

실수 클리닉

다음 문장에서 틀린 부분을 찾아 고쳐 봅시다.

1. My plan proved successfully at last.

2. Most Koreans look nervously when they first meet strangers.

3. She was high recommended by her previous employer.

4. Computers have made our lives conveniently.

5. Machines make mass production possibly.

6. Near all of the students came from Korea.

7. She studied hardly for the midterm exams.

8. I arrived lately in the morning.

9. During the hurricane, trees and electric posts fell rightly before my eyes.

10. Their reaction made me angrily.

형용사와 부사

1. 보어 자리에 형용사 대신 부사가 오면 틀린다

be동사, appear, remain, seem, become, prove, 감각동사(look, feel, taste, smell)와 같은 불완전동사들은 보어를 필요로 합니다. 이 보어 자리에는 형용사와 명사만 올 수 있으며, 부사가 오면 틀린 문장이 됩니다. 특히 5형식의 문장에서 make가 '목적어를 ~하게 하다'라는 의미로 쓰여 목적어 다음에 목적격보어를 취할 경우, 보어 자리에 부사가 아닌 형용사를 쓰는 것에 주의해야 합니다.

예) 너는 나를 항상 행복하게 해준다.
  You always make me **happily**. (×)
  → You always make me **happy**. (○)

2. 형태에 따라 의미가 달라지는 부사들

형용사와 부사의 형태가 같은 단어 중 '-ly'가 붙어 다른 의미의 부사를 만드는 경우가 있습니다. 이처럼 형태에 따라 의미가 서로 다른 부사들을 잘 알아두고 활용할 수 있어야 합니다.

high 높이 – highly 상당히	late 늦게 – lately 최근에
near 가까이에 – nearly 거의	great 잘 – greatly 매우
hard 열심히 – hardly 거의 ~ 않다	right 바로 – rightly 마땅히

예) 그들은 이야기하느라 너무 바빠서 시간가는 줄도 거의 몰랐다.
  They were so busy talking that they **hard** noticed the time. (×)
  → They were so busy talking that they **hardly** noticed the time. (○)

정답

1. successfully → successful   2. nervously → nervous   3. high → highly   4. conveniently → convenient
5. possibly → possible   6. Near → Nearly   7. hardly → hard   8. lately → late   9. rightly → right
10. angrily → angry

6일 경영과 경제

Overview

'인공 지능의 발달이 경제에 어떤 영향을 미칠 것인가?'라는 질문에 대해 '업무 자동화가 직원들의 근무 조건을 향상시킬 것이다'라는 문장을 쓰려고 한다. 이때 '**근무 조건**'이라는 표현은 '**working conditions**'로 나타낼 수 있다. 따라서 완성된 문장은 'The automation of tasks will enhance employees' working conditions.'가 된다. 이처럼 경영과 경제 활동에 관련된 토픽은 토플에서 자주 출제되는 주제들 중 하나이므로, 관련 표현들을 미리 익혀 두면 유용하게 쓸 수 있다.

1 돈을 벌다
make money

많은 사람들이 돈을 더 많이 벌기 위해 대학에 진학한다.
Many people attend college in order to **make** more **money**.

2 생활비
cost of living

사람들은 도시의 높은 생활비를 피하기 위해 교외로 이사한다.
People move to the suburbs to escape the high **cost of living** in the city.

3 고용 시장
job market

많은 학생들이 처음으로 고용 시장에 뛰어들면 일자리를 구하는 데 어려움을 겪는다.
Many students have trouble finding work when they first enter the **job market**.

4 경력을 쌓다
build a career

사람들은 경력을 쌓기 위해 목표를 가질 필요가 있다.
People need to have a goal in order to **build a career**.

5 수입과 지출을 맞추다
make ends meet

경기 불황 때문에, 많은 사람들이 수입과 지출을 맞추는 데 어려움을 겪고 있다.
Because of the poor economy, many people are having trouble **making ends meet**.

6 파트 타임으로 일하다
work a part-time job

파트 타임으로 일하는 학생들은 시간을 효과적으로 관리하는 방법을 배운다.
Students who **work part-time jobs** learn how to effectively manage their time.

7 저임금의, 박봉의
underpaid

배우나 가수들과 비교하면, 스태프는 업무에 비해 박봉이다.
Compared with actors or singers, staff members are **underpaid** for their work.

8 근무 조건
working conditions

공장들은 직원들의 근무 조건을 크게 향상시켰다.
Factories have greatly improved their employees' **working conditions**.

9 공급과 수요
supply and demand

중동의 전쟁은 석유의 공급과 수요 모두에 영향을 미쳤다.
The war in the Middle East has affected both the **supply and demand** of oil.

10 치열한 경쟁
fierce competition

시장이 수축함에 따라, 남은 기업들 간에 치열한 경쟁이 벌어진다.
As a market shrinks, **fierce competition** breaks out among the remaining companies.
＊ 수축하다 shrink

11 빈부 격차
gap between the rich and the poor

강화하는 경제가 빈부 격차를 감소시키고 있다.
The strengthening economy is shrinking the **gap between the rich and the poor**.
＊ 감소시키다 shrink

12 선진국 / 개발도상국
developed country / developing country

선진국들은 가난한 국가들을 지배하기 위해 자신의 권력을 이용한다.
Developed countries use their power to control poorer ones.

13 경제를 안정시키다
stabilize the economy

대통령은 재난 이후에 경제를 안정시키려고 시도했다.
The president attempted to **stabilize the economy** following the disaster.

14 경제 회복
economic recovery

큰 재난이 있고 나면, 대체로 경제 회복의 기간이 있다.
Following major disasters, there is usually a period of **economic recovery**.

15 종신 고용, 평생 직장
lifetime employment

많은 근로자들이 같은 회사에서의 종신 고용의 안정성을 높이 평가한다.
Many workers appreciate the stability of **lifetime employment** with the same company.

16 이득을 얻다
reap the benefit

대부분의 사람들이 어떻게 정부 프로그램의 이득을 얻을 수 있는지에 대해 잘 모른다.
Most people are unaware of how they can **reap the benefits** of government programs.
＊ ~을 모르다 be unaware of ~

17 자영업의
self-employed

자영업을 하는 것은 회사에서 근무하는 것보다 더 힘들 수 있다.
Being **self-employed** can be more demanding than working for a company.
＊ 힘든 demanding

18 중산층의 / 상류층의
middle-class / upper-class

생활 수준이 발전함에 따라, 중산층의 정의가 바뀌었다.
As the standard of living improved, the definition of **middle-class** changed.
＊ 생활 수준 standard of living

19 비용을 분담하다
split the cost

공동 프로젝트를 위해, 협력사들은 생산 비용을 균등하게 분담하기로 합의했다.
For the joint project, the partners reached an agreement to **split the cost** of production equally.

20 시급을 받다
be paid on an hourly basis

종종 초과 근무를 한다면 시급을 받는 편이 더 낫다.
Being paid on an hourly basis is better if one often works overtime.
* 초과 근무하다 work overtime

21 돈을 많이 벌다
make a good living

지나치게 많은 사람들이 인생을 즐기는 대신에 돈을 많이 버는 데 집중한다.
Too many people focus on **making a good living** instead of enjoying life.

22 천문학적인 수치
astronomical figure

사람들은 천문학적인 수치를 제안받는다면, 싫어하는 일자리에 머무를 것이다.
People will stay at jobs they hate if offered an **astronomical figure**.

23 은행에 예금하다
deposit money in a bank

많은 사람들은 은행에 예금하지 않으면 저축하는 데 어려움을 겪는다.
Many people have trouble saving unless they **deposit** their **money in a bank**.

24 경기 침체
slow economy

경기 침체 때문에 실업률이 증가했다.
Unemployment has increased due to the **slow economy**.
* 실업률 unemployment

25 대량 생산
mass production

대량 생산은 상품의 가격을 낮추는 데 도움을 주었다.
Mass production helped to decrease the cost of products.

Daily Check-up

파란색으로 주어진 우리말 표현을 영어로 바꾸어 문장을 완성하시오.

1 대부분의 학생들이 수입과 지출을 맞추기 위해 파트 타임으로 일한다.

Most students have part-time jobs in order to _____.

2 어떤 직업에 종사하는 사람들은 그들이 일하는 업무의 양에 비해 크게 박봉이다.

People in some professions are greatly _____ for the amount of work they do.

3 국가들은 경제를 안정시키기 위해 최선을 다한다.

Countries do their best to _____.

4 공급과 수요의 개념은 경제학의 기본 원리이다.

The concept of _____ is a fundamental principle of economics.

＊ 기본 원리 fundamental principle

5 치열한 경쟁은 보통 장기간에 걸쳐서는 불리하다.

_____ is usually not beneficial over the long term.

6 정부는 경제 회복에 착수하기 위해 시장 개입해야 한다.

Governments should intervene in order to start _____.

＊ 시장 개입하다 intervene

7 종신 고용을 한다면, 열심히 일하려는 동기를 덜 부여받는다.

When a person has _____, he or she is less motivated to work hard.

＊ 동기를 부여받다 be motivated

8 기업이 많은 돈을 벌면, 모든 직원들이 이득을 얻어야 한다.

When a company makes a lot of money, all of its employees should _____

_____.

9 상류층 아이들은 대학 교육을 받을 가능성이 훨씬 더 높다.

_____ children are much more likely to get a college education.

10 새로운 기술을 발명하기 위해, 기업들은 연구 및 개발의 비용을 분담할 수 있다.

To invent new technologies, businesses may _____ of research and development.

11 빈부 격차가 큰 국가들은 종종 수많은 사회 문제를 지닌다.

Countries with a large _____ often have numerous social problems.

12 많은 개발도상국들은 경제를 향상시키기 위해서 많은 돈을 빌려야 한다.

Many _____ have to borrow a lot of money to improve their economies.

13 많은 사람들에게는 좋은 근무 조건이 높은 봉급보다 더욱 중요하다.

For many people, good _____ are more important than a high salary.

* 높은 봉급 a high salary

14 어떤 학생들은 공부하면서 파트 타임으로 일하는 것을 매우 어렵게 느낀다.

Some students find it too difficult to study and _____.

15 국가가 성장하면서 생활비는 빠르게 상승한다.

As a country develops, its _____ rapidly increases.

정답 p.302

Daily Test

끊어 해석한 부분에 유의하여 다음의 우리말 문장을 영어로 바꾸어 쓰시오.

1 대부분의 사람들이 일하는 주된 이유는 / 돈을 버는 것이다

_____

2 고용 시장은 / 점점 더 경쟁적이다 / 오늘날

* 경쟁적인 competitive

_____

3 많은 사람들은 일생을 보낸다 / 경력을 쌓으며

_____

4 빈부 격차가 / 증가하기 시작하고 있다

_____

5 개발도상국들은 종종 지닌다 / 매우 높은 오염도를

* 오염도 rate of pollution

_____

6 낮은 금리는 도움을 준다 / 경제를 안정시키는 데

* 금리 interest rate

_____

7 미국의 적자가 도달했다 / 천문학적인 수치에

* 적자 deficit

_____

8 대부분의 신입 직원들은 시작한다 / 시급을 받으면서

_____

9 합작 기업들은 투자의 비용을 분담한다 / 위험을 공유하기 위해

    * 합작 기업 joint venture   * 투자 investment

---

10 돈을 많이 버는 사람들조차 / 항상 행복한 것은 아니다

    * 항상 ~한 것은 아닌 not always

---

11 자영업을 하는 사람들은 / 종종 없다 / 의료 보험이

    * ~이 없다 lack   * 의료 보험 medical insurance

---

12 대부분의 사람들은 예금한다 / 그들이 번 돈을 / 은행에

---

13 몇몇 회사들은 해고한다 / 직원들을 / 경기 침체기에

    * 해고하다 lay off

---

14 거의 모든 상품들이 만들어진다 / 대량 생산에 의해

---

15 국가 간의 대항은 종종 발전한다 / 치열한 경쟁으로

    * 국가 간의 대항 national rivalry

정답 p.302

실수 클리닉

다음 문장에서 틀린 부분을 찾아 고쳐 봅시다.

1. I didn't know where had he gone.

2. He had never seen a such phenomenon as a solar eclipse.

3. Her son's graduation from high school made Mrs. Conner enough happy to cry.

4. The teacher asked me what games did I play.

5. I don't know why does he majors in mathematics.

6. It rains seldom in the desert.

7. I prefer usually coffee to tea.

8. I always am on time.

9. You were enough foolish to believe her.

10. We had a good such time at the seaside.

1. 간접의문문의 어순

간접의문문은 when, where, why, who, what, how 등의 의문사가 접속사로 쓰여 문장 속에 포함된 명사절을 말합니다. 간접의문문은 의문사 + 주어 + 동사의 어순으로 온다는 것에 주의해야 합니다.

예) 나는 그가 누구인지 모른다.
  I don't know **who is he**. (×)
  → I don't know **who he is**. (○)

2. 특수한 부사의 위치

ever, never, always, often, seldom, sometimes와 같이 빈도를 나타내는 부사와 almost, scarcely, hardly, nearly, even과 같은 부사들은 be동사 뒤, 일반 동사 앞에 옵니다.

예) 그들은 항상 버스로 학교에 온다.
  They **come always** to school by bus. (×)
  → They **always come** to school by bus. (○)

3. such와 enough의 어순

such + a(n) + 형용사 + 명사: 그렇게 ~한 [명사]

예) 나는 예전에 그렇게 좋은 사람을 만나본 적이 없다.
  I never met **a such** good man before. (×)
  → I never met **such a** good man before. (○)

형용사/부사 + enough + to 부정사: ~할 정도로 [형용사]하다

예) 나는 말 한 마리를 먹어치울 수 있을 정도로 배가 고프다.
  I am **enough hungry** to eat a horse. (×)
  → I am **hungry enough** to eat a horse. (○)

정답
1. had he → he had   2. a such → such a   3. enough happy → happy enough   4. did I play → I played
5. does he majors → he majors   6. rains seldom → seldom rains   7. prefer usually → usually prefer
8. always am → am always   9. enough foolish → foolish enough   10. a good such → such a good

다음의 우리말 문장을 영어로 바꾸어 쓰시오.

1 어린이들은 건강하지 못한 식습관을 조장하는 광고에 노출되어서는 안 된다.

    ＊ 식습관 eating habit   ＊ 조장하다 promote

_____

2 광고주들은 변화하는 소비자 선호도를 따라가기 위해 정보를 수집한다.

    ＊ 소비자 선호도 consumer preference   ＊ ~을 따라가다 keep up with ~

_____

3 좋은 성적을 받기 위해 노력하는 것은 모든 학생들에게 최우선 순위가 되어야 한다.

    ＊ ~하기 위해 노력하다 strive to 부정사   ＊ 최우선 순위 top priority

_____

4 국제 협력은 세계 식량 안보를 달성하기 위해 필요하다.

    ＊ 세계 식량 안보 global food security

_____

5 그것이 나에게 달려 있다면, 나는 통근자들(commuters)을 위해 교통 혼잡을 완화하기 위한 더 많은 도로를 건설하는 데 돈을 쓰겠다.

_____

6 연구들은 간접 흡연(secondhand smoke)이 많은 호흡기 질환의 원인이라는 사실을 지적해 왔다.

_____

7 연간 정기 검진은 수많은 질병의 조기 발견에 중요한 역할을 한다.

    ＊ 조기 발견 early detection   ＊ ~에 중요한 역할을 하다 play an important part in ~

_____

8 대중교통을 이용하는 것은 자동차를 운전하는 것에 대한 환경 친화적인 대안이다.

    ＊ ~에 대한 대안 alternative to ~

_____

9　기대 수명이 계속해서 증가함에 따라, 더 많은 퇴직 연금에 대한 필요 역시 증대되어 왔다.

* 퇴직 연금　retirement savings

_____

10　과외 활동에 참여하는 것은 학생들의 자부심을 증진한다.

* 과외 활동　extracurricular activities　　* 증진하다　promote

_____

11　교사들이 학생들로 하여금 자신의 학습에 대해 책임을 지도록 지도하는 것은 일반적이다.

* A로 하여금 ~하도록 지도하다　guide A to 부정사

_____

12　대중 정서를 잘 모르는 정치가들은 재선될 가능성이 거의 없다.

* ~을 잘 모르는　out of touch with ~　　* 재선되다　be reelected

_____

13　최첨단의 기술은 세계의 많은 문화들을 함께 연결시키는 데 중대한 역할을 한다.

* 연결시키다　link　　* 중대한　vital

_____

14　많은 기업들이 더 값싼 노동력 때문에 그들의 공장을 개발도상국으로 옮기고 있다.

* 노동력　labor costs

_____

15　도시에서 돈을 많이 버는 것이 더 쉽기 때문에 대부분의 사람들이 도시에서 지낸다.

_____

정답 p.303

4th

Week

iBT 실전 연습

Introduction

4th Week iBT 실전 연습

지난 3주 동안 글쓰기의 가장 핵심이 되는 문법과 표현을 익히고 문장을 쓰는 연습을 해 왔다면, 이제 남은 것은 이러한 연습을 토대로 실전 라이팅에 대한 감각을 익히는 것이다. 4주 <iBT 실전 연습>에서는 실제 iBT TOEFL Writing에서 출제되는 두 가지 문제 유형에 대해 이해하고 유형별 문제풀이 전략을 익힌 후, 단계별 접근을 통해 답안을 작성하는 훈련을 하도록 한다.

1. iBT TOEFL Writing의 구성

라이팅 영역은 약 35분간 Integrated Task(통합형 문제)와 Academic Discussion Task(토론형 문제) 두 문제에 답하게 된다.

■ 통합형 문제(Integrated Task)

영작 능력과 더불어 정보 분석력과 종합적인 사고력을 함께 요구하는 문제이다. 학술적인 주제 또는 일상생활과 관련된 주제가 출제되고, 지문 읽기 – 강의 듣기 – 요약문 쓰기의 순서로 진행된다.

이러한 통합형 문제를 위해서는
① 독해와 청해 능력
② 짧은 시간 내에 핵심 내용들을 전략적으로 노트테이킹하는 기술
③ 이를 효과적으로 요약문으로 정리하는 능력이 요구된다.

■ 토론형 문제(Academic Discussion Task)

주어진 질문에 대한 자신의 의견을 밝히고 그러한 의견을 가지는 이유를 논리적으로 제시해야 하는 문제이다. 개인의 배경지식, 경험, 혹은 연구 결과 등의 구체적인 사실에 근거하여 자신의 의견을 뒷받침하는 능력이 요구된다.

자신의 생각을 반영하지 않고 오직 주어진 자료에 기반하는 통합형 문제와 달리, 토론형 문제를 위해서는
① 자신의 생각을 주체적으로 정리하고
② 이를 논리적인 글로 전개해 나가는 능력이 요구된다.

▶ 실제 iBT TOEFL Writing 영역에서는 통합형 → 토론형의 순서로 진행되지만, 본 책에서는 먼저 토론형 문제를 통해 아이디어를 글로 발전시키는 연습을 한 후에, 읽기와 듣기의 통합적 분석 능력이 요구되는 통합형 문제를 다루기로 한다.

2. 유형별 학습 전략

통합형 문제(Integrated Task)

┌─ 질문의 예 ───

Summarize the points made in the lecture, ──────→ 강의의 논점 요약 요구

being sure to explain how they oppose the specific points made in the reading passage. ──→ 읽기 지문에 대한 반박 설명 요구

강의의 논점들을 요약하되, 이 논점들이 읽기 지문의 구체적 논점들을 어떻게 반박하고 있는지 설명하시오.

└──

통합형 문제풀이 전략

(Step 1) 우선 3분 동안 주어진 지문을 읽고 핵심 내용을 노트에 정리한다. → 읽고 내용 정리하기

(Step 2) 읽기 지문에 대해 다른 관점의 의견을 제시하는 2분여의 강의를 들으면서 핵심 내용을 노트에 정리한다. → 듣고 내용 정리하기

(Step 3) 정리한 읽기/듣기 노트를 바탕으로 요약문의 기본 구조에 맞추어 글을 작성한다. → 요약문 쓰기

토론형 문제(Academic Discussion Task)

┌─ 문제의 예 ───

Directions: Your professor is teaching a class on education. You must post a written response to your professor's question. In your response, make sure to:
  • state your opinion and support it
  • contribute meaningfully to the discussion
A minimum of 100 words is required for a response to be effective. The time allotted for your response is 10 minutes.

당신의 교수는 교육학 수업을 하고 있습니다. 교수의 질문에 대한 답안을 서면으로 게시해야 합니다. 답안에서 다음 사항을 확인하세요:
  • 당신의 의견을 진술하고 그것을 뒷받침합니다.
  • 토론에 의미 있는 기여를 합니다.
답안을 유효하게 하려면 최소 100단어가 요구됩니다. 당신의 답안에 할당된 시간은 10분입니다.

Doctor Sarika
└──→ 배경 설명
Many people hold different opinions on the effects of television on children. Has television damaged children's ability to read and write, or has it increased their general knowledge? Why do you think so?
└──→ 의견 및 이유 제시 요구

많은 사람들은 어린이에게 미치는 텔레비전의 영향에 대해 서로 다른 의견을 가지고 있습니다. 텔레비전이 아이들의 읽고 쓰는 능력을 훼손했나요, 아니면 일반 상식을 증진시켰나요? 왜 그렇게 생각하나요?

John ──────→ damaged children's ability 선택
I believe that it has negatively affected children's ability to read and write. Excessive television watching can lead to poor writing skills since children may not be practicing their writing and grammar as much as they should.

저는 그것이 아이들의 읽고 쓰는 능력에 부정적인 영향을 끼쳤다고 생각합니다. 지나친 텔레비전 시청은 부족한 작문 능력으로 이어질 수 있는데 이는 아이들이 해야 하는 만큼 충분히 글쓰기와 문법을 연습하지 않을 것이기 때문입니다.

Rachel ──────→ increased knowledge 선택
I think television helps to increase general knowledge. Programs designed for children can teach them essential life skills and values, such as sharing, empathy, and teamwork.

저는 텔레비전이 일반 상식을 증진시키는 데 도움이 된다고 생각합니다. 어린이를 위해 제작된 프로그램들은 나눔, 공감, 그리고 협동과 같은 필수적인 인생의 기술과 가치를 가르칠 수 있습니다.

└──

토론형 문제풀이 전략

(Step 1) 질문에 대해 다양한 아이디어를 떠올려 보며 브레인스토밍한다. → 브레인스토밍하기

(Step 2) 자신의 의견을 정하고, 그에 대한 이유와 근거를 정리하여 아웃라인을 잡는다. → 답안 구조 잡기

(Step 3) 작성한 아웃라인을 바탕으로 세부적인 내용을 추가하여 답안을 작성한다. → 답안 쓰기

1일 토론형 - 답안 구조 잡기

Overview

주제가 확실하게 드러나고 일관성과 통일성이 지켜지는 좋은 답안을 쓰기 위해서는 처음부터 글 전체의 구조를 잘 잡아 두어야 한다. 구조 잡기란 아이디어의 큰 틀을 만드는 것으로, 아이디어를 정리하고 답안의 기본 뼈대를 빠른 시간 안에 효율적으로 이끌어 내는 연습이 필요하다.

01: 답안의 구조

토론형 답안의 구조는 기본적으로 나의 의견과 그에 대한 이유로 이루어진다. 먼저, 토픽을 소개하고 주어진 질문에 대한 나의 의견을 밝히며 글을 시작한다. 그런 다음, 나의 의견을 뒷받침하는 이유와 구체적인 근거를 작성한다. 시간이 남는 경우에는 맺음말을 덧붙임으로써 나의 의견을 다시 한번 강조하며 글을 마무리지을 수도 있다. 일단 답안 구조의 큰 그림을 머릿속에 그려두고 시작하자.

도입 나의 의견	● 문제에서 제시한 토론 주제 소개 ● 교수의 질문에 대한 나의 의견 　(선택 또는 자유 의견)
이유	● 나의 의견에 대한 이유
구체적 근거 1: 일반적 진술	● 이유를 뒷받침하는 설명
구체적 근거 2: 예시 혹은 부연 설명	● 이유에 대한 구체적 예시 혹은 부연 설명
맺음말*	● 나의 의견 정리

*시간이 남는 경우에는 자신의 의견을 정리하여 재진술하는 맺음말을 마지막 문장으로 덧붙일 수 있다.

02: 브레인스토밍하기(Brainstorming)

브레인스토밍이란 주어진 문제에 대해 떠오르는 생각을 자유롭게 전개해 나가는 방법으로, 답안 쓰기의 가장 첫 번째 단계이다.

Step 1 문제 파악하기

주어진 문제가 요구하는 바가 무엇인지 생각해 본다. 문제의 요지를 제대로 파악하지 못하면 큰 감점으로 이어질 수 있으므로 주의한다.

Step 2 나의 의견 정하기

먼저 주어진 질문에 대한 자신의 의견(제시된 여러 가지 의견 중 무엇을 선택할지, 혹은 어떤 자유로운 의견을 제시할지)을 생각해 본다. 의견이 쉽게 정해지지 않으면 여러 의견들의 이유를 모두 생각해 보고, 아이디어가 더 많이 생각나거나 설득력이 큰 쪽을 선택한다.

Step 3 이유 생각하기

의견이 정해졌으면 그렇게 생각하는 이유를 더욱 구체적으로 다양하게 떠올려 본다.

브레인스토밍의 예

Doctor Kim	Samantha
For the past few weeks, we have been discussing education issues. Today's discussion board topic is as follows: Do you believe that contemporary society provides a better educational environment for raising children, or is it more difficult to raise children compared to 50 years ago?	Raising children today is easier than in the past. In today's world, most countries provide mandatory education up to high school.
지난 몇 주 동안, 우리는 교육 문제에 대해 논의해 왔습니다. 오늘의 토론 게시판 주제는 다음과 같습니다. 여러분은 현대 사회가 아이들을 키우는 데 더 좋은 교육적 환경을 제공한다고 생각합니까, 아니면 50년 전에 비해 아이들을 키우는 것이 더 어렵다고 생각합니까?	오늘날 아이들을 키우는 것이 과거보다 더 쉽습니다. 현대 사회에서, 대부분의 국가가 고등학교까지 의무 교육을 제공합니다.
	Jack
	I disagree with Samantha. Today, parents face pressure to provide expensive private education, making raising children much more complex and difficult compared to 50 years ago.
	저는 Samantha의 의견에 반대합니다. 오늘날, 부모들은 비싼 사교육을 제공해야 한다는 압박에 직면하고, 이것이 50년 전에 비해 아이들을 키우는 것을 더 복잡하고 어렵게 만듭니다.

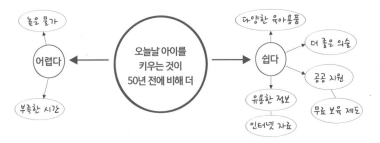

양쪽 의견을 모두 떠올려 본 뒤, 아이디어를 더 구체화할 수 있는 '쉽다' 쪽으로 나의 의견을 정한다.

O3: 아웃라인 잡기(Outlining)

아웃라인은 답안의 구조를 간략히 정리한 것으로, 앞으로 쓸 답안의 뼈대 역할을 한다. 주어진 질문에 대한 나의 의견과 그 이유 및 구체적 근거를 간략하게 정리한다. 답안의 구조가 논리적으로 탄탄하게 완성되면 그 아웃라인을 바탕으로 답안을 완성해 가는 일은 어렵지 않다.

Step 1 나의 의견을 정한다.

주어진 질문에 대한 자신의 의견을 정할 수 있도록 제시된 여러 가지 의견 중 하나를 선택하거나, 또는 질문에 대한 자유 의견을 떠올린다.

Step 2 나의 의견에 대한 이유를 떠올린다.

나의 의견을 정했으면 그렇게 생각하는 이유를 간단히 떠올린다. 이때 이유는 문제에서 두 학생이 언급한 이유와 겹치지 않아야 한다.

Step 3 이유에 대한 구체적인 근거를 정리한다.

나의 의견에 대한 이유를 정리했으면 그 이유를 뒷받침하는 구체적인 근거를 정리한다. 이유를 충분히 설득력 있게 말할 수 있도록 일반적 사실이나 예시, 실제 경험, 연구 결과 등을 정리하는 것이 좋다.

tip 1

아웃라인을 잡는 것은 답안을 쓰기 위해 자신의 아이디어를 정리하는 과정이므로, 반드시 영어로 작성해야 하는 것은 아니다. 한글과 영어 중 편한 쪽을 선택해 쓰거나, 두 언어를 함께 사용하여 빠른 시간 안에 정리하는 데 목적을 두도록 한다.

tip 2

아웃라인은 답안의 중심 생각을 정리한 것이므로, 답안의 뼈대가 되는 핵심 내용을 위주로 정리한다.

아웃라인 잡기의 예

Doctor Kim

For the past few weeks, we have been discussing education issues. Today's discussion board topic is as follows: Do you believe that contemporary society provides a better educational environment for raising children, or is it more difficult to raise children compared to 50 years ago?

지난 몇 주 동안, 우리는 교육 문제에 대해 논의해 왔습니다. 오늘의 토론 게시판 주제는 다음과 같습니다. 여러분은 현대 사회가 아이들을 키우는 데 더 좋은 교육적 환경을 제공한다고 생각합니까, 아니면 50년 전에 비해 아이들을 키우는 것이 더 어렵다고 생각합니까?

Samantha

Raising children today is easier than in the past. In today's world, most countries provide mandatory education up to high school.

오늘날 아이들을 키우는 것이 과거보다 더 쉽습니다. 현대 사회에서, 대부분의 국가가 고등학교까지 의무 교육을 제공합니다.

Jack

I disagree with Samantha. Today, parents face pressure to provide expensive private education, making raising children much more complex and difficult compared to 50 years ago.

저는 Samantha의 의견에 반대합니다. 오늘날, 부모들은 비싼 사교육을 제공해야 한다는 압박에 직면하고, 이것이 50년 전에 비해 아이들을 키우는 것을 더 복잡하고 어렵게 만듭니다.

나의 의견	50년 전에 비해 더 쉬움
	easier compared to 50 years ago
이유	공공 지원을 받음
	receive public assistance
구체적 근거 1	– 정부가 부모들을 재정적으로 지원함
일반적 진술	*governments support parents financially*
구체적 근거 2	– 예) 한국 정부는 무료 보육 제도를 가지고 있음
예시	*ex) Korean government has a free daycare system*

- 문제에서 주어진 두 가지 선택지 중, 현대 사회는 아이들을 키우는 데 더 좋은 교육적 환경을 제공한다는 쪽으로 나의 의견을 정한다.
- '공공 지원을 받는다'라는 이유를 떠올린다.
- 이유를 뒷받침하는 구체적인 근거를 정리한다.

Daily Check-up

다음 주어진 문제에 대해 답안의 아웃라인을 작성하시오.

1.

Professor Chavez

Companies are often faced with financial decisions that require careful consideration. The choices they make can have lasting impacts on the company's overall growth and success. For example, companies must decide on the best way to attain a skilled workforce that can help them achieve their goals. Now, I want you to discuss the following question. Should companies invest in training their current employees, or should they simply hire new employees with the desired skills? Why?

Victoria

I believe that companies should prioritize training their current employees. This helps the companies keep experienced workers who are loyal to them. When employees feel that the company continually invests in their professional growth and career advancement, they are more likely to stay and not leave easily.

Cindy

While I agree that investing in current employees is important, I think companies should first consider hiring new employees with the desired skills. Bringing in people who already specialize in the given area is probably the fastest and most cost-effective way to achieve the preferred outcome.

문제 분석 및 힌트

기업들이 현 직원들을 교육하는 데 투자해야 할지, 아니면 원하는 기술을 가진 새로운 직원들을 고용해야 할지를 묻는 문제이다. 현 직원들을 교육하는 데 투자해야 한다는 쪽으로 나의 의견을 정하고 Victoria가 말한 것과 다른 이유를 떠올려 본다.

아웃라인

나의 의견 *should invest in training current employees*

이유 _____

_____

2.

Dr. Isabella	Jamal
In the textbook, we read that artists have a unique ability to affect individuals and society as a whole. Given that the work of artists is everywhere, from music to literature to visual arts, their impact must be great. I would like to hear your thoughts on this. In your opinion, what is the most profound effect that artists have on people these days? Why do you think artists are so influential?	I think that one major impact artists have is their ability to inspire and motivate people. Art has the power to move people emotionally and spark a desire for change or action. For example, a painting that portrays the beauty of nature can inspire people to take steps toward helping the environment. **Adrian** Actually, some artists can negatively affect society by promoting harmful or misguided values. In fact, certain musicians glorify violence or drug use in their lyrics, which can affect impressionable young people. Similarly, there are some visual artists who create works that are vulgar or offensive.

문제 분석 및 힌트

오늘날 예술가들이 사람들에게 미치는 가장 지대한 영향이 무엇인지를 묻는 문제이다. Jamal과 같이 예술가들이 긍정적인 영향을 미친다는 쪽으로 의견을 정하고, Jamal이 말한 것과는 다른 긍정적인 영향 및 그에 대한 이유를 떠올려 본다.

아웃라인

나의 의견 *connect people from diverse backgrounds*

이유 _____

_____

모범 답안·해석 p.304

Daily Test

다음 주어진 문제에 대해 답안의 아웃라인을 작성하시오.

1.

Doctor Morris	Oscar
A period of rapid technological advancement began in the 1980s and continues to this day. It is characterized by the development of digital technologies such as personal computers, mobile devices, and the Internet. As we all know, these innovations have greatly impacted human society in numerous ways. What do you think is the most significant effect that the invention of digital technologies has had on humans thus far? Why do you think these advancements have had such an impact?	It's hard to choose just one, but I believe it's the increased efficiency in our daily lives. Everything is much faster and more streamlined, saving us time and effort. For example, online banking allows us to manage our finances from home, so we don't need to waste time and energy visiting a bank.
	Diana
	I have a different view. The most significant effect has been on our privacy. With social media and other digital platforms collecting, analyzing, and sharing our personal information, we never know who has access to our data. Protecting our privacy has become an essential task in today's world.

문제 분석 및 힌트

디지털 기술의 발명이 인간에게 미쳐 온 가장 큰 영향은 무엇인지를 묻는 문제이다. Oscar와 같이 긍정적인 영향을 미친다는 쪽으로 의견을 정하고, Oscar가 말한 것과는 다른 긍정적인 영향 및 그에 대한 이유를 떠올려 본다. 그런 다음, 이유에 대한 구체적인 근거를 정리한다.

아웃라인

나의 의견 *revolutionized communication*

이유 _____

　- 구체적 근거 1 : 일반적 진술 _____

　- 구체적 근거 2 : 예시 혹은 부연 설명 _____

2.

Dr. da Silva Streaming services have become the primary source of entertainment for many people, with YouTube being used by 81 percent and Netflix by 55 percent of adults in the US. Despite their popularity, there is a growing concern about the potential negative impacts of these services. What is your stance on this issue? Do you believe that streaming services have a positive or negative effect, and why?	**Yujin** I believe that excessive streaming can be detrimental to individuals because it may prevent them from completing tasks effectively. With so many options available, people often lose track of time while binge-watching shows or browsing videos. This can lead to procrastination, reduced concentration, and distraction from the tasks at hand. **Ted** I think streaming services offer us a convenient and enjoyable means to unwind and relieve stress after a long day, which can help us recharge and boost our creativity. As long as individuals manage their time and prioritize their tasks, I don't think that streaming services are inherently detrimental to productivity.

문제 분석 및 힌트

스트리밍 서비스가 긍정적인 영향을 미치는지, 아니면 부정적인 영향을 미치는지를 묻는 문제이다. 긍정적인 영향을 미친다는 쪽으로 나의 의견을 정하고, Ted가 말한 것과 다른 이유를 떠올려 본다. 그런 다음, 이유에 대한 구체적인 근거를 정리한다.

아웃라인

나의 의견 *have a positive effect*

이유 _____

– 구체적 근거 1 : 일반적 진술 _____

– 구체적 근거 2 : 예시 혹은 부연 설명 _____

모범 답안 · 해석 p.305

2일 토론형 - 답안 핵심 문장 쓰기

Overview

답안의 아이디어를 생각해 내고 구조를 잡는 방법을 배웠으니, 이제 답안의 가장 기본이 되는 문장들을 직접 써 보기로 한다. 2일에서 답안의 핵심 문장 쓰는 법을 익히고 나면, 그 뼈대에 살을 붙여 답안을 완성하기란 그리 어렵지 않다.

01: 나의 의견 문장 쓰기

토론형 문제에서는 특정 주제에 대한 여러 가지 의견 중 어떤 것을 선택할지 묻거나, 특정 주제에 대한 자유로운 의견을 묻는다. 따라서 아웃라인을 통해 정리한 나의 의견을 간략하면서도 명확하게 드러낼 수 있는 문장을 제시하는 것이 중요하다. 나의 의견 문장은 주어진 질문을 이용하여 자신의 의견을 설명한다.

Step 1 나의 의견을 나타내는 표현 쓰기

아웃라인에서 정한 나의 의견을 바탕으로, 아래의 표현들 중 하나를 이용하여 주어진 질문에 대한 나의 의견을 밝힌다.

In my opinion, ~	내 생각에는, ~이다
I agree that ~	나는 ~에 동의한다
I disagree that ~	나는 ~에 반대한다
I firmly believe that ~	나는 ~라고 굳게 믿고 있다
I strongly support the idea of ~	나는 ~라는 의견을 강력히 지지한다
From my point of view / From my perspective, ~	내 관점(견해)으로는, ~이다

Step 2 토픽 쓰기

문제에서 주어진 교수의 질문을 활용하여 나의 의견 문장으로 담아낸다. 이때, 질문에 사용된 표현을 그대로 쓰지 않고 약간 다른 표현을 사용하여 재진술(paraphrase)한다.

나의 의견 문장 쓰기의 예

Doctor Kim	Samantha
For the past few weeks, we have been discussing education issues. Today's discussion board topic is as follows: <u>Do you believe that contemporary society provides a better educational environment for raising children, or is it more difficult to raise children compared to 50 years ago?</u>	Raising children today is easier than in the past. In today's world, most countries provide mandatory education up to high school.
지난 몇 주 동안, 우리는 교육 문제에 대해 논의해 왔습니다. 오늘의 토론 게시판 주제는 다음과 같습니다. 여러분은 현대 사회가 아이들을 키우는 데 더 좋은 교육적 환경을 제공한다고 생각합니까, 아니면 50년 전에 비해 아이들을 키우는 것이 더 어렵다고 생각합니까?	오늘날 아이들을 키우는 것이 과거보다 더 쉽습니다. 현대 사회에서, 대부분의 국가가 고등학교까지 의무 교육을 제공합니다.
	Jack
	I disagree with Samantha. Today, parents face pressure to provide expensive private education, making raising children much more complex and difficult compared to 50 years ago.
	저는 Samantha의 의견에 반대합니다. 오늘날, 부모들은 비싼 사교육을 제공해야 한다는 압박에 직면하고, 이것이 50년 전에 비해 아이들을 키우는 것을 더 복잡하고 어렵게 만듭니다.

아웃라인

50년 전에 비해 더 쉬움

easier compared to 50 years ago

공공 지원을 받음

receive public assistance

나의 의견 문장 쓰기

❶ 나의 의견 표현 쓰기

(In my opinion)

+

❷ 토픽 쓰기

It is easier for parents to raise their children today compared to 50 years ago.

나의 의견 문장

(**In my opinion,**) it is easier for parents to raise their children today compared to 50 years ago.

제 생각에는, 50년 전에 비해 오늘날 부모들이 아이들을 키우는 것이 더 쉽습니다.

- 앞서 '50년 전에 비해 더 쉽다'로 정한 아웃라인을 바탕으로 '내 생각에는, ~이다'라는 의미의 'In my opinion, ~' 표현을 이용하여 나의 의견을 밝힌다.
- 문제에서 주어진 표현 'is it more difficult to raise children compared to 50 years ago'를 참고하되 약간 다른 표현을 사용하여 나의 의견 문장을 작성한다.

02: 이유 문장 쓰기

나의 의견을 확실히 표현했다면 그렇게 생각하는 이유도 제시할 수 있어야 한다. 미리 작성한 아웃라인을 바탕으로 이유에 대한 문장을 작성한다.

Step 1 이유를 나타내는 표현 쓰기

다음의 표현들을 활용하여 나의 의견에 대한 이유를 밝힐 수 있다.

This is mainly because ~	이는 주로 ~이기 때문이다
The main reason is that ~	주된 이유는 ~라는 것이다
The primary reason is that ~	주된 이유는 ~라는 것이다
To begin with, ~	우선, ~
To start with, ~	먼저, ~
First / Firstly / First of all, ~	첫째로, ~

Step 2 이유 밝히기

1. 아웃라인에서 정한 이유를 문장으로 풀어서 쓴다.
2. 이때 두 학생이 이미 제시한 이유와 겹치지 않는 새로운 이유를 제시해야 한다.

이유 문장 쓰기의 예

Doctor Kim	Samantha
For the past few weeks, we have been discussing education issues. Today's discussion board topic is as follows: Do you believe that contemporary society provides a better educational environment for raising children, or is it more difficult to raise children compared to 50 years ago? 지난 몇 주 동안, 우리는 교육 문제에 대해 논의해 왔습니다. 오늘의 토론 게시판 주제는 다음과 같습니다. 여러분은 현대 사회가 아이들을 키우는 데 더 좋은 교육적 환경을 제공한다고 생각합니까, 아니면 50년 전에 비해 아이들을 키우는 것이 더 어렵다고 생각합니까?	Raising children today is easier than in the past. In today's world, most countries provide mandatory education up to high school. 오늘날 아이들을 키우는 것이 과거보다 더 쉽습니다. 현대 사회에서, 대부분의 국가가 고등학교까지 의무 교육을 제공합니다. **Jack** I disagree with Samantha. Today, parents face pressure to provide expensive private education, making raising children much more complex and difficult compared to 50 years ago. 저는 Samantha의 의견에 반대합니다. 오늘날, 부모들은 비싼 사교육을 제공해야 한다는 압박에 직면하고, 이것이 50년 전에 비해 아이들을 키우는 것을 더 복잡하고 어렵게 만듭니다.

아웃라인

50년 전에 비해 더 쉬움

easier compared to 50 years ago

공공 지원을 받음

receive public assistance

이유 문장 쓰기

❶ 이유 표현 쓰기

(This is mainly because)

+

❷ 이유 밝히기

receive public assistance

이유 문장

(**This is mainly because**)parents can now receive public assistance.

이는 주로 현재 부모들이 공공 지원을 받을 수 있기 때문입니다.

- 이유를 나타내는 표현인 'This is mainly because ~'를 활용하여 이유 문장을 시작한다.
- 아웃라인에서 정한 이유 receive public assistance를 문장으로 풀어서 쓴다.

Daily Check-up

주어진 아웃라인을 참고하여 나의 의견 문장과 이유 문장을 완성하시오.

1.

Professor Martin

The current chapter in our textbook examines many different forms of marketing, from print advertisements to television commercials. In fact, there are advertisements just about everywhere we look, and they have had a significant impact on society. So, I would like to propose a question for us to consider on the class discussion board: What do you think is the biggest change that advertising has brought about in society?

Stacey

Advertising has brought about positive changes in society by raising awareness about and promoting important causes. Advertising can reach a large audience, making it an effective tool for educating and informing people about pressing issues.

Austin

In my view, advertising's greatest impact on society is the promotion of unrealistic beauty standards. Advertising has influenced our perception of beauty, often presenting ideals most people cannot achieve. This has also led to a rise in eating disorders.

문제 분석 및 힌트

광고가 사회에 가져온 가장 큰 변화가 무엇인지를 묻는 문제이다. Austin과 같이 부정적인 변화를 가져온다는 쪽으로 나의 의견을 정하고, 이를 문장으로 써 본다.

아웃라인

과소비 문화 culture of overconsumption

사람들로 하여금 유행에 따르기 위해 새로운 것들을 사게 만듦

make people buy new things to stay trendy

나의 의견

제 생각에는, / 가장 큰 영향은 / 광고가 사회에 미쳐 온 / 형성입니다 / 과소비 문화의

이유

This is mainly because advertisements make people buy new things to stay trendy.

이는 주로 ~ 때문입니다 / 광고가 사람들로 하여금 사게 만들기 / 새로운 것들을 / 유행에 따르기 위해

2.

Doctor Devi	**Clara**
Politicians play a crucial role in shaping policies and driving change. However, they often have different leadership styles, and there is ongoing debate as to which is the most effective. I encourage you to discuss the following question before our next class. What leadership qualities do you think are more important for politicians: strong individual leadership and determination or the ability to foster cooperation and effectively communicate with groups of people? Why?	A strong leader is more effective in setting and accomplishing goals. They aren't impeded by the challenges that can arise from working within a group. Additionally, they can promote cooperation in the end by motivating others with a clear vision.
	Ethan
	I see Clara's point, but I think the ability to bring people together and collaborate well is more crucial. A politician who excels in communication and tries to find the middle ground can work with diverse groups of people to achieve common goals.

문제 분석 및 힌트

정치인의 자질로서 개인적 리더십과 협력 및 소통 능력 중 무엇이 더 중요한지를 묻는 문제이다. 협력 및 소통 능력이 더 중요하다는 쪽으로 나의 의견을 정하고, Ethan과는 다른 이유를 문장으로 써 본다.

아웃라인

> 협력을 추구하는 것이 더 중요함 pursuing collaboration is more vital
>
> 다른 국가의 지도자들과 공고한 관계를 구축할 수 있음
>
> **can build strong relationships with other countries' leaders**

나의 의견

In my opinion, pursuing collaboration and communication is more vital for politicians.

제 생각에는, / 협력과 소통을 추구하는 것이 / 더 중요합니다 / 정치인들에게

이유

_____ .

주된 이유는 / 협력을 추구하는 정치인들이 / 공고한 관계를 구축할 수 있다는 것입니다 / 다른 국가의 지도자들과

모범 답안 · 해석 p.307

Daily Test

주어진 아웃라인을 참고하여 나의 의견 문장과 이유 문장을 완성하시오.

1.

Doctor Tara	Angelina

Doctor Tara

As we all know, smaller local markets are finding it increasingly more difficult to compete with large supermarkets. For example, the rise of e-commerce and globalization has made it easier for consumers to access products from all over the world, putting pressure on local markets. Given these challenges, should the government support small local markets, or is the dominance of large supermarkets an inevitable consequence of the global free market economy?

Angelina

I strongly believe that supporting small local markets is beneficial to the economy. Small local markets offer locally sourced products that come from small businesses. Therefore, when we shop at these smaller markets, the money stays in the local economy, encouraging the growth of the participating businesses.

David

I think the increasing popularity of large supermarkets is advantageous, and the government should refrain from intervening. These businesses are able to purchase goods in large quantities from suppliers, resulting in reduced prices per unit. As a result, items become more affordable for low-income families.

문제 분석 및 힌트

정부가 소규모 지역 시장을 지원해야 할지, 아니면 대형 슈퍼마켓의 우세가 세계 자유 시장 경제의 불가피한 결과인지를 묻는 문제이다. Angelina와 같이 소규모 지역 시장을 지원해야 한다는 쪽으로 의견을 정하고, Angelina가 말한 것과는 다른 이유를 떠올려 본다. 그런 다음, 나의 의견과 이유를 문장으로 써 본다.

아웃라인

소규모 지역 시장에 지원을 제공함 provide support to small local markets

환경적으로 더 지속 가능한 제조 방법을 사용함

utilize more environmentally sustainable manufacturing practices

나의 의견

.

제 생각에는, 정부는 소규모 지역 시장에 경제적 지원을 제공할 책임을 져야 합니다.

이유

.

주된 이유는 지역 시장이 대량 생산을 피함으로써 환경적으로 더 지속 가능한 제조 방법을 사용하는 경향이 있다는 것입니다.

Daily Test

2.

Dr. Brown

For the past few weeks, we've been discussing the interconnection between food culture and human health worldwide. It has been greatly influenced by factors like popular TV programs about food and social media food trends. Some people say that the growing availability of fast food has led to a less healthy food culture compared to the past. Do you agree that people nowadays have an unhealthier food culture? Why or why not?

Zhen

As I see it, people had a healthier food culture in the past. Historically, many cultures emphasized the consumption of whole, unprocessed foods and locally grown produce. However, with industrialization and the disappearance of rural areas, these foods have become less accessible, resulting in a shift towards less healthy processed foods.

Carolina

I believe we have a healthier food culture now, as we can make more informed dietary choices based on research. Thanks to advances in nutrition science, we have a better understanding of how different foods and nutrients affect our health. This knowledge enables us to seek out foods that are high in beneficial nutrients while avoiding those that are harmful.

문제 분석 및 힌트

요즘 사람들이 더 건강하지 못한 식문화를 가지고 있다는 주장에 대해 어떻게 생각하는지를 묻는 문제이다. 주어진 주장에 반대하며, Carolina와 같이 오늘날에 사람들이 더 건강한 식문화를 가지고 있다는 쪽으로 의견을 정하고, Carolina가 말한 것과는 다른 이유를 떠올려 본다. 그런 다음, 나의 의견과 이유를 문장으로 써 본다.

아웃라인

오늘날의 식문화가 더 건강함 today's food culture is healthier

향상된 조리 기술이 건강한 식사를 준비하는 것을 더 쉽게 만듦

improved cooking technology makes it easier to prepare healthy meals

나의 의견

제 생각에는, 오늘날의 식문화가 더 건강합니다.

이유

주된 이유는 인덕션 레인지와 같은 향상된 조리 기술이 건강한 식사를 준비하는 것을 더 쉽게 만든다는 것입니다.

모범 답안·해석 p.309

3일 토론형 - 답안 쓰기

Overview

답안의 아이디어를 생각해서 구조를 잡는 방법과 답안의 핵심 문장들을 작성하는 방법을 익혔다면, 이제 답안을 직접 써 보기로 한다. 나의 의견 및 이유와 근거를 제시할 때 쓰는 표현들을 익히면서 답안을 작성하는 방법을 연습한다.

01: 나의 의견 쓰기

답안을 작성할 때는 나의 의견을 명확히 밝히며 시작해야 한다. 자신의 의견을 어떻게 서술하고 글을 전개해 나갈 것인지를 보여주는 부분으로, 답안 전체의 첫인상을 결정하기 때문이다.

Step 1 도입 쓰기

1. 답안을 시작하는 문장으로, 자신의 의견과 반대되는 학생의 의견을 언급하거나, 자신의 의견과 같은 학생의 의견에 동의하며 토픽에 대해 소개한다.

2. 문제에 주어진 질문을 다른 어휘 혹은 다른 구조의 문장을 사용해서 재진술(paraphrase)하여 소개한다.

3. 도입 문장을 작성할 때는 다음의 표현들을 활용할 수 있다.

I understand why A thinks that ~	나는 왜 A가 ~라고 생각하는지 이해한다
I see why A and B think that ~	나는 왜 A와 B가 ~라고 생각하는지 이해한다
I disagree with A's point that ~	나는 ~라는 A의 주장에 동의하지 않는다
I agree with B's perspective that ~	나는 ~라는 B의 견해에 동의한다

4. 두 학생의 의견을 언급하는 도입 문장은 필수적인 것이 아니므로, Step 2로 넘어가 나의 의견을 단도직입적으로 밝히며 답안을 시작할 수도 있다.

Step 2 나의 의견 쓰기

나의 의견 문장에서는 주어진 질문에 대한 자신의 의견을 제시한다.

나의 의견 쓰기의 예

Doctor Kim	Samantha
For the past few weeks, we have been discussing education issues. Today's discussion board topic is as follows: Do you believe that contemporary society provides a better educational environment for raising children, or is it more difficult to raise children compared to 50 years ago? 지난 몇 주 동안, 우리는 교육 문제에 대해 논의해 왔습니다. 오늘의 토론 게시판 주제는 다음과 같습니다. 여러분은 현대 사회가 아이들을 키우는 데 더 좋은 교육적 환경을 제공한다고 생각합니까, 아니면 50년 전에 비해 아이들을 키우는 것이 더 어렵다고 생각합니까?	Raising children today is easier than in the past. In today's world, most countries provide mandatory education up to high school. 오늘날 아이들을 키우는 것이 과거보다 더 쉽습니다. 현대 사회에서, 대부분의 국가가 고등학교까지 의무 교육을 제공합니다. **Jack** I disagree with Samantha. Today, parents face pressure to provide expensive private education, making raising children much more complex and difficult compared to 50 years ago. 저는 Samantha의 의견에 반대합니다. 오늘날, 부모들은 비싼 사교육을 제공해야 한다는 압박에 직면하고, 이것이 50년 전에 비해 아이들을 키우는 것을 더 복잡하고 어렵게 만듭니다.

아웃라인

50년 전에 비해 더 쉬움 _easier compared to 50 years ago_
공공 지원을 받음
receive public assistance

나의 의견 쓰기

도입

(**I understand why Jack thinks that**) bringing up children is more difficult these days due to the pressure to provide children with costly educational programs and extracurricular activities.

저는 왜 Jack이 아이들에게 값비싼 교육 프로그램과 과외 활동을 제공해야 한다는 압박감 때문에 오늘날 아이들을 키우는 것이 더 어렵다고 생각하는지 이해합니다.

나의 의견

(**However, in my opinion,**) it is easier for parents to raise their children today compared to 50 years ago.

하지만, 제 생각에는, 50년 전에 비해 오늘날 부모들이 아이들을 키우는 것이 더 쉽습니다.

- '나는 왜 Jack이 ~라고 생각하는지 이해한다'라는 표현인 'I understand why Jack thinks that ~'을 이용해 자신의 의견과 반대되는 의견, 즉 오늘날 아이를 키우는 것이 더 어렵다는 의견을 제시하면서 답안을 시작한다. 이때, Jack이 사용한 표현 'raising children'을 그대로 쓰기보다는 'bringing up children'으로 재진술하여 토픽에 대해 소개하는 도입 문장을 만든다.
- '50년 전에 비해 더 쉽다'로 정한 아웃라인을 바탕으로 'However, in my opinion, ~' 표현을 써서 나의 의견을 담아낸다. 이때, 질문의 표현을 참고하되 약간 다른 표현으로 바꾸어 쓴다.

02: 이유와 근거 쓰기

앞서 제시한 나의 의견을 뒷받침하기 위해 이유와 근거가 필요하다. 이 부분은 답안의 핵심으로, 자신이 말하고자 하는 바를 효과적으로 뒷받침하는 것이 중요하다.

Step 1 이유 쓰기

이유 문장에서는 앞서 제시한 나의 의견에 대한 이유를 설명한다. 이 부분은 답안의 핵심 주제가 된다.

Step 2 구체적 근거 쓰기

1. 구체적 근거는 나의 의견 문장을 뒷받침하여 설명해 주는 상세한 내용들이다.
2. 구체적 근거는 일반적 진술과 예시 혹은 부연 설명으로 구성하면 효과적이다. 우선 일반적 진술에서는 이유 문장을 뒷받침하는 일반적인 설명을 덧붙인다. 그런 다음, 그 설명을 뒷받침하는 예시나 부연 설명으로 자신의 경험담, 연구, 설문 조사 결과, 기사, 통계 자료 등을 소개한다.
3. 구체적 근거 중 예시 부분은 다음의 표현들을 활용하여 작성할 수 있다.

For example / For instance, ~	예를 들어, ~
To illustrate my point, ~	내 요점을 분명히 하기 위해, ~
According to ~	~에 따르면
Studies have shown that ~	연구는 ~라는 것을 보여 주었다
From my experience / Based on my experience, ~	내 경험에 따르면, ~

tip

이유와 근거를 충분히 작성한 후 시간이 남는다면, 맺음말을 덧붙여 답안을 마무리할 수 있다. 답안의 중심 내용에서 벗어나지 않도록 통일성 있게 작성하되, 이미 사용한 표현을 지나치게 반복하지 않도록 주의한다. 맺음말을 작성할 때 다음의 표현들을 활용할 수 있다.

Overall, ~	전반적으로, ~
In this regard / In this respect, ~	이러한 점에서 / 이 점에 있어서, ~
To sum up, ~	요약하자면, ~
For this reason, ~	이러한 이유 때문에, ~
Therefore / Thus, ~	따라서, ~

이유와 근거 쓰기의 예

<table>
<tr><td>

Doctor Kim

For the past few weeks, we have been discussing education issues. Today's discussion board topic is as follows: Do you believe that contemporary society provides a better educational environment for raising children, or is it more difficult to raise children compared to 50 years ago?

지난 몇 주 동안, 우리는 교육 문제에 대해 논의해 왔습니다. 오늘의 토론 게시판 주제는 다음과 같습니다. 여러분은 현대 사회가 아이들을 키우는 데 더 좋은 교육적 환경을 제공한다고 생각합니까, 아니면 50년 전에 비해 아이들을 키우는 것이 더 어렵다고 생각합니까?

</td><td>

Samantha

Raising children today is easier than in the past. In today's world, most countries provide mandatory education up to high school.

오늘날 아이들을 키우는 것이 과거보다 더 쉽습니다. 현대 사회에서, 대부분의 국가가 고등학교까지 의무 교육을 제공합니다.

Jack

I disagree with Samantha. Today, parents face pressure to provide expensive private education, making raising children much more complex and difficult compared to 50 years ago.

저는 Samantha의 의견에 반대합니다. 오늘날, 부모들은 비싼 사교육을 제공해야 한다는 압박에 직면하고, 이것이 50년 전에 비해 아이들을 키우는 것을 더 복잡하고 어렵게 만듭니다.

</td></tr>
</table>

아웃라인

공공 지원을 받음 receive public assistance

　- 정부가 부모들을 재정적으로 지원함

governments support parents financially

　- 예) 한국 정부는 무료 보육 제도를 가지고 있음

ex) Korean government has a free daycare system

이유와 근거 쓰기

이유

(This is mainly because) parents can now receive public assistance.

이는 주로 현재 부모들이 공공 지원을 받을 수 있기 때문입니다.

구체적 근거 1 : 일반적 진술

Although it is expensive to raise children, governments support parents financially.

아이를 키우는 데 비용이 많이 들지만, 정부가 부모들을 재정적으로 지원합니다.

구체적 근거 2 : 예시

(For example,) the Korean government has a free daycare system. Children under five years old are entitled to free daycare services.

예를 들어, 한국 정부는 무료 보육 제도를 가지고 있습니다. 5세 미만 아동은 무료 보육 서비스를 받을 수 있습니다.

- 이유를 나타내는 표현인 'This is mainly because ~'를 이용하여 아웃라인에서 정리한 이유 receive public assistance를 이유 문장에 담아낸다.
- 구체적 근거 중 일반적 진술에서 아이를 키우는 데 비용이 많이 들지만 정부가 재정적으로 지원한다는 설명을 덧붙인 다음, 예시로 한국 정부의 무료 보육 제도에 대해 설명한다.

Daily Check-up

주어진 아웃라인을 참고하여 나의 의견 및 이유와 근거를 작성하시오.

1.

Dr. Inez

Public policies have a significant impact on society and can improve many people's lives. Of course, choosing which policies to support and invest in can be a challenging process due to limited resources or conflicting opinions. As such, it is important for lawmakers to decide which issues to focus on. If it were up to you, which would you prioritize—developing educational technology for children or re-educating the elderly?

Bethany

It is the future of our society that is important, so we should be focusing on the younger generation. Our world is becoming more and more digitized. Think about how much it has changed in just the past 10 years. Better educational technology is needed so we can prepare our children for success down the road.

Jun

Right now, we live in an aging society, so we should prioritize re-educating the elderly. We are living longer than ever before, with the number of elderly citizens increasing each year. We need to find ways to ensure that older adults can remain engaged in the workforce and contribute to the economy.

문제 분석 및 힌트

아이들을 위한 교육 기술 개발과 노인들을 재교육하는 것 중 어느 것을 우선시할 것인지를 묻는 문제이다. 노인들을 재교육하는 것을 우선시해야 한다는 쪽으로 나의 의견을 정하고, 아웃라인을 바탕으로 답안을 완성해 본다.

아웃라인

나의 의견	노인 세대에 지속적인 교육을 제공하는 것	*providing ongoing education to older gen.*
이유	젊은 세대의 부양 부담을 줄임	*ease caregiving burden on younger generations*
구체적 근거 1	- 경제적 자유를 얻을 가능성이 더 높음	
	more likely to attain financial freedom	
구체적 근거 2	- 예) 디지털 활용 능력 프로그램 참여 후, 할아버지는 재무 상담사로 일하고 계심	
	ex) after participating in a digital literacy program, grandfather	
	works as a financial consultant	

나의 의견 쓰기

도입

I understand why Bethany thinks that the development of educational technology for children is important as they are the future.

저는 왜 Bethany가 아이들을 위한 교육 기술의 개발이 중요하다고 생각하는지 이해하는데 이는 그들이 미래이기 때문입니다.

나의 의견

_____.

하지만, 제 생각에는, 노인 세대에 지속적인 교육을 제공하는 것이 우리의 최우선 순위가 되어야 합니다.

이유와 근거 쓰기

이유

_____.

이는 주로 그것이 나이 든 부모님이나 조부모님에 대한 젊은 세대의 부양 부담을 줄여 줄 수 있기 때문입니다.

구체적 근거 1 : 일반적 진술

_____.

신기술에 대한 교육을 받은 노인들은 은퇴 후에 일자리를 구함으로써 경제적 자유를 얻을 가능성이 더 높습니다.

구체적 근거 2 : 예시

For example, my grandfather retired from a bank at the age of 60. After participating in a digital literacy program at a local community center, he acquired computer skills, which enabled him to work as a financial consultant. By staying economically active, he not only takes pride in his life but also remains financially independent from my parents. As a result, my parents can invest more in my younger brother's education as they don't have to support my grandparents.

예를 들어, 저의 할아버지는 60세의 나이에 은행에서 은퇴하셨습니다. 지역 주민 센터의 디지털 활용 능력 프로그램에 참여하신 후, 그는 컴퓨터 기술을 습득하셨는데, 이는 그가 재무 상담사로 일할 수 있게 했습니다. 경제 활동을 계속함으로써, 그는 자신의 삶에 자부심을 가질 뿐만 아니라 저의 부모님으로부터 경제적으로도 독립해 계십니다. 그 결과, 저의 부모님은 조부모님을 부양하지 않아도 되기 때문에 저의 남동생의 교육에 더 많이 투자할 수 있습니다.

2.

Doctor Nomikos	Zoe
Over the past few weeks, we have been discussing serious environmental crises affecting the world and how we can address them for future generations. It is undeniable that not only individuals, but also big corporations, contribute to environmental issues in various ways. Before our next class, let's discuss this topic on the online discussion board. What is the most significant environmental impact caused by big corporations? Why do you think so?	I think oil spills are a significant problem caused by big corporations. They can harm marine animals and negatively impact local businesses. For instance, the Deepwater Horizon oil spill in 2010 had severe consequences for the Gulf of Mexico. It harmed animals and made it difficult for people to make a living.

Thomas
In my view, resource depletion is a notable environmental impact caused by big corporations. The extraction and use of natural resources like timber and minerals have harmed ecosystems and led to the depletion of these resources. Deforestation for commercial purposes has resulted in biodiversity loss, soil erosion, and changes in weather patterns. |

문제 분석 및 힌트

대기업에 의해 야기된 가장 중대한 환경적 영향이 무엇인지를 묻는 문제이다. Zoe와 Thomas와는 다른 아이디어를 생각해 보고, 아웃라인을 바탕으로 답안을 완성해 본다.

아웃라인

나의 의견	수질 오염 **water pollution**	
이유	물이 오염되면 복구하기가 어려움 **water is contaminated → restoring it is difficult**	
구체적 근거 1	- 위험 물질이 폐기되어 결국 수역에 이르게 됨	
	hazardous materials are disposed of, ending up in bodies of water	
구체적 근거 2	- 예) 인도에서 수질 오염이 식수 부족을 초래했음	
	ex) in India, water pollution has triggered a shortage of drinking water	

나의 의견 쓰기

> **나의 의견**
>
> _____ .
>
> 제 생각에는, 산업 폐기물로부터 초래되는 수질 오염이 대기업에 의해 야기된 가장 심각한 환경 문제들 중 하나입니다.

이유와 근거 쓰기

> **이유**
>
> _____ .
>
> 이는 주로 물이 한번 오염되면, 그것을 원래의 상태로 복구하기가 어렵고, 이는 인간의 삶에 직접적으로 영향을 미치기 때문입니다.
>
> **구체적 근거 1 : 일반적 진술**
>
> _____
>
> _____ .
>
> 일반적으로, 대기업은 환경적 관심보다 이익을 우선시하고 종종 적절한 폐기물 관리 관행을 채택하는 것을 등한시합니다. 적절한 조치 없이는, 위험 물질이 무분별하게 폐기되어, 결국 수역에 이르게 되고 상당한 환경 피해를 초래합니다.
>
> **구체적 근거 2 : 예시**
>
> For example, contaminated water can cause marine life to die and people to suffer from water scarcity. In India, water pollution has triggered a shortage of drinking water.
>
> 예를 들어, 오염된 물은 해양 생물을 죽게 하고 사람들이 물 부족으로 고통받게 할 수 있습니다. 인도에서는, 수질 오염이 식수 부족을 초래했습니다.
>
> **맺음말**
>
> Overall, I believe that water pollution is the foremost concern and that corporations have a responsibility to act in ways to prevent further contamination.
>
> 전반적으로, 저는 수질 오염이 가장 우선적인 우려 사항이며 기업들이 더 이상의 오염을 방지하는 방향으로 행동할 책임이 있다고 생각합니다.

모범 답안·해석 p.310

Daily Test

주어진 아웃라인과 해석을 참고하여 답안을 완성하시오.

1.

Professor Lee

From the earliest cave paintings to modern-day blockbusters, art has been used throughout much of human history to express ideas and inspire change. Over the past 100 years, there have been certain works of art, including visual art pieces, films, and music, that have left a deep impression on society. I'd like to hear what you think about this. What specific work of art has had the greatest impact on society?

Jin

For me, the most influential art piece is Pablo Picasso's *Guernica*. By depicting the horrors of war and the suffering of innocent civilians, this painting delivers a powerful anti-war message. It significantly influenced the social environment of the time and became a symbol of peace movements worldwide.

Sara

I believe that the Beatles' album *Abbey Road* has had the greatest impact on society. The songs on that album, such as "Come Together" and "Here Comes the Sun," resonated with millions of people and helped to define the counterculture movement of the 1960s. They also pushed musical boundaries and influenced the countless artists who came after them.

문제 분석 및 힌트

사회에 가장 큰 영향을 미친 예술 작품이 무엇인지를 묻는 문제이다. 영화 『블랙 팬서』로 나의 의견을 정하고, 아웃라인을 바탕으로 답안을 완성해 본다.

아웃라인

나의 의견	블랙 팬서 Black Panther
이유	고정관념에 도전해 흑인들에게 힘을 실어 줌 *defied stereotypes & empowered Black people*
구체적 근거 1	- 할리우드는 다양성의 부족으로 비판을 받아 왔음
	Hollywood has been criticized for its lack of diversity
구체적 근거 2	- 영화의 재정적 성공은 흑인 배우들이 나오는 영화가 수익성이 떨어진다는 믿음에 도전했음
	the film's financial success challenged the belief that films
	featuring Black actors are less profitable

나의 의견 쓰기

나의 의견

_____.

제 생각에는, 의심할 여지 없이 사회를 변화시킨 하나의 예술 작품은 영화 『블랙 팬서』(Black Panther)입니다.

이유와 근거 쓰기

이유

_____.

주된 이유는 그것이 고정관념에 도전하여 전 세계 흑인들에게 힘을 실어 주었다는 것입니다.

구체적 근거 1 : 일반적 진술

_____

_____

수년 동안, 할리우드는 카메라 앞과 뒤에서 모두, 다양성의 부족으로 비판을 받아 왔습니다. 『블랙 팬서』는 주로 흑인 출연진과 제작진을 포함시킴으로써 이러한 규범에 저항했습니다. 이 영화는 아프리카 문화를 찬미하는 것이자 수 세기 동안 흑인들을 괴롭혀 온 고정관념에 대한 거부였습니다.

구체적 근거 2 : 부연 설명

Furthermore, the film's financial success challenged the commonly held belief that films featuring Black actors are less profitable than mainstream blockbusters. This has led to more opportunities for underrepresented groups in Hollywood.

게다가, 이 영화의 재정적인 성공은 흑인 배우들이 나오는 영화가 주류 블록버스터보다 수익성이 떨어진다는 일반적인 믿음에 도전했습니다. 이것은 할리우드에서 불충분하게 대표된 집단에 대한 더 많은 기회로 이어졌습니다.

맺음말

_____

_____.

전반적으로, 이 영화의 아프리카 문화에 대한 찬미, 소외된 공동체에 대한 대표성, 그리고 재정적인 성공 모두가 이것의 여파에 기여했습니다.

Daily Test

2.

Doctor Gomez	Sandra
A specialized education involves focusing on a specific area of study. While this is normal for university students, there is a lot of debate on whether to provide this option to younger students. I'd like to hear your thoughts, so consider the following scenario. What would be the best way to educate a child with exceptional scientific abilities: to focus primarily on science or to provide a broad education by including other subjects?	I think that providing a broad education is the best approach. Learning different subjects can help students become better at communicating with others, which is essential in science. When working in scientific fields, it's important to be able to network and collaborate effectively with other people.
	Kevin
	I strongly believe that if students display exceptional talent in science, it is a waste of time to require them to take courses in subjects like history· or art. Focusing on science is crucial for developing their expertise. To force them to study unrelated subjects could hinder their potential.

문제 분석 및 힌트

뛰어난 과학적 능력을 가진 아이에게 과학에 집중된 교육을 제공할 것인지 아니면 폭넓은 교육을 제공할 것인지를 묻는 문제이다. 폭넓은 교육을 제공해야 한다는 쪽으로 의견을 정하고, 아웃라인을 바탕으로 답안을 완성해 본다.

아웃라인

나의 의견	종합적인 교육 *a comprehensive education*
이유	창의성과 혁신을 촉진함 *fosters creativity and innovation*
구체적 근거 1	- 많은 과목에 대한 이해는 과학자들이 다양한 관점에서 문제에 접근하도록 영감을 줄 수 있음
	understanding of many subjects can inspire scientists to approach problems from various perspectives
구체적 근거 2	- 예) 아인슈타인은 바이올리니스트였고 과학적 사고를 불러일으키기 위해 음악을 사용했음
	ex) Einstein was a violinist and used music to inspire scientific thinking

나의 의견 쓰기

도입

I understand why Kevin thinks that taking other courses may waste the time of students with a talent for science.

저는 왜 Kevin이 다른 과목들을 수강하는 것이 과학에 재능이 있는 학생들의 시간을 낭비시킬 수 있다고 생각하는지 이해합니다.

나의 의견

_____.

하지만, 제 생각에는, 과학적으로 재능 있는 아이들을 교육하는 가장 효과적인 방법은 그들에게 종합적인 교육을 제공하는 것입니다.

이유와 근거 쓰기

이유

_____.

주된 이유는 균형 잡힌 교육은 창의성과 혁신을 촉진하는데, 이것이 과학 분야에서의 경력에 유용할 수 있다는 것입니다.

구체적 근거 1 : 일반적 진술

_____.

실제로, 많은 과목에 대한 폭넓은 이해는 과학자들이 다양한 관점에서 문제에 접근하고 독특한 해결책을 찾도록 영감을 줄 수 있습니다. 많은 과학적인 발전은 자신의 기술적 지식을 넘어 다른 분야의 아이디어를 적용할 수 있는 사람들에 의해 이루어져 왔습니다.

구체적 근거 2 : 예시

For example, while Einstein is best known for his contributions to physics, he was also an avid violinist. He believed that music helped him to relax and think more clearly, and he often used music to inspire his scientific thinking.

예를 들어, 아인슈타인은 물리학에 대한 그의 공헌으로 가장 잘 알려져 있지만, 그는 열렬한 바이올리니스트이기도 했습니다. 그는 음악이 그가 긴장을 풀고 더 명확하게 생각하는 데 도움을 준다고 믿었고, 그는 종종 그의 과학적인 사고를 불러일으키기 위해 음악을 사용했습니다.

맺음말

_____.

따라서, 저는 종합적인 교육이 과학적 능력을 가진 아이들의 잠재력을 키우고 극대화하는 데 있어 핵심적이라고 생각합니다.

모범 답안 · 해석 p.312

4일 통합형 - 읽고 듣고 내용 정리하기

Overview

통합형 문제에서는 지문을 읽고 강의를 들은 후 그에 대한 요약문을 써야 한다. 그러므로 읽고 들은 내용을 얼마나 제대로 이해하고 노트테이킹을 잘했는지에 따라 자신이 작성할 수 있는 요약문의 수준이 결정된다. 따라서 4일에서는 주어진 지문과 강의를 효과적으로 읽고 들은 후 그 내용을 정리하는 방법에 대해 공부하도록 한다.

01: 읽고 내용 정리하기

읽기 지문의 핵심 내용을 파악하여 효율적으로 정리할 수 있는 방법을 알아보자.

Step 1   **주제 파악하여 적기**

1. 주제는 글에서 글쓴이가 전달하고자 하는 중심 생각이다. 주로 지문의 첫 문단에 나오므로, 먼저 이 글이 무엇에 관한 것이고 글쓴이가 내세우는 중심 생각이 무엇인지를 파악하면서 글을 읽기 시작한다.
2. 읽기 노트를 정리할 때는 주제를 노트의 맨 위에 큰 제목으로 적는다.

Step 2   **근거 파악하여 적기**

1. 근거는 주제의 중심 생각을 뒷받침하는 내용으로, 주제에서 나타나는 글쓴이의 주장에 대한 근거 세 가지로 구성된다. 읽기 지문의 두 번째 단락부터 제시되며, 흔히 각 단락의 앞부분에 제시되므로 단락의 첫 문장에 주목한다.
2. 읽기 노트를 정리할 때는 번호를 매기고 작은 제목으로 근거를 적는다.

Step 3   **세부사항 파악하여 적기**

1. 세부사항은 단락 초반에 근거로 주어진 내용을 부연 설명하는 내용이다. 제시된 근거의 설득력을 높이기 위해 주로 사례, 조사 결과 등이 소개된다. 따라서 각 단락의 후반에서는 앞서 밝힌 근거를 어떻게 뒷받침하고 있는지를 생각하면서 읽는다.
2. 읽기 노트를 정리할 때는 근거 아래에 칸을 들여 세부사항을 적는다.

tip

지문은 듣기가 끝난 후에도 다시 읽을 수 있으므로, 모든 내용을 완벽하게 정리하려고 하기보다는 듣기를 위한 배경지식을 쌓는 데 중점을 두고 요약한다.

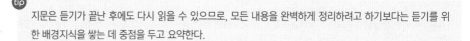

읽기 노트 정리하기의 예

읽기 지문

Many animals can be observed engaging in playful activities. Although for a long time biologists could not determine any **obvious function of animal play**, several **theories have been proposed** to explain this behavior.

● 주제
동물 놀이의 목적에 대한 이론들

First, it is possible that animals play in order to communicate. [By making playful gestures with their bodies, they can express themselves and send messages to other animals. Dogs are a well-known example of a species that communicates with other animals of its species by playing. A dog can often be seen stretching out its front legs and lowering its chest to the ground. This is called a play bow, and it is known to demonstrate friendly intentions to other dogs.]

● 근거 1
의사소통

● 세부사항
개의 놀이 인사는 의사를 나타내고 메시지를 보냄

Second, play may be an important way for young animals to improve their physical ability. [Active behaviors like running, jumping, and wrestling boost their physical condition and help their young bodies develop. Importantly, this increases their chances for survival when they reach adulthood. This is because young animals that play are better prepared to evade predators.]

● 근거 2
육체적 능력 향상

● 세부사항
건강 상태를 증진하고 생존 가능성을 높임

해석 p.314

읽기 노트

주제	**function of animal play: theories** 동물 놀이의 목적에 대한 이론들
근거 1	**1. to communicate** 의사소통하기 위해
세부사항	**- playful gestures → express & send messages**
	장난스러운 몸동작으로 표현을 하고 메시지를 보냄
	- ex) dogs: play bow → friendly intentions
	예) 개의 놀이 인사는 우호적인 의사를 나타냄
근거 2	**2. to improve physical ability** 육체적 능력을 향상시키기 위해
세부사항	**- active behaviors boost condition & help bodies develop**
	활동적인 행위가 건강 상태를 증진하고 몸이 발달하도록 도움
	- increase chances for survival ← better evade predators
	포식동물을 더 잘 피해서 생존 가능성을 높임

• 지문의 첫 단락에서 밝힌 주제 'function of animal play'와 'theories'를 읽기 노트 맨 위에 큰 제목으로 정리한다.

• 지문의 둘째 단락과 셋째 단락의 첫 문장에서 주어진 근거, 즉 동물 놀이의 목적에 대한 이론 두 가지를 각각 1, 2의 번호로 매겨 작은 제목으로 정리한다.

• 각 단락의 후반에서 설명한 세부사항을 해당 근거 아래에 칸을 들여 적는다.

O2: 듣고 내용 정리하기

강의는 읽기 지문과 같은 토픽을 다루되 다른 입장에서 접근한다. 따라서 강의의 각 포인트가 지문의 내용을 어떻게 반박하고 있는지를 파악하면서 듣고 노트를 정리하도록 한다.

Step 1 도입 파악하여 적기

1. 강의의 도입부에서는 강의자가 읽기 지문에서 제시된 토픽에 대해 의문을 제기하거나, 반대하는 뜻을 보이며 강의를 시작한다. 따라서 앞서 읽은 지문에 대한 강의자의 입장이 무엇인지를 파악하며 듣는다.
2. 듣기 노트를 정리할 때는 도입을 노트의 맨 위에 큰 제목으로 적는다.

Step 2 반론 파악하여 적기

1. 강의자가 토픽에 대한 자신의 입장을 밝히고 나면, 이제 그에 대한 이유를 하나씩 제시하게 된다. 강의의 반론에서는 읽기 지문에 나온 근거들을 각각 반박하는 내용이 제시되므로, 지문에서 읽은 내용 중 어느 부분에 대한 반론인지를 잘 생각하면서 듣는다.
2. 듣기 노트를 정리할 때는 번호를 매기고 작은 제목으로 반론을 적는다.

Step 3 세부사항 파악하여 적기

1. 해당 반론의 내용에 대한 예시나 부연 설명으로, 앞서 제시된 반론의 주장을 어떻게 보강하고 있는지 주의하며 듣는다.
2. 듣기 노트를 정리할 때는 반론 아래에 칸을 들여 세부사항을 적는다.

tip

강의에서 각각의 반론을 시작할 때는 대체로 주의를 환기하는 표현을 사용한다. 가령, 첫 번째 반론을 시작할 때는 'First of all', 'The first thing'과 같은 표현을, 다음의 반론을 시작할 때는 'Additionally', 'And what else?', 'Next'와 같은 표현을, 마지막 반론을 시작할 때는 'Finally', 'The last point'와 같은 표현을 사용한다. 따라서 이러한 표현들에 주의를 기울여 새로운 반론을 시작하고 있다는 것을 파악하며 듣는다.

듣기 노트 정리하기의 예

듣기 스크립트 🎧 Track 1

> So, I'm sure you've all seen animals, uh, playing with each other. There are a few ideas floating around about why this occurs . . . But I'm going to explain why none of them are very convincing.
>
> First of all, communication is not the purpose of animal play. [Uh, the thing to keep in mind here is that lots of animals play even when no other animals are around. I mean, anyone who has seen a lone kitten playing with a ball of yarn knows what I'm talking about here. They just love to hit the ball with their tiny paws and chase it around the room, and this is a completely solitary activity. Obviously, these playful kittens aren't communicating with anyone.]
>
> Additionally, play is not a way for juvenile animals to develop physically. [You know, a lot of play just isn't that demanding, so it doesn't make animals stronger or faster. Take the example of horses . . . Young horses are known to playfully bite at each other's necks and backs. These are pretty relaxed movements, so the horses aren't really getting any exercise through this type of play.]

● 도입
동물 놀이의 이유
에 대한 의견들은
설득력 없음

● 반론 1
의사소통은
목적이 아님

● 세부사항
주위에 다른
동물들이 없어도
놀이를 함

● 반론 2
어린 동물들이
육체적으로 발달
하는 방법 아님

● 세부사항
말의 놀이는 힘들지
않아 더 강하거나
빠르게 만들지 않음

해석 p.315

듣기 노트

도입	**ideas: X convincing** 의견들은 설득력 없음	
반론 1	**1. communication: X purpose** 의사소통은 목적이 아님	
세부사항	**- play when X others around** 주위에 다른 동물들이 없어도 놀이를 함	
	- ex) lone kitten playing: X communicating	
	예) 홀로 노는 새끼 고양이는 의사소통하는 것 아님	
반론 2	**2. X way for juvenile to develop physically**	
세부사항	어린 동물들이 육체적으로 발달하는 방법 아님	
	- play: X demanding → X make stronger/faster	
	놀이는 힘들지 않아서 더 강하거나 빠르게 만들지 않음	
	- ex) horses: playfully bite necks & backs → X exercise	
	예) 말은 장난삼아 목과 등을 깨무는데 이는 운동이 아님	

- 강의의 첫 부분에서 언급된 도입 'ideas about why animal play occurs'와 'none of them are convincing'을 듣기 노트의 맨 위에 큰 제목으로 정리한다.
- 동물 놀이에 대한 두 가지 이론들이 타당하지 않은 이유를 앞서 읽은 지문의 어떤 근거에 대한 반론인지 각각 파악하고 1, 2로 번호를 매겨 작은 제목으로 정리한다.
- 각각의 반론에 대한 세부사항을 파악하여 해당 반론 아래에 칸을 들여 적는다.

Daily Check-up

다음 지문을 읽고 노트를 완성하시오.

1.

The World Health Organization has proposed that nations consider imposing a special tax on junk foods as a means of promoting public health. As a result, advocates in the US want the government to tax all unhealthy foods, such as sodas, potato chips, and other items that contain a lot of fat, sugar, and salt. Such a tax can be greatly beneficial to society.

First of all, taxing unhealthy food will improve people's physical health. Studies showed that people who consume junk food are more likely to become obese and develop diabetes. If unhealthy foods are taxed, the prices of those foods will increase. Consequently, people will be reluctant to purchase and consume them, and this will make people healthier.

Next, a tax on junk food will lead to an increased production of nutritious food for consumers. The government can use the additional tax revenue to support companies that produce healthy foods. Other food manufacturers will then begin to make healthy foods in order to receive the financial support.

읽기 노트

주제	**tax on junk foods: beneficial**	
근거1	1. _____	
세부사항	- study: consume junk food → ↑ obese & diabetes	
	- if taxed, ↑ price → reluctant to purchase, healthier	
근거2	2. _____	
세부사항	- use tax to support companies that produce healthy foods	
	- make healthy foods to receive support	

2.

During the Cold War, crews of Soviet submarines reported hearing strange high-frequency sounds beneath the surface of the North Atlantic. They called these noises "quackers". Quackers seemed to come from underwater, but the submarines' sonar did not detect any objects nearby. Numerous scientists have tried to identify the source of these sounds, and two convincing theories have emerged.

One theory holds that a secret American submarine-detection technology made the sounds. In the 1960s, the US Navy installed a system of underwater sensors. It was designed to find the location of Soviet submarines by identifying sounds made by them. Some experts believe that the sensors generated the mysterious noises.

Another explanation is that the quackers came from the *Basilosaurus*, a type of whale. Some biologists claim that *Basilosaurus* whales live deep in the North Atlantic, the same location where quackers were heard. Moreover, the whale's skull is asymmetrical, which means one side has a different shape than the other. In whales, including *Basilosaurus*, this indicates the ability to make high-pitched sounds. Therefore, it is possible that the quackers were produced by this creature.

읽기 노트

주제	quackers: 2 convincing theories
근거1	1. _____
세부사항	- US installed sensors to find Soviet submarines - sensors generated noises
근거2	2. _____
세부사항	- live where quackers heard - skull: asymmetrical → make high-pitched sounds

Daily Check-up

다음 강의를 듣고 노트를 완성하시오.

1.

Listen to the lecture. 🎧 Track 2

듣기 노트

도입	tax: X work	
반론 1	1. _____	
세부사항	- develop taste → hard to stop, similar to drugs	
	- mere bump in prices: X significant effect on eating habit	
반론 2	2. _____	
세부사항	- people travel to foreign countries to buy, ex) Denmark	
	- X collect ↑ tax revenue to support food companies	

2.

Listen to the lecture. 🎧 Track 3

듣기 노트

도입		other side of arguments
반론 1	**1.**	
세부사항		- quackers: X artificially produced noises
		- sounds moved around, sensors X change location
반론 2	**2.**	
세부사항		- went extinct long before, X specimens discovered
		- if creature responsible, should detectable over time

모범 답안·스크립트·해석 p.315

Daily Test

다음 지문을 읽고 강의를 들으며 노트를 완성하시오.

The native people of New Zealand, known as the Maori, are the descendants of Polynesians who traveled to the islands by canoe and were the first settlers there. There is now strong evidence that these voyages occurred in the early 14th century.

First, an analysis of rat bones in New Zealand proves that the ancestors of the Maori arrived there in the 14th century. Rats are not native to New Zealand, so they must have been brought by humans who first came to these islands. To determine when this happened, experts analyzed the oldest rat bones ever discovered in New Zealand and found that they were about 700 years old. Thus, researchers concluded that the Polynesians who brought the rats to New Zealand arrived in approximately 1300.

Furthermore, volcanic evidence strongly suggests that the Polynesians came to New Zealand around 1300. Mount Tarawera is a volcano located on New Zealand's North Island. When it erupted in 1315, the surrounding area was covered in volcanic ash. Archaeologists have found the remains of Maori settlements immediately above the ash layer from this eruption. However, no signs of human presence have ever been discovered beneath the ash. This confirms that people did not live in New Zealand prior to the 14th century.

Listen to the lecture. Track 4

읽기 노트

주제	Pol. traveled to N.Z. in 14C: evidence
근거 1	1. _____
세부사항	- _____
	- _____
근거 2	2. volcanic evidence
세부사항	- Mount Tara. erupted in 1315
	- Maori above ash ↔ X human presence beneath

듣기 노트

도입	Pol. arrived long before 1300
반론 1	1. rat bones X prove
세부사항	- pigeon bones in same layer: ↑ 3000 yrs. old
	- rat bones ↑ 700 yrs. → settlers came earlier
반론 2	2. _____
세부사항	- _____
	- _____

모범 답안 · 스크립트 · 해석 p.319

5일 통합형 - 요약문 뼈대 문장 쓰기

Overview

지문을 읽고 강의를 들은 후에는 이 두 가지 내용을 연계해서 요약해야 한다. 물론 요약문의 전체 내용은 지문과 강의의 내용에 따라 다양해질 수 있지만, 요약문의 기본적인 구조에 따라 정해진 문장을 미리 익혀 두면 어떤 토픽에 대한 내용이라도 미리 공부한 틀에 맞추어 요약문을 작성할 수 있다. 따라서 5일에서는 요약문에서 반드시 쓰이는 필수 문장을 공부하도록 한다.

01: 요약문의 기본 구조

요약문의 기본 구조는 서론 한 단락과 본론 세 단락으로 구성된다. 서론에서는 강의의 도입에 대해 설명한 후 이것이 읽기 지문의 주제를 어떻게 반박하는지를 밝힌다. 본론의 각 단락에서는 포인트 별로 강의의 논점을 설명한 후, 이것이 읽기 지문의 논점과 어떤 관계를 가지고 있는지를 밝힌다. 이러한 요약문을 이루는 뼈대 문장은 주제 문장과 근거 문장, 반박 문장이다.

서론	주제 문장	강의자는 ~라고 주장한다
	반박 문장	이는 ~라는 읽기 지문의 주장을 반박한다
본론 1	근거 문장 1	첫째로, 강의자는 ~라고 주장한다
	반박 문장	이는 ~라는 읽기 지문의 주장에 의구심을 제기한다
본론 2	근거 문장 2	다음으로, 강의자는 ~라고 주장한다
	반박 문장	이는 ~라는 읽기 지문의 주장에 반대한다
본론 3	근거 문장 3	마지막으로, 강의자는 ~라고 주장한다
	반박 문장	이는 ~라는 읽기 지문의 주장을 반박한다

02: 요약문 주제 문장 쓰기

요약문의 주제 문장에서는 듣기에서 강의자가 어떠한 주장을 펴고 있는지 전체 논지를 설명한다.

Step 1 강의자의 의견 표현 쓰기

'강의자는 ~라고 주장한다'라는 내용의 문장을 기본으로 다음과 같은 표현을 다양하게 활용해서 요약문의 주제 문장을 쓸 수 있다.

The lecturer argues that ~	강의자는 ~라고 주장한다
The professor maintains that ~	교수는 ~라고 주장한다
The speaker explains that ~	화자는 ~라고 설명한다

Step 2 듣기 도입 내용 쓰기

듣기 노트에서 큰 제목으로 정리한 듣기 도입, 즉 강의 전체의 중심 생각을 설명한다.

요약문 주제 문장 쓰기의 예

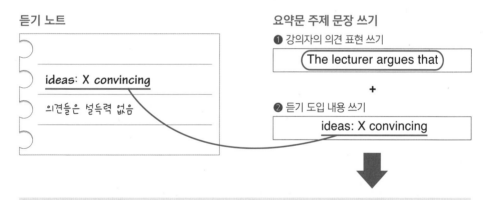

듣기 노트

> ideas: X convincing
>
> 의견들은 설득력 없음

요약문 주제 문장 쓰기

❶ 강의자의 의견 표현 쓰기

> The lecturer argues that

+

❷ 듣기 도입 내용 쓰기

> ideas: X convincing

요약문 주제 문장

(**The lecturer argues that**) the ideas about why animal play occurs are not convincing.

강의자는 동물 놀이가 일어나는 이유에 대한 의견들은 설득력 없다고 주장한다.

- '강의자는 ~라고 주장한다'라는 의미의 'The lecturer argues that ~'이라는 표현을 이용한다.
- 듣기 노트에서 정리한 '의견들은 설득력 있지 않다'라는 듣기의 도입 내용을 요약문 주제 문장에 담아낸다.

tip

요약문 주제 문장에서는 argue, maintain, explain의 동사 외에도 claim(주장하다), insist(주장하다), contend(주장하다), point out(지적하다)과 같은 표현을 쓸 수도 있다.

03: 요약문 근거 문장 쓰기

요약문 근거 문장에서는 듣기 노트에서 작은 제목으로 정리한 각각의 반론 포인트를 설명한다.

Step 1 연결어 쓰기

다음의 연결어들을 사용하여, 반론 포인트 별로 각각의 요약문 근거 문장을 시작한다.

First / First of all / First off	첫째로 / 가장 먼저 / 일단
Next / Second / In addition	다음으로 / 둘째로 / 게다가
Finally / Third / Lastly	마지막으로 / 셋째로 / 끝으로

Step 2 강의자의 의견 표현 쓰기

앞서 요약문 주제 문장 쓰기에서 익혔던 '강의자는 ~라고 주장한다'라는 의미의 표현들을 활용한다.

Step 3 듣기 반론 내용 쓰기

듣기 노트에서 정리한 반론을 바탕으로 교수가 각 반론 포인트 별로 어떠한 주장을 펴고 있는지 설명한다.

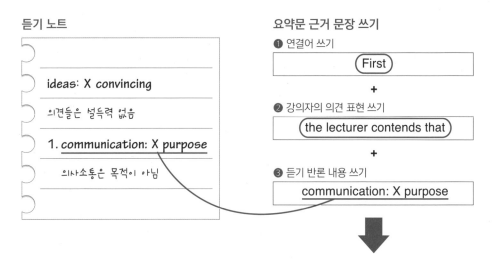

요약문 근거 문장

First, the lecturer contends that communication is not the purpose of animal play.

첫째로, 강의자는 의사소통은 동물 놀이의 목적이 아니라고 주장한다.

• '첫째로'에 해당하는 연결어인 'First'를 써서 문장을 시작한다. 'The lecturer contends that ~'의 표현을 이용하여 의사소통은 동물 놀이의 목적이 아니라는 듣기 반론을 설명한다.

04: 요약문 반박 문장 쓰기

듣기의 반론 포인트들이 읽기 지문에서 제시된 각각의 포인트들과 어떤 관계에 있는지 요약문 반박 문장을 써서 설명한다.

[Step 1] 반박 표현 쓰기

'이것은 ~라는 읽기 지문의 주장에 의구심을 제시한다'라는 내용의 문장을 기본으로 해서 다음의 표현들을 활용하면 앞서 제시한 요약문 근거 문장과의 관계를 밝힐 수 있다.

> This casts doubt on the reading passage's claim that ~
> 이는 ~라는 읽기 지문의 주장에 의구심을 제기한다
> This contradicts the reading passage's claim that ~
> 이는 ~라는 읽기 지문의 주장을 반박한다
> This opposes the reading passage's explanation that ~
> 이는 ~라는 읽기 지문의 설명에 반대한다

[Step 2] 읽기 근거 내용 쓰기

앞서 제시한 요약문 근거 문장이 읽기 지문의 어떤 포인트에 대해 반박하는지 읽기 노트에서 정리한 근거를 설명한다.

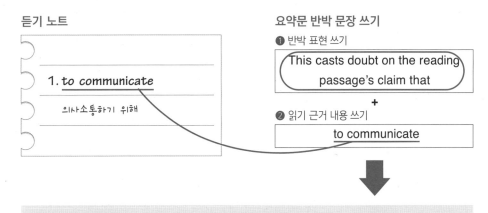

요약문 반박 문장

This casts doubt on the reading passage's claim that animals play as a means of communication.

이는 동물들이 의사소통의 수단으로서 놀이를 한다는 읽기 지문의 주장에 의구심을 제기한다.

- '이는 ~라는 읽기 지문의 주장에 의구심을 제기한다'라는 의미의 'This casts doubt on the reading passage's claim that ~'의 표현을 이용하여 '동물들은 의사소통하기 위해 놀이를 한다.'라고 읽기 노트에서 정리한 근거를 담아 작성한다. 이때, 읽기 노트를 그대로 쓰지 않고 단어나 구조를 약간 바꾸어 재진술한다.

요약문 반박 문장에서는 contradict, cast doubt on, oppose의 동사 외에 refute(반박하다), rebut(반증하다), argue against(반대하여 주장하다)와 같은 표현을 쓸 수도 있다.

Daily Check-up

파란색으로 주어진 우리말 표현을 영어로 바꾸어 문장을 완성하시오.

1 강의자는 혼잡 통행료가 교통량을 줄이지 않는다고 주장한다.

_____ congestion charges don't reduce traffic.

2 강의자는 기숙학교가 학생들에게 개인적인 관심을 제공하지 않는다고 주장한다.

_____ boarding schools don't give students personal attention.

3 강의자는 커피가 심장병을 일으키지 않을지도 모른다고 설명한다.

_____ coffee may not cause heart problems.

4 강의자는 대형점포가 훨씬 더 넓은 상품의 선택을 제공한다고 주장한다.

_____ megastores offer a much wider selection of goods.

5 강의자는 온라인 수업들이 제한된 시간을 지닌 학생들에게 이익을 준다고 단언한다.

_____ online classes benefit students with limited time.

6 강의자는 신체 장애인들이 전통적인 도서관에 이동하는 데 어려움을 겪었다고 지적한다.

_____ physically challenged people had trouble traveling to conventional libraries.

7 첫째로, 강의자는 대형점포가 많은 측면에서 지역 경제를 돕는다고 주장한다.

_____, _____ megastores help the local economy in many ways.

8 다음으로, 강의자는 거짓말 탐지기가 매우 정확하다고 주장한다.

_____, _____ lie detectors are extremely accurate.

9 마지막으로, 강의자는 주 4일 근무제가 직원들에게 도움을 준다고 설명한다.

_____, _____ the four-day workweek helps employees.

10 이는 주 4일 근무제가 경제에 도움을 준다는 읽기 지문의 주장을 반박한다.

_____ the four-day

workweek helps the economy.

11 이는 풍력 발전소가 건설하기에 경제적이지 않다는 읽기 지문의 주장에 반대한다.

_____ wind farms are not

economical to construct.

12 이는 자전거 전용도로가 사고를 줄이는 것에 도움을 준다는 읽기 지문의 주장에 반대하여 주장한다.

_____ bike lanes help to

reduce accidents.

13 이는 비디오 게임이 아이들의 더 폭력적인 행동에 대해 책임이 있다는 읽기 지문의 설명에 반대한다.

_____ video games are responsible for

more violent behavior in children.

14 이는 많은 새들과 박쥐들이 풍력 발전소 때문에 죽임을 당한다는 읽기 지문의 주장을 반박한다.

_____ many birds and bats get killed because of

wind farms.

15 이는 그룹 스터디가 학생들로 하여금 시간을 절약하도록 도와준다는 읽기 지문의 주장에 의구심을 제기한다.

_____ group studying helps

students save time.

정답 p.320

Daily Test

1. 다음 노트테이킹과 주어진 해석을 참고하여 빈칸을 채워 요약문을 완성하시오.

읽기 노트

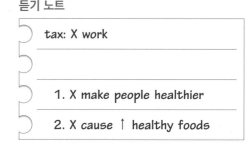

> tax on junk foods: beneficial
>
> 1. improve physical health
> 2. ↑ production of nutritious food

듣기 노트

> tax: X work
>
> 1. X make people healthier
> 2. X cause ↑ healthy foods

요약문 주제 문장

_____.

강의자는 불량 식품에 세금을 매기는 것이 효과가 없다고 주장한다.

요약문 반박 문장

This contradicts the reading passage's claim that the tax would offer benefits to society.

이는 그 세금이 사회에 혜택을 제공할 것이라는 읽기 지문의 주장을 반박한다.

요약문 근거 문장 1

_____.

첫째로, 강의자는 건강에 해로운 음식에 세금이 매겨져도 사람들이 더 건강해지지 않을 것이라고 주장한다.

요약문 반박 문장 1

This casts doubt on the reading passage's claim that a junk food tax will be good for people's health.

이는 불량 식품 세금이 사람들 건강에 좋을 것이라는 읽기 지문의 주장에 의구심을 제기한다.

요약문 근거 문장 2

_____.

다음으로, 강의자는 불량 식품에 대한 세금이 건강에 좋은 식품의 생산을 증가시키지 않을 것이라고 주장한다.

요약문 반박 문장 2

This counters the reading passage's claim that the tax will cause more healthy food to be made.

이는 그 세금이 건강에 좋은 음식이 더 많이 만들어지게 할 것이라는 읽기 지문의 주장에 반대한다.

2. 다음 노트테이킹과 주어진 해석을 참고하여 빈칸을 채워 요약문을 완성하시오.

읽기 노트

> Pol. traveled to N.Z. in 14c evidence
>
> 1. rat bones
> 2. volcanic evidence

듣기 노트

> Pol. arrived long before 1300
>
> 1. rat bones X prove
> 2. another volcanic eruption

요약문 주제 문장

The lecturer argues that the Polynesians arrived in New Zealand long before 1300.

강의자는 폴리네시아인들이 1300년 훨씬 이전에 뉴질랜드에 도착했다고 주장한다.

요약문 반박 문장

_____ .

이는 그들이 14세기에 그 섬에 정착했다는 읽기 지문의 주장을 반박한다.

요약문 근거 문장 1

First, the lecturer asserts that the rat bones are not proof that the Polynesians moved to New Zealand in the 14th century.

첫째로, 강의자는 쥐 뼈는 폴리네시아인들이 14세기에 뉴질랜드로 이주했다는 증거가 아니라고 주장한다.

요약문 반박 문장 1

_____ .

이는 이 뼈에 대한 조사가 그 정착민들이 14세기에 왔다는 것을 보여준다는 읽기 지문의 주장에 의구심을 제기한다.

요약문 근거 문장 2

_____ .

다음으로, 강의자는 또 다른 화산 폭발이 1300년보다 전에 사람들이 뉴질랜드에 도착했다는 증거라고 주장한다.

요약문 반박 문장 2

_____ .

이는 화산 활동의 증거가 그들이 1300년에 처음으로 뉴질랜드에 왔다는 것을 나타낸다는 읽기 지문의 주장에 반대한다.

모범 답안·스크립트·해석 p.321

6일 통합형 - 요약문 쓰기

Overview

6일에서는 앞서 익힌 요약문의 뼈대 문장을 작성하는 방법을 바탕으로 읽고 들은 내용의 요약문을 작성하게 된다. 이때 작성한 답안을 통해서 지문과 강의의 이해도와 작문 능력을 동시에 평가받게 되므로 가장 중요한 단계이다. 이제 지문과 강의를 적절히 연계해서 문장으로 풀어내고, 하나의 요약문으로 완성하는 전체 과정을 익혀보도록 한다.

01: 요약문 서론 쓰기

요약문의 서론에서는 읽기 지문과 강의의 전체적인 입장을 각각 언급하며 전체 요약문의 주제를 제시한다. 먼저 강의 도입부의 내용에 대해 설명한 후, 읽기 지문의 주제를 제시하면서 이것이 강의의 도입부와 어떻게 연결되어 있는지를 밝힌다.

Step 1 **요약문 주제 문장 쓰기**

요약문의 서론 단락을 시작하는 문장으로, 강의의 도입부, 즉 교수가 주장하는 중심 내용에 대해 설명한다. 듣기 노트에서 정리한 큰 제목을 활용하여 주제 문장을 작성한다.

Step 2 **요약문 반박 문장 쓰기**

주제 문장에서 밝힌 교수의 주장이 읽기 지문의 주제를 어떻게 반박하는지 설명한다. 읽기 노트에서 정리한 큰 제목을 활용하여 반박 문장을 작성한다.

요약문 서론 쓰기의 예

Summarize the points made in the lecture, being sure to explain how they oppose the specific points made in the reading passage.

방금 들은 강의의 논점들을 요약하되, 이 논점들이 읽기 지문의 구체적 논점들을 어떻게 반박하고 있는지 설명하시오.

읽기 노트

function of animal play: theories

동물 놀이의 목적에 대한 이론들

듣기 노트

ideas: X convincing

의견들은 설득력 없음

4th Week

요약문 서론 쓰기

요약문 주제 문장

(The lecturer argues that) the ideas about why animal play occurs are not convincing.

강의자는 동물 놀이가 일어나는 이유에 대한 의견들은 설득력 없다고 주장한다.

요약문 반박 문장

(This contradicts the reading passage's claim that) there are theories that can explain the reasons for animal play.

이는 동물 놀이의 이유를 설명할 수 있는 이론들이 있다는 읽기 지문의 주장을 반박한다.

- '의견들은 설득력 없다'라는 듣기 노트의 큰 제목으로 강의의 주장을 밝혀 서론의 주제 문장을 만든다.
- '의견들은 설득력 없다'라고 밝힌 서론의 주제 문장이 읽기 노트에서 정리한 '동물 놀이의 목적에 대한 이론들이 있다'라는 읽기 지문의 주제를 반박한다고 설명한다. 이때, 읽기 노트는 그대로 쓰지 않고 단어나 구조를 약간 바꾸어 재진술한다.

1일 2일 3일 4일 5일 6일 Hackers **TOEFL** Writing Basic

02: 요약문 본론 쓰기

요약문의 본론은 각 포인트별로 한 단락씩 작성한다. 먼저 강의의 주장에 대해 소개하면서 단락을 시작하고, 이어서 강의에서 제시된 상세한 설명을 덧붙인다. 그리고 나서 이러한 강의의 주장이 읽기 지문의 해당 포인트를 어떻게 반박하고 있는지 포인트별로 본론을 작성한다.

Step 1 **요약문 근거 문장 쓰기**

본론의 단락을 시작하는 문장으로, 듣기 노트에서 작은 제목으로 정리한 강의의 각 포인트를 설명한다. '첫째로(다음으로, 마지막으로), 강의자는 ~라고 주장한다'라는 의미의 표현을 기본으로 하여 강의의 각 포인트로 근거 문장을 작성한다.

Step 2 **세부사항 쓰기**

근거 문장에서 밝힌 강의의 각 포인트에 해당하는 상세한 설명을 덧붙인다. 듣기 노트에서 정리한 세부사항을 밝혀 준다.

Step 3 **요약문 반박 문장 쓰기**

앞서 밝힌 강의의 포인트가 읽기 지문의 포인트와 어떤 관계를 지니는지 밝힌다. '이는 ~라는 읽기 지문의 주장에 의구심을 제기한다'라는 의미의 표현을 기본으로 하여 읽기 노트에서 정리한 포인트를 담아낸다.

요약문 본론 쓰기의 예

Summarize the points made in the lecture, being sure to explain how they oppose the specific points made in the reading passage.

방금 들은 강의의 논점들을 요약하되, 이 논점들이 읽기 지문의 구체적 논점들을 어떻게 반박하고 있는지 설명하시오.

읽기 노트

1. **to communicate** 의사소통하기 위해
   - **playful gestures**
     - → **express & send messages**
       장난스러운 몸동작으로 표현을 하고
       메시지를 보냄
   - **ex) dogs: play bow → friendly intentions**
     예) 개의 놀이 인사는 우호적인 의사를
     나타냄

듣기 노트

1. **communication: X purpose**
   의사소통은 목적이 아님
   - **play when X others around**
     주위에 다른 동물들이 없어도 놀이를 함
   - **ex) lone kitten playing:**
     X communicating
     예) 홀로 노는 새끼 고양이는 의사소통
     하는 것 아님

요약문 본론 쓰기

요약문 근거 문장

First, the lecturer contends that communication is not the purpose of animal play.

첫째로, 강의자는 의사소통은 동물 놀이의 목적이 아니라고 주장한다.

세부사항

Some animals play when no other animals are around. For instance, when lone kittens play with balls of yarn, they are not communicating.

몇몇 동물들은 주위에 다른 동물들이 없어도 놀이를 한다. 예를 들어, 새끼 고양이들이 홀로 실 뭉치를 가지고 놀 때, 그들은 의사소통을 하고 있는 것이 아니다.

요약문 반박 문장

This casts doubt on the reading passage's claim that animals play as a means of communication.

이는 동물들이 의사소통의 수단으로서 놀이를 한다는 읽기 지문의 주장에 의구심을 제기한다.

- 듣기 노트에서 작은 제목으로 정리한 첫 번째 포인트 '의사소통은 목적이 아니다'라는 듣기의 주장을 근거 문장으로 작성한다.
- 듣기 노트의 세부사항을 바탕으로 의사소통이 동물 놀이의 목적이 아닌 이유와 예시를 설명한다.
- '의사소통은 동물 놀이의 목적이 아니다'라고 앞서 밝힌 강의의 논점이 '동물들은 의사소통하기 위해 놀이를 한다'라는 읽기 지문의 논점을 반박한다고 설명한다. 이때, 읽기 노트는 그대로 쓰지 않고 단어나 구조를 약간 바꾸어 재진술한다.

Daily Check-up

다음 지문을 읽고 강의를 들으며 노트를 완성하시오.

Proponents of solar power maintain that it has the potential to satisfy humanity's energy requirements and eliminate the need to use harmful fossil fuels. However, solar power has a number of disadvantages that make it impractical for widespread use.

First of all, solar power is more expensive than other energy sources. In order to make use of solar energy, a solar panel and battery system must be installed. The average cost to purchase and install these devices is approximately $95,000, which is a price that not many households and businesses can afford. Also, the cost of maintaining and repairing the equipment is very high. This is because the panels are fragile and can break easily, so they often need replacing.

Another disadvantage of solar energy is that it is unreliable because the equipment depends on fair weather conditions to generate power. When there are extended periods of cloudy weather, it is impossible for solar power systems to produce sufficient energy. Even in typically sunny climates, unexpected weather such as storms can limit the amount of sunlight reaching the solar panels.

Listen to the lecture. Track 5

읽기 노트

주제	solar power: X widespread use
근거 1	1. expensive
세부사항	- purchase & install devices: X many can afford
	- cost of maintaining & repairing: high
근거 2	2. _____
세부사항	- _____
	- _____

듣기 노트

도입	arguments: one-sided & incomplete
반론 1	1. _____
세부사항	- _____
	- _____
반론 2	2. weather: modern system addressed
세부사항	- new panel uses organic cells → better absorb light
	- store energy → later used to power turbines

Daily Check-up

서론 쓰기

요약문 주제 문장

_____.

강의자는 태양에너지에 반대하는 관점들이 편향되고 부정확하다고 주장한다.

요약문 반박 문장

This contradicts the reading passage's claim that this power source is unsuitable for general use because of its drawbacks.

이는 이 에너지 자원이 결점들로 인해 보편적인 사용에 부적합하다는 읽기 지문의 주장을 반박한다.

본론 1 쓰기

요약문 근거 문장

_____.

첫째로, 강의자는 태양 에너지가 사실 장기적 관점으로는 저렴하다고 주장한다.

세부사항

There are no fuel expenses because sunlight doesn't have to be paid for. In addition, solar power generators are made of durable materials such as tempered glass, so repairs are seldom necessary.

햇빛은 돈을 지불할 필요가 없기 때문에 연료비가 들지 않는다. 게다가, 태양 에너지 발전기는 강화유리와 같은 내구성이 높은 물질들로 만들어져서, 수리가 거의 필요하지 않다.

요약문 반박 문장

_____.

이는 태양 에너지가 너무 비싸다는 읽기 지문의 주장에 의구심을 제기한다.

본론 2 쓰기

요약문 근거 문장

Next, the lecturer contends that modern systems can account for the problem of weather.

다음으로, 강의자는 현대식 시스템이 날씨 문제를 해결할 수 있다고 주장한다.

세부사항

_____

_____ .

새로운 태양 전지판은 유기 전지를 사용하기 때문에 햇빛을 더 잘 흡수할 수 있다. 게다가, 태양의 에너지는 저장되어 나중에 터빈을 작동시키는 데 사용된다.

요약문 반박 문장

This counters the reading passage's claim that solar power is unpredictable because of its reliance on the weather.

이는 태양 에너지가 날씨에 대한 의존 때문에 예측할 수 없다는 읽기 지문의 주장에 반대한다.

모범 답안 · 스크립트 · 해석 p.322

Daily Test

다음 지문을 읽고 강의를 들은 후, 주어진 빈칸을 채워 노트와 요약문을 완성하시오.

The Roman Empire, which lasted for approximately 500 years from 27 BC to AD 476, was one of the most prosperous states in human history. There were three specific factors that contributed to the success of this great empire.

One of the reasons that the Roman Empire flourished was its political structure. The emperor was the official head of state, but the democratically elected senate had equal authority according to the Roman constitution. It even had the right to select a successor once an emperor died. This sharing of power ensured that the government was represented by a diversity of voices, and this made the empire politically stable.

Another reason for the Roman Empire's success was its advanced technology. The Roman army manufactured weapons from iron while many other civilizations were still using relatively primitive bronze weapons. This advantage in military technology helped the Romans conquer their neighbors more easily. As a result, the empire was able to take control of valuable resources that contributed to the prosperity of Roman society.

Finally, the Roman Empire prospered as a result of its excellent social welfare system. In 122 BC, a Roman tribune, which was a type of official responsible for protecting the people's rights, established a law that ensured Roman citizens had access to cheaply priced basic goods, such as corn, oil, wine, bread, and pork. In addition, underprivileged people were provided with food, clothing, and education. This kind of support minimized poverty, thereby contributing to the success of the empire.

Listen to the lecture. Track 6

읽기 노트

주제		Roman Empire: 3 factors contributed to success
근거 1		1. political structure
세부사항		- emperor = senate
		- sharing power → politically stable
근거 2		2. _____
세부사항		- _____
		- _____
근거 3		3. _____
세부사항		- _____
		- _____

듣기 노트

도입		things led to empire's collapse
반론 1		1. _____
세부사항		- _____
		- _____
반론 2		2. _____
세부사항		- _____
		- _____
반론 3		3. welfare system required ↑ money → economic trouble
세부사항		- selling goods at cheap price: ↑ public spending
		- population grew, money > tax revenue → debt

Daily Test

서론 쓰기

요약문 주제 문장

_____

_____ .

강의자는 로마 제국의 몰락을 야기한 것들이 있다고 주장한다.

요약문 반박 문장

_____

_____ .

이는 이러한 것들이 이 국가의 성공에 기여한 요소였다는 읽기 지문의 주장을 반박한다.

본론 1 쓰기

요약문 근거 문장

First, the lecturer contends that the empire was politically unstable because of tensions between the emperor and the senate.

첫째로, 강의자는 황제와 의회 간의 긴장감 때문에 제국이 정치적으로 불안정했다고 주장한다.

세부사항

_____

_____ .

황제는 완전한 권위를 가졌지만, 의회는 더 많은 권력을 얻기 위해 종종 그와 일전을 벌였다. 이러한 불안정한 정치적 환경은 정부가 국가를 위협하는 문제들을 처리하는 것을 불가능하게 만들었다.

요약문 반박 문장

_____ .

이는 정부 체제가 로마 제국의 성공에 기여했다는 읽기 지문의 주장에 의구심을 제기한다.

토플자료 제공·유학정보 공유 goHackers.com

본론 2 쓰기

요약문 근거 문장

_____.

다음으로, 강의자는 로마 제국의 기술이 어떤 면에서는 제한적이었다고 주장한다.

세부 사항

The Romans never invented machines to make goods, relying instead on human labor.

As a result, they could not produce enough goods to sustain their rising population.

로마인들은 제품을 만들기 위한 기계를 전혀 발명하지 않았고, 대신 인력에 의존했다. 그 결과, 그들은 증가하는 인구 수를 부양할 충분한 제품을 생산하지 못했다.

요약문 반박 문장

_____.

이는 로마 제국이 기술적 발달로 인해 번영했다는 읽기 지문의 주장에 반대한다.

본론 3 쓰기

요약문 근거 문장

_____
_____.

마지막으로, 강의자는 복지 제도에 자금을 제공하기 위해 필요했던 거액의 돈이 제국에 경제적 문제를 야기했다고 주장한다.

세부 사항

_____
_____.

국가가 기본 제품들을 싼 값에 팔았기 때문에 공공 지출은 증가했다. 또한, 인구가 늘어나면서 이러한 제품들에 쓰는 비용이 세금 수입을 초과하기 시작했고, 이는 상당한 공공 빚을 낳았다.

요약문 반박 문장

This refutes the reading passage's claim that the Roman Empire was successful due to

its social welfare system.

이는 로마 제국이 사회 복지 제도로 인해 성공적이었다는 읽기 지문의 주장을 반박한다.

모범 답안 · 스크립트 · 해석 p.325

Question 1 of 2

Directions: You have 20 minutes to plan and write your response. Your response will be judged according to the overall quality of the writing and how well you link the points in the lecture and the reading passage. Typically, an effective response is between 150 and 225 words in length.

In recent years, the medical industry has begun to store patient information electronically instead of on paper. This approach has become increasingly popular because electronic medical records have many important advantages.

First, electronic medical records are more easily transmitted than paper files. This allows medical personnel who need the information to have immediate access to it. For example, when a patient changes doctors, the new doctor can receive the patient's health records electronically from the previous physician without delay. This is especially crucial if an important medical decision should be made right away.

Another advantage of electronic medical records is security. Patient information is confidential and should be protected. Electronic data can be encoded so that a special password is needed to view it. For this reason, electronic records are much more secure than paper ones, which can be read by anyone. Moreover, computer networks can keep track of who accesses patient records. If someone looks at private patient information illegally, investigators can find out. Paper records, on the other hand, can be viewed anonymously.

Finally, electronic medical records can be better preserved than paper records. For one thing, paper gets damaged easily. It can get torn or be ruined by liquid or fire. It also deteriorates quickly because it becomes worn over time. However, electronic files are not subject to these problems. In addition, paper records are often misplaced or lost, especially when they are moved to a new location. In contrast, electronic records are stored on the Internet, where they cannot be physically lost.

Now listen to part of a lecture on the topic you just read about. Track 7

Question: Summarize the points made in the lecture, being sure to explain how they oppose the specific points made in the reading passage.

| Cut | Paste | Undo | Redo |

Hide Word Count 0

Directions: Your professor is teaching a class on sociology. You must post a written response to your professor's question. In your response, make sure to:

• state your opinion and support it
• contribute meaningfully to the discussion

A minimum of 100 words is required for a response to be effective. The time allotted for your response is 10 minutes.

Doctor Tiller

Over the last couple of decades, technology has advanced at a rapid pace. It seems like we are constantly being given access to new tools that make our lives more convenient and boost our productivity. They have also had a major impact on society, affecting everything from how companies operate to the methods used to educate children. Which tool do you think has been the most influential in changing our lives in recent years? Why?

Emily

In my opinion, the most influential tool that has changed our lives in recent years is artificial intelligence (AI). This technology has been integrated into various fields including health care, finance, and transportation. For instance, AI is being used to detect diseases earlier and more accurately, potentially saving lives through early treatment.

James

From my point of view, smartphones have had a profound impact on the way we live our lives nowadays. They have revolutionized the world, combining many objects like cameras, phones, and dictionaries. Thanks to them, staying connected with family and friends, working remotely, and accessing a vast array of information have become easier.

| Cut | Paste | Undo | Redo | | Hide Word Count | 0 |

모범 답안 · 해석 p.332

Actual Test

Actual Test

Directions: You have 20 minutes to plan and write your response. Your response will be judged according to the overall quality of the writing and how well you link the points in the lecture and the reading passage. Typically, an effective response is between 150 and 225 words in length.

Massive herds of bison lived in the American Midwest for thousands of years. In the 1800s, their numbers were estimated to be over 60 million. American bison were the most numerous large mammal on Earth. However, the species was almost extinct by the end of the 19th century. This ecological disaster can be explained by three theories.

The most likely explanation for the death of so many bison is overhunting. Bison leather became very popular in the 19th century because it was more flexible than cow leather. This encouraged European settlers to kill large numbers of bison for their hides and sell them to merchants. Records show that hundreds of thousands of hides were shipped to cities in the eastern US by rail each year. They were used to make clothing, furniture, and accessories.

Drought is another possible cause of the near extinction of the American bison. From 1845 to 1856, there was an extended period of dry weather in the American Midwest. This severe drought limited the amount of grass that grew on the prairie, so there was much less food available for bison. The grass shortage had a devastating effect on the bison population.

The sharp decline in the number of American bison may also have been caused by disease. Domesticated cows were introduced to North America by European settlers. These domesticated animals carried deadly illnesses that spread easily to bison. In the mid and late 19th century, large herds of cattle were driven across the grasslands to cities, where they were butchered for their meat. Along the way, these animals came into contact with bison and infected many of them.

Now listen to part of a lecture on the topic you just read about. Track 8

HIDE TIME　20 : 00

Question: Summarize the points made in the lecture, being sure to explain how they oppose the specific points made in the reading passage.

| Cut | Paste | Undo | Redo | | Hide Word Count | 0 |

모범 답안 · 스크립트 · 해석 p.334

Actual Test

Directions: Your professor is teaching a class on science philosophy. You must post a written response to your professor's question. In your response, make sure to:

- state your opinion and support it
- contribute meaningfully to the discussion

A minimum of 100 words is required for a response to be effective. The time allotted for your response is 10 minutes.

Doctor Stevens

We have been discussing whether scientists should take responsibility for the potential misuse of their research. An example of this is Alfred Nobel's invention of dynamite. While dynamite revolutionized construction and mining, it also became a destructive weapon of war. Some argue that scientists should be held accountable for any negative outcomes that may result from their research, while others believe this would hinder scientific progress. What are your thoughts on this matter, and why?

VOLUME 🔊))
HELP ?
NEXT ➡

HIDE TIME   10 : 00

Josh

I believe scientists should be free to explore new avenues of research without worrying about potential misuse. It's not their responsibility to control how their research is used; rather, it's up to policymakers and other stakeholders to regulate the use of scientific discoveries. Holding scientists responsible for the actions of others would be unfair and would slow down innovation.

Sarah

While scientific progress is important, it should not come at the expense of public safety. Scientists have a responsibility to consider the implications of their research, including how it may be used. They should take steps to ensure that their findings are not misused, and they should be held accountable if they fail to do so.

Cut	Paste	Undo	Redo

Hide Word Count   0

모범 답안·해석 p.337

Punctuation
부록

Punctuation

답안을 쓸 때, Punctuation(구두점)을 정확히 사용하는 것은 매우 중요하다. 우리나라 학생이 쓴 답안에서는 colon(:), semicolon(;), hyphen(-) 등의 구두점을 찾아보기가 힘들다. 왜냐하면 국어에서는 이런 문장 부호들이 잘 사용되지 않기 때문이다. 그러나 영어 원어민들은 글을 쓸 때 이러한 구두점을 즐겨 사용하며, 이는 적절히 사용되었을 때 의미를 더 잘 전달하는 효과가 있기 때문에, 좋은 영어 답안을 쓰기 위해서는 구두점을 잘 활용하는 것이 좋다.

Comma(,) 활용하기

1. 소개, 제시하기

- 단어를 문장 머리에 제시할 때

  Ordinarily, I eat three meals a day. 보통, 나는 하루에 세 끼를 먹는다.

- 구를 문장 머리에 제시할 때

  Despite the weather, we decided to go camping. 날씨에도 불구하고, 우리는 캠핑을 가기로 결정했다.

- 종속절을 문장 머리에 제시할 때

  Since he started his new job, he hasn't had any free time.
  그는 새로운 일을 시작했기 때문에, 여유 시간이 전혀 없었다.

2. 연결하기

- 셋 이상의 항목을 연결할 때

  They had a choice of hotdogs, hamburgers, or pizza for lunch.
  그들은 점심으로 핫도그나 햄버거, 또는 피자를 먹을 수 있었다.

3. 삽입하기

- 단어를 문장 중간에 삽입할 때

  Her actions, however, have proved to be different than her words.
  그러나 그녀의 행동은 그녀의 말과 다른 것으로 나타났다.

- 구를 문장 중간에 삽입할 때

  The plan, in other words, was a complete failure. 다시 말해, 그 계획은 완전히 실패였다.

- 동격의 명사구를 문장 중간에 삽입할 때

  Michael, an avid bird watcher, received binoculars for his birthday.
  열정적인 조류 관찰자인 Michael은 그의 생일 선물로 쌍안경을 받았다.

- 계속적 용법의 구나 절을 문장 중간에 삽입할 때

  Her ambition, to become a doctor, was one step closer after she was accepted to medical school.
  의사가 되고자 하는 그녀의 야망은 그녀가 의대에서 입학 허가를 받은 후 한 걸음 가까워졌다.

4. 첨부하기

- 단어를 문장 끝에 첨부할 때

  I think she is coming along with us, too. 나는 그녀 역시 나와 함께 갈 거라고 생각한다.

● 구를 문장 끝에 첨부할 때

The movie was too long, running over three hours from start to finish.
그 영화는 처음부터 끝까지 3시간 넘게 상영하면서 지나치게 길었다.

Semicolon(;) 활용하기

● 접속사 대신 두 문장을 이어줄 때 (문장 ; 문장)

Soccer is a very popular worldwide sport; basketball is another with a large following.
축구는 아주 인기 있는 세계적인 스포츠다. 농구는 많은 팬을 갖고 있는 또 다른 세계적인 스포츠다.

● 부연 설명하는 문장을 덧붙일 때 (문장 ; 접속부사, 문장)

Twenty people interviewed for the job; however, only two were hired.
20명의 사람들이 취업 면접을 봤다. 그러나 단지 두 명만이 고용되었다.

● 길이가 긴 항목들을 나열할 때

When I was applying to colleges, I had to turn in a completed application form, with picture; three written recommendations, two from teachers and one from a counselor; and my test scores, which were sent to each school individually.
내가 대학에 지원했을 때, 나는 사진이 붙은 완벽한 입학 지원서를 제출해야 했다 ; 3장의 자필 추천서, 그 중 두 장은 선생님들로부터, 1장은 상담가로부터 ; 그리고 각 학교에 개별적으로 발송된 내 시험 성적.

Colon(:) 활용하기

● 항목을 나열할 때

The cities we visited on our vacation are as follows: Los Angeles, Seattle and Las Vegas.
내가 휴가 때 방문한 도시들은 다음과 같다: 로스앤젤레스, 시애틀, 라스베이거스.

● 부제목을 표시할 때

The book, George Washington: A Biography, details the life of the first American president.
조지 워싱턴이라는 책 : 최초의 미국 대통령의 삶을 상세하게 그린 전기.

Hyphen(-) 활용하기

● 단어와 단어를 결합할 때

Sit-ups and push-ups are basic exercises that one can do to stay in shape.
윗몸 일으키기와 팔 굽혀 펴기는 건강을 유지하기 위해 할 수 있는 기본적인 운동이다.

I bought a hand-made sweater for my wife. 나는 아내를 위해 수제 스웨터를 샀다.

● 전치사 to를 대신할 때

She works from 9:00 a.m.-6:00 p.m. every day. 그녀는 매일 오전 9시에서 오후 6시까지 일한다.

● 21에서 99 사이의 수를 나타낼 때

My father is thirty-six years old. 나의 아버지는 36세이시다.

MEMO

MEMO

토플 라이팅의 기본서

HACKERS TOEFL
WRITING BASIC

개정 4판 3쇄 발행 2024년 9월 2일
개정 4판 1쇄 발행 2023년 6월 30일

지은이	David Cho | 언어학 박사, 前 UCLA 교수
펴낸곳	(주)해커스 어학연구소
펴낸이	해커스 어학연구소 출판팀

주소	서울특별시 서초구 강남대로61길 23 (주)해커스 어학연구소
고객센터	02-537-5000
교재 관련 문의	publishing@hackers.com
동영상강의	HackersIngang.com

ISBN	978-89-6542-609-7 (13740)
Serial Number	04-03-01

외국어인강 1위,
해커스인강(HackersIngang.com)

해커스인강

- 효과적인 라이팅 학습을 돕는 **통합형 문제학습 MP3**
- 해커스 토플 스타강사의 **본 교재 인강**

전세계 유학정보의 중심,
고우해커스(goHackers.com)

고우해커스

- **토플 스피킹/라이팅 첨삭 게시판** 등 무료 학습 콘텐츠
- 고득점을 위한 **토플 공부전략 강의**
- **국가별 대학 및 전공별 정보, 유학 Q&A 게시판** 등 다양한 유학정보

[외국어인강 1위] 헤럴드 선정 2018 대학생 선호브랜드 대상 '대학생이 선정한 외국어인강' 부문 1위

전세계 유학정보의 중심
고우해커스

goHackers.com

HACKERS

TOEFL
WRITING
BASIC

David Cho

TOEFL iBT
최신출제경향
반영

모범 답안 · 스크립트 · 해석

해커스 어학연구소

HACKERS
TOEFL
WRITING
BASIC

모범 답안 · 스크립트 · 해석

해커스 어학연구소

1일 Daily Check-up •• p.24

1. **Taking too much medicine** may be harmful to your health.
2. His only hobby is **collecting coins**.
3. The girl suddenly **stopped crying**.
4. I am used to **searching for information** on the Internet.
5. I decided **to start working out**.
6. You have enough intellect **to solve the problem**.
7. We found a study group **to take part in**.
8. They advised me **to be on time**.
9. He brought his wallet out **to show them a picture of his family**.
10. It rained too much **to go fishing**.
11. I am pleased **to meet you**.
12. I agreed **to clean the kitchen**.
13. She denied **cheating on the test**.
14. I object to **rescheduling the meeting**.
15. Some people travel **(in order) to learn about history**.
    = Some people travel **(so as) to learn about history**.

1일 Daily Test •• p.26

1. **Watching** too much television is bad for children.
2. My favorite way **to relieve** stress is **running**.
3. Above all, I enjoy **spending** time with my friends.
4. Through practice, I have become skilled at **playing** chess.
5. Most people prefer **working** during the day. = Most people prefer **to work** during the day.
6. The best part of **having** free time is **being able to rest**.
7. Older people should learn **to keep** their minds open.
8. Leaders find ways **to motivate** others.
9. People watch movies **to take** a break from reality.
10. This helps students with low grades **(to) improve** their academic performance.
11. The long summer vacation allows students **to study** abroad.
12. **To be** truly successful in life, one needs **to have** common sense.
13. Some tasks are **too difficult to handle** alone.
14. It would be nice **to live** in an area with changing weather.
15. I would like **to live** life at a very fast pace.

1. **The talking parrot** attracted my attention.
2. The girl **coming toward us** is Jessica.
3. He enjoys eating **seasoned steaks**.
4. There were many people **invited to the party**.
5. I saw you **walking a dog**.
6. She **had the printer fixed** in an hour.
7. **Walking down the street**, I ran into Ben.
8. **(Being) Followed by a man**, the thief ran around the corner.
9. **Not knowing it was another student's fault**, the teacher scolded me.
10. **(Being) Bored with talking to him**, I left the room with an excuse.
11. **Turning left**, you will find the convenience store.
12. **Walking along the beach**, we caught a crab.
13. **Not having any money**, I couldn't buy a new jacket.
14. **(Being) Cornered by his parents**, the boy finally told the truth.
15. **Not knowing his address**, she couldn't contact him.

1. The **growing** number of cars is related to the serious air pollution in big cities.
2. You would not want to live near a factory **emitting** chemical wastes.
3. Some programs **watched** by children are fun and educational.
4. You can find priceless wisdom **written** in books.
5. I **have seen** many students **idling** away outside during school hours.
6. **Growing** up in the countryside, I could enjoy many outdoor activities.
7. **(If) Given** the chance to meet a historical figure, I would want to meet Einstein.
8. **(When) Encountering** a poor service at a restaurant, I express my dissatisfaction right away.
9. **(If) Asked** to send one thing representing my country, I would choose a semiconductor chip.
10. **Traveling** with my friends, I could share the expenses of the trip.
11. Lessons **learned** through personal experience stay longer than advice.
12. **(Being) Afraid** of distractions, I prefer to study by myself.
13. **Well-planned** activities make your free time more enjoyable.
14. **(While) Helping** their parents with household tasks, children can learn responsibility.
15. Cars **passing** through the neighborhood would cause noise pollution.

1. She couldn't accept **the fact that they finally broke up**.
2. They pointed out **that drinking alcohol is unhealthy**.
3. He did not know **whether there was a post office nearby or not**.
4. I wrote about **what I experienced on the trip**.
5. Do you know **who those men are**?

6. **When I hear your voice**, my heart starts to pound.

7. I can find out **where Terry went**.

8. It's hard to explain **why I like rainy days**.

9. Tell me **how the accident happened**.

10. He stopped by **when you were in class**.

11. **If you marry Chris**, you will be unhappy.

12. **Since we are putting on weight**, we should eat less.

13. **Although the company went out of business**, its products are still being used.

14. **Although I am living in New York**, I grew up in California.

15. You may keep the books **as long as you need them**.

3일 Daily Test · p.42

1. I agree **that parents are the best teachers**.

2. I believe **that television has reduced communication among family members**.

3. I doubt **if daily homework would help students learn better**.

4. I will discuss **what has helped people live longer**.

5. He would like **what I like most about my town**.

6. We need to know **how the new movie theater will affect the local economy**.

7. You may wonder **who your roommate is going to be**.

8. **As long as you try your best**, winning or losing is not important.

9. **While many people study history**, only a few recognize its value.

10. **If I had to choose**, I would rather work at a high-paying job.

11. **Although computers have made our lives easier**, there are some drawbacks as well.

12. **When I am stressed**, I go somewhere to be alone.

13. **While living in the city can often be stressful**, there are also many benefits.

14. **The fact that someone is rich** does not make him or her successful.

15. Different clothes sometimes influence **how people behave**.

4일 Daily Check-up · p.48

1. The man **(whom) you met yesterday** is my high school friend.

2. He is the ideal guy **(whom) I would like to date**.

3. She is a co-worker **who is helping me with the project**.

4. The teacher **who taught one of my classes** passed away.

5. The painting **(that) he bought last year** hangs in his living room.

6. I lent him the camera **(that) my father bought me**.

7. The machine **that is broken** will be fixed tomorrow.

8. He recommended a book **which was on the bestseller list** to me.

9. My grades fell, **which worried my parents**.

10. My favorite childhood memories are the times **when I played baseball with my father**.

11. I know a girl **whose father is a professor at this university**.

12. I don't understand **the way she thinks**. = I don't understand **how she thinks**.

13. There is no reason **why you cannot go**.
14. The department store **where we shopped** was packed with people.
15. Students **that/who prepare in advance** usually do well on tests.

4일 Daily Test • p.50

1. A co-worker **who is willing to help out at work** is appreciated.
2. Instant food, **which contains many preservatives**, is unhealthy.
3. I'd like to work for a company **where I can advance quickly**.
4. Sometimes memories, **which can last for a lifetime**, are more valuable than jewelry.
5. Children **who start their education at an early age** have difficulty (in) making friends.
6. These are some of the reasons **why it is better to save your money for the future**.
7. I like having friends **who(m) I have a lot in common with**.
8. We live in a society **where people determine success by the amount of money they make**.
9. People often feel that there is no one **that understands them**.
10. Items **that are made by hand** often have the highest quality.
11. Parents **that push their children too hard** may cause them to rebel.
12. Good employees are hard to find, **which is why I would hire an experienced worker at a higher salary**.
13. One of the happiest times of my life was the night **when my sister was born**.
14. The best kind of friend is someone **who can make you laugh**.
15. Children **who grow up in the country** can develop a sense of community.

5일 Daily Check-up • p.56

1. It is impossible **to defeat Superman**.
2. It's hard **for me to say goodbye**.
3. It's true **that I love you**.
4. It turned out **that he was in Paris**.
5. Her height made it impossible **for her to be a famous model**.
6. It was fate **that Sally ran into her college roommate at the grocery store**.
7. It was in the bookstore **that/where I first saw you**.
8. It was yesterday **that I lost the book**.
9. **It is the weather** that makes you gloomy.
10. **It took 10 years** to finish this book.
11. **It cost me a week's salary** to buy the blouse.
12. **There are two men and a woman** in the house.
13. **There is no food** in the fridge.
14. **There are some people** that have no sense of humor.
15. **There will be no forest left** after the land is developed.

1. **It** is necessary **to reduce the number of cars in Seoul**.
2. **It** is true **that advertising encourages people to buy unnecessary things**.
3. **It** is important **that teenagers get work experience from an early age**.
4. **It** is a person's dedication **that** makes the difference between failure and success.
5. **It costs** a large amount of tax money **to improve** the roads and highways.
6. **It** is success **that** people strive for in their daily lives.
7. **There are dormitories** which offer high speed Internet access.
8. **There are few benefits** to watching television.
9. **There will be little use** for the post office in the future due to email.
10. **There will be many online universities** in the future.
11. **It** is unlikely **that people will ever be satisfied with what they have**.
12. **There are certain experiences** that shape a person's life.
13. Email has made **it** easy **for people to keep in touch**.
14. **It** is hard **for me to put down a good book**.
15. **There is a time** when teenagers must start making their own decisions.

1. I am **as busy as** I was yesterday.
2. She spent **as much time as she could** with her child.
   = She spent **as much time as possible** with her child.
3. He is **not as handsome as** his brother.
4. The test was **much easier than** the last one.
5. Ron is **the fastest runner** on the team.
6. **The most effective way** to prevent jaywalking is by increasing fines.
7. Japan's population is **four times as big as** North Korea's.
   = Japan's population is **four times bigger than** North Korea's.
8. **The more** people have, **the more** they want.
9. You should quit **drinking and smoking**.
10. Taking a foreign language class is **not mandatory but recommended**.
11. I **most recently** worked for a bank.
12. **Both learning and teaching** are rewarding processes.
13. She is **not only smart but also very kind**.
14. Your guess is **as good as** mine.
15. It is more important to do a thorough job **than to finish quickly**.

1. Spending time alone is **not as pleasant as** sharing time with friends.
2. College days were **the most rewarding** time of my life.
3. Giving students several short vacations will **most likely** encourage studying.

4. By waking up early, I have extra time to **either exercise or eat breakfast**.

5. A large salary will allow me to **either buy a house or save for the future**.

6. A four-day workweek will benefit **both the employer and employees**.

7. Physical education should be **not optional but required**.

8. Strong communication skills are important **not only in business but also in personal matters**.
= Strong communication skills are important **in personal matters as well as in business**.

9. I found that working in a small company is **as rewarding as** working for a large corporation.

10. Teenagers should focus **more** on studying **than** earning money.

11. I prefer to get things done **as quickly as possible**. = I prefer to get things done **as quickly as I can**.

12. Literature classes are **not as useful as** science classes.

13. To some people, pets are **as close as** family members.

14. Usually, young people are **more open-minded than** older people.

15. Large corporations are **more stable than** small firms.

1주 Review Test · p.70

1. People should learn **to try** new things.

2. **Working for someone else** does not appeal to me.

3. A friend **who(m) I can have good conversations with** is important to me.

4. Students learn more **when they are interested in the subjects they study**.

5. Games are **more enjoyable** when you win.

6. I would like to live in an area **where parks are within walking distance**.

7. **There are** better ways to spend the taxpayers' money.

8. An apartment is **not as spacious as** a house.

9. Students should not be forced **to wear uniforms**.

10. **It takes** time for me **to become** comfortable with people.

11. Movies are **the most popular** form of entertainment.

12. **As I was growing up**, my father was my role model.

13. Eating out is **not only** cheap **but also** very convenient.

14. **It** seems foolish **to** spend all your money.

15. **Reading and writing** are fundamental skills (that) everyone must learn.

1일 Daily Check-up •• p.80

1. **I entirely disagree with** the reasoning behind his argument.
2. **I firmly believe that** environmental conservation is a pressing concern.
3. **I am against the idea of** using animals in product testing.
4. **There is no reason to oppose** the proposed changes.
5. **I am of the opinion that** everyone should take a language course every semester.
6. **In my opinion**, sugary drink manufacturers should pay a health tax.
7. **From my point of view**, participating in beach cleanups is a fulfilling experience.
8. **The major problem with** owning a car **is that** the cost of gas is too high these days.
9. **It is evident that** public sports facilities need to be more easily accessible.
10. **I agree with Adam's perspective that** changes are needed in the nation's health-care system.
11. **I object that** the decision was made without the public's consent.
12. **I see why Anne and Tom think that** Instagram and YouTube are powerful tools.
13. **Given the choice between** driving alone **and** carpooling, **I would choose** to carpool to reduce carbon emissions.
14. **Perhaps** buying a house **has its advantages, but I prefer to** rent an apartment.
15. **Contrary to popular opinion**, television is not responsible for the breakdown in family communication.

1일 Daily Test •• p.82

1. **I agree with Sarah's perspective that** advanced artificial intelligence would change the world.
2. **I cannot accept the fact that** freedom is often used to justify hate speech.
3. **I am in favor of** building a new digital library for local children.
4. **I contend that** setting realistic deadlines helps students manage their time.
5. **I firmly believe that** people should take responsibility for their actions.
6. **Given the choice between** plastic straws **and** paper straws, **I would choose** to use paper straws.
7. **In my opinion**, smoking should be banned in all public places.
8. **I see why Justin and Jennifer think that** the electric car and air conditioning are innovative.
9. **I don't think it is** fair **to** punish someone for expressing an opinion.
10. **I don't think it is right to** build a landfill in the city center.
11. **Personally, I think that** the minimum wage should be higher.
12. **The major problem with** testing **is that** the results are not always accurate.
13. **I understand why Rachel thinks that** people should not talk on cell phones while driving.
14. **From my point of view**, increasing tuition will improve the university.
15. **I strongly support the idea of** keeping the library open all night.

2일 Daily Check-up •• p.90

1. **Due to** the recession, many companies had to reduce their workforce.
2. **It follows that** many natural resources are in short supply.
3. **That is why** I am against the death penalty.
4. The improvements in the public park **result from the fact that** the budget nearly doubled this year.
5. **For all these reasons, I think that** all countries should try to increase their recycling efforts.
6. **In this sense**, prioritizing lifelong learning ensures that people remain competitive.
7. **Therefore**, it is important to have good customer service.
8. **It will not be long before** scientists discover a cure for this fatal disease.
9. **The main reason is that / The primary reason is that** investing in education creates a more educated workforce for the future.
10. **As a result of** increased crime, more police officers will be deployed.
11. Strong family bonds **are thought to be the result of** a large quantity of time spent together.
12. **Now that** social media is popular, companies invest in digital advertisements.
13. **This gives rise to** changing weather patterns all over the world.
14. **Whether** solar panels perform properly **depends on** the weather.
15. **As a result**, more students are studying computer science.

2일 Daily Test •• p.92

1. **This is mainly because** homeschooled students lack social interaction with other students.
2. **This gives rise to** increased pollution in the urban areas.
3. **The reason for** this phenomenon **is that** people pay too much attention to their appearance.
4. **Due to** inflation, the cost of living has increased significantly.
5. **It follows that** celebrities have a lot of influence on society.
6. **Therefore**, executives should listen to others' advice before making an important marketing decision.
7. **It turned out that** students who studied in groups had a better level of comprehension.
8. A high accident rate **is thought to be the result of** excessive speeding on the roads.
9. **This is largely due to the fact that** many people prefer to stay up to date on current news.
10. Tensions between the two leaders **result from the fact that** they are often unable to communicate effectively.
11. **For all these reasons, I think that** our government should pay public school teachers higher salaries.
12. **Whether** families spend time together **depends on** factors such as their household income.
13. **As might be expected**, the IT industry has grown significantly in the past decade.
14. **That is why** television is a more reliable source of news than newspapers.
15. **One of the biggest reasons for** global warming **is** the burning of fossil fuels.

3일 Daily Check-up •• p.100

1. **Compared with** wired headphones, wireless headphones are much more convenient.
2. **In spite of** the odds, he achieved great success.
3. **Similarly**, being an exchange student can be an enriching experience.

4. **In opposition to** the proposed tuition increases, students participated in a demonstration.
5. Studying abroad **has its advantages and disadvantages**.
6. **There are several differences between** online shopping **and** traditional shopping.
7. **Despite the fact that** cigarettes cause heart disease, smokers continue to light up.
8. Some countries have presidential systems, **while** others operate under parliamentary systems.
9. Viruses **and** bacteria **have several things in common**.
10. Taking the subway **is similar to** taking the bus **in cost**.
11. **The advantages of** owning a car **far outweigh the disadvantages**.
12. **On the one hand** speed is important, **but on the other hand**, accuracy counts too.
13. **If you compare** his earlier novels **and** his current work, there are several stylistic differences.
14. Radio commercials **cannot compare with** video advertisements in terms of their impact on consumers.
15. **The main difference between** organic farming **and** conventional farming **is that** the conventional approach involves the use of synthetic pesticides.

3일 Daily Test •• p.102

1. **Unlike** a person's looks, character cannot be judged by a first impression.
2. **In spite of** high tuition fees, studying abroad remains popular among students.
3. **Nevertheless**, playing video games provides many useful skills for everyday life.
4. **On the other hand**, most European countries provide social security services for their citizens.
5. **In the same way**, the Internet revolutionized the way we live.
6. **In contrast**, mandatory attendance of classes teaches students to be responsible.
7. Being a franchise owner **has its advantages and disadvantages**.
8. Watching a soccer match on TV **cannot compare with** watching it at the stadium.
9. **Like this**, communicating face-to-face prevents misunderstandings.
10. **In comparison**, people who live life at a slower pace are healthier and happier.
11. Some people learn by reading about things, **while** others learn by experiencing them.
12. **Conversely**, starting your own business involves great risk.
13. Traditional medicine **and** modern medicine **are different in several ways**.
14. **On the one hand** life in the city is exciting, **but on the other hand**, it can be hectic.
15. **The advantages of** getting a lot of sleep **far outweigh the disadvantages**.

4일 Daily Check-up •• p.110

1. **I doubt whether** the mass media accurately represents diverse cultural perspectives.
2. **Presumably**, overpopulation is a danger in the world because of a global shortage of food.
3. **Once** employees switch to flexible hours, they don't want to go back.
4. **In that case**, parents have a much greater influence on a child than his or her friends do.
5. **Otherwise**, students would not be motivated to study.
6. **I would** support renewable energy initiatives **on the condition that** they were backed by reliable scientific research.
7. **One advantage would be** the opportunity to experience a different culture **if** I decided to study abroad.
8. **Suppose** communicating by email actually increased misinterpretation.
9. **In consideration of** the current trend, companies should focus on social media advertising.

10. More people **would** be willing to start their own businesses, **provided that** they could receive mentorship from experienced entrepreneurs.
11. **It is doubtful whether** studying many subjects helps students.
12. **I suppose** one has to drink a glass of milk every day.
13. **Let's assume that** there is life on other planets.
14. **If I had the opportunity to** make a policy, **I would** promote universal access to quality mental health care for all individuals.
15. **I do not see any chance of** resolving the housing crisis without significant policy changes.

4일 Daily Test ··· p.112

1. **Suppose** employees benefited from working four days a week.
2. **If it were not for** games, many children **would** have trouble developing social skills.
3. **When it comes to** learning about another culture, firsthand experience is the best method.
4. **One advantage would be** convenience **if** a shopping center were constructed in my neighborhood.
5. **If it were up to me, I would** decrease funding for outer space exploration.
6. **What if** governments spend more money improving public transportation than highways?
7. **If I were asked to** evaluate modern advertising practices, **I would** highlight the importance of ethical marketing.
8. **My decision would be to** homeschool my children until they went to university.
9. **There is no doubt that** digital libraries provide a wealth of information for people doing research.
10. **In all likelihood**, children who play a lot of video games have low reading abilities.
11. **I would** join a club **on the condition that** it provided career benefits.
12. **In consideration of** the recent tuition increase, more students will have to apply for financial aid.
13. **It is doubtful whether** advertising tells us much about a country.
14. **Presumably**, free trade benefits economies by providing cheaper goods and numerous jobs.
15. **I wish** a college education were available to all students regardless of finances.

5일 Daily Check-up ··· p.120

1. **From my experience**, first impressions can often be deceiving.
2. **According to** experts, taking medicine for common ailments lowers immunity.
3. **Some people presume that** money is the only motivation for working.
4. **As one might expect**, computers have completely changed the way students access information.
5. **For instance**, air pollution can cause respiratory disease.
6. **The survey shows that** most people eat out at least five times per week.
7. **As the old saying goes**, actions speak louder than words.
8. **It is believed that** the average adult needs at least eight hours of sleep a night.
9. **To illustrate my point**, people who exercise daily lower their risk of heart disease.
10. **It is reported that** people who were abused as children suffer from lifelong pain.
11. **Now, let's examine** why it is important to recycle.
12. **Statistics have shown that** students who listen carefully during lectures can cut their studying time in half.
13. **To give you an idea**, getting up one hour earlier every morning would save a person 365 hours a year.

14. **To be specific**, smoking while pregnant correlates to a baby's low birth weight.

15. **I have two examples to show you how to** effectively reduce waste and promote recycling.

5일 Daily Test ••• p.122

1. **It is true that** students rely on their peers for moral support.

2. **For instance**, younger generations are actively advocating for climate action and sustainability.

3. **Another example of** a good boss **is** someone who is willing to listen to suggestions.

4. **To be specific**, a new movie theater will bring many new jobs to the area.

5. **Generally speaking**, young people are very reliant upon the Internet for communication and entertainment.

6. **Some people presume that** attending a live concert is more enjoyable than watching the same event on television.

7. **It is believed that** car exhaust is the primary cause of air pollution.

8. **As a matter of fact**, playing violent video games can lead to aggressive behavior.

9. **In this respect**, volunteer work will give students an opportunity to gain hands-on experience in their chosen field.

10. **As far as** exploring outer space **is concerned**, the government needs to invest much more money.

11. **In most cases**, air pollution is caused by transportation and industrial activities.

12. **As the old saying goes**, you can't judge a book by its cover.

13. **Statistics have shown that** half of all undergraduates plan to continue their studies after graduation.

14. **As one might expect**, regular exercise can reduce the risk of heart attacks.

15. **A study shows that** employees who work four days a week are more productive than those who work five days a week.

6일 Daily Check-up ••• p.130

1. **Moreover**, some students may require additional financial assistance.

2. **In a word**, the education system needs to change.

3. Single-use plastics are polluting our oceans and landfills, **not to mention** harming wildlife.

4. **I have come to the conclusion that** choosing a major is more difficult than it seems.

5. **As we have seen**, one person can have a great effect on society.

6. **After all**, one of the most important things in politics is protecting human rights.

7. **To sum up**, the Internet has revolutionized how people communicate.

8. **In particular**, people often visit museums to learn about the history of the area they are visiting.

9. **All things considered**, the cost of influencer marketing is not unreasonable.

10. **In conclusion**, Korea's economy is closely related to the growth of its imports and exports.

11. **Overall**, everything went according to plan.

12. **Aside from** housing, transportation is often the greatest expense for many families.

13. **In short**, studying abroad can be a rewarding experience.

14. **In this way**, people develop more effective communication skills.

15. **On the whole**, everyone found the cultural exchange program very informative.

1. **Not only that, but** a part-time job instills a sense of responsibility.
2. **Last but not least**, lifetime employment discourages productivity.
3. **More importantly**, exercising regularly keeps our immune system strong.
4. **In particular**, playing gives children an opportunity to develop their imaginations.
5. **In other words**, teachers should evaluate students based on their efforts.
6. **On top of that**, telecommuting helps save time and money that would be spent driving or taking public transportation.
7. **In a word**, different clothes influence the way people behave.
8. **What it comes down to is that** people are willing to pay more for convenience.
9. **Overall**, studying alone is more beneficial than studying in groups.
10. **Aside from** weekends, most students do not have much time for socializing.
11. **To summarize**, grades are an effective means of measuring academic progress.
12. **On the whole**, experts agree that memory can be improved.
13. **As I have noticed**, students are often late for their morning classes.
14. **As we have seen**, the cost of living is slowly increasing.
15. **To put it another way**, students must study harder if they want to get better grades.

1. **In my opinion**, scientists should prioritize research into renewable energy sources.
2. **Contrary to popular opinion**, there are drawbacks to having a university located in the community.
3. **Perhaps** nationalism **has its advantages, but I prefer to** promote international cooperation.
4. **For this reason**, I think that attendance should be optional for college students.
5. **Despite the fact that** books are more informative, people prefer to watch television.
6. **Compared with** the knowledge gained through books, knowledge from experience is much easier to retain.
7. **In contrast**, people who do not value hard work are more likely to fail.
8. **It seems as if** parental expectations often drive students to overachieve.
9. **In that case**, the clothes people wear significantly influence how they act.
10. **If it were up to me, I would** spend the money on improving the quality of the disaster management system.
11. **A study shows that** people who are exposed to secondhand smoke are at a greater risk of cancer than smokers themselves.
12. **The survey shows that** people today are more optimistic about the future than they were twenty years ago.
13. **It is reported that** the Earth's climate is becoming warmer because of car emissions.
14. **In other words**, people who love their jobs are happier.
15. **Moreover**, good teachers motivate students to enjoy learning.

1일 Daily Check-up •••••••••••••••••••••••••••••••••••• p.146

1. Using storytelling to create emotional connections with customers can **set** a brand **apart** from others.
2. Poor **product quality** can damage a company's marketing efforts.
3. Advertising managers **are responsible for** developing marketing strategies that align with social norms.
4. By adopting ethical practices, companies can **build trust** with clients.
5. The frequency at which a brand **is exposed to** consumers is important.
6. Many schools have found that **lifelong education** centers can be profitable.
7. **A sense of competition** can be beneficial if it isn't too much.
8. If students start preparing early, they will not have to **cram for exams** later.
9. The use of **corporal punishment** is illegal in American schools.
10. If a student **gets good grades**, he or she can qualify for a scholarship.
11. Many professors ban the use of cell phones when students are **taking exams**.
12. **Learning** vocabulary **by heart** is necessary when learning to speak another language.
13. Art is needed in schools because it helps to **promote creativity**.
14. People have trouble **reaching their goals** if they set them too high.
15. One of the primary goals of education is to help students **gain knowledge**.

1일 Daily Test •• p.148

1. Companies **collect data** on competitors to identify opportunities for growth.
2. Offering free trials is a potent way to **promote products**.
3. To achieve long-term success, businesses should build **brand awareness**.
4. Consumer reviews are **an** influential **source of information** for potential customers.
5. High **product quality** can contribute to better customer retention.
6. Providing students with various experiences is an effective way to **promote** their **creativity**.
7. As we grow up, we **learn social norms** from our family and friends.
8. Team projects help students learn how to **share ideas**.
9. Many students cannot find a job **upon graduation** from college.
10. In order to **get good grades**, a student has to be willing to put in the effort.
11. Making a plan is important when trying to **reach a goal**.
12. By taking a gap year, students can **gain knowledge** outside the traditional academic setting.
13. Most studies have found that **cramming for exams** does not benefit students.
14. Embracing **lifelong education** can enhance personal growth and development.
15. It is important to **interact with peers** to develop social skills.

2일 Daily Check-up •• p.156

1. People who have little **personal contact** with others tend to have higher rates of depression.
2. It is much more common now for single parents to **raise children** than it was 20 years ago.
3. Political polarization can make it difficult to reach a consensus on how to **allocate resources**.
4. The current **welfare system** needs to be reformed because it doesn't encourage people to work.
5. Good communication makes it much easier to **implement** new **policies**.
6. The government has a responsibility to increase funding for **public transportation**.
7. Parents need to **set standards for** their child's behavior from an early age.
8. The **generation gap** is sometimes a significant obstacle to relationships between family members.
9. Children from disadvantaged **family backgrounds** need more support in school.
10. Members of large families have to be careful to avoid **infringing upon each other's privacy**.
11. It is necessary to **take precautions** to avoid car accidents.
12. The mass media plays a significant role in shaping **public opinion**.
13. Good governance requires a **well-designed system** that prioritizes the public interest.
14. Doing **household chores** helps children develop responsibility.
15. It is important for college students to learn about **current affairs** in school.

2일 Daily Test •• p.158

1. A strong leader should **implement** needed but unpopular **policies**.
2. **Cultural exchanges between nations** promote understanding and tolerance.
3. Children should be assigned **household chores** from an early age.
4. The establishment of **diplomatic relations** can open up opportunities for trade.
5. Climate change is a pressing issue that demands **international cooperation**.
6. A **deep-rooted prejudice** can be harmful to both individuals and society.
7. People who **violate the law** should be punished.
8. When people **stand on their own two feet**, they take control of their own life.
9. When both parents work, it is difficult for them to **look after** their children.
10. Learning about the perspectives of different generations can help to overcome the **generation gap**.
11. One major disadvantage of cities is **traffic congestion**.
12. Voters need to be aware of **current affairs**.
13. Hitting children is not the only form of **child abuse**.
14. Some politicians **take the middle ground** to appeal to more voters.
15. Many countries do not have comprehensive **welfare systems** to take care of disabled people.

3일 Daily Check-up •• p.166

1. Most **physically challenged** people are able to live independent lives.
2. Most **minor ailments** can be treated with over-the-counter medications.
3. People are now putting in more effort to **keep in shape** than they did in the past.
4. Healthy diet and **regular exercise** have been proven to be the best methods for losing weight.
5. Patients **seeking** immediate **medical attention** should go to the emergency room.

6. There is a direct relationship between a nation's economic status and the **life expectancy** of its citizens.

7. Consumers are encouraged to buy more **environmentally friendly** products.

8. Waste can be reduced when companies **make the most of** their resources.

9. Even **energy-rich countries** recognize the need for environmentally friendly fuel.

10. Many global companies make a profit **at the expense of** the environment.

11. **Heavy smokers** are more likely to suffer from a wide range of health problems.

12. Governments need to offer more incentives for **alternative energy** research.

13. Most insurance policies offer **annual checkups** for free.

14. The research showed that a lack of sleep can increase the likelihood of **coming down with** the flu.

15. Polluted air is the main reason for increases in **respiratory diseases**.

3일 Daily Test ·· p.168

1. Regular exercise will help to prevent **health problems**.

2. The consumption of fast food is one major reason why young children are **becoming obese**.

3. Lots of fruits and vegetables are an important part of a **healthy diet**.

4. **Skipping meals** is not an effective way to lose weight.

5. Social pressures influence decisions to **go on a diet**.

6. Numerous **respiratory diseases** are caused by pollution.

7. **Heavy smokers put** their families **at risk**.

8. There is an ongoing controversy over whether zoos protect **endangered species** or exploit them.

9. The **main culprit** of air pollution is automobiles.

10. Many people prefer living in the city despite the **polluted air**.

11. **Alternative energies** are needed to replace gasoline and oil.

12. **Fuel-efficient** buses reduce pollution in congested areas.

13. Many people **put** their health **at risk** with their poor diets.

14. Many companies are now switching to more **environmentally friendly** production methods.

15. Many people smoke cigarettes **at the expense of** their health.

4일 Daily Check-up ·································· p.176

1. Children who play sports develop greater **self-esteem**.

2. Parents should always **make an effort** to help their children do well in school.

3. Politicians usually **make** numerous **promises** in order to get elected.

4. Parents **play a** major **role in** shaping their child's character.

5. Parents should **set a good example** for their children.

6. People generally **have** many things **in common** with their friends.

7. **Picturing** a goal **in one's mind** is the first step towards achieving it.

8. Many people argue that **human nature** is unchangeable.

9. To avoid **jumping to conclusions**, people should get all the facts first.

10. I think we need to be careful not to make decisions **on the spur of the moment**.

11. Teachers should correct the **misguided beliefs** of their students.

12. Some scholars argue that **common sense** is not something that can be learned.

13. People will continue behaving poorly until reaching a **turning point** in their lives.
14. New teachers could **have difficulty controlling** their classes.
15. Governments need to **take responsibility for** the actions of their citizens.

4일 Daily Test ••• p.178

1. People often ignore problems that don't **make sense**.
2. **Setting** attainable **goals** may motivate people to succeed.
3. TV has caused many people to **become obsessed with** their appearance.
4. Inventions such as the automobile have served as **turning points** in history.
5. Many **inner conflicts** arise from traumatic experiences during childhood.
6. Many **goodwill gestures** lack true sincerity.
7. People who change their minds are often accused of **contradicting themselves**.
8. Researchers have **come to the conclusion that** moderate consumption of red wine has health benefits.
9. Some people **jump to the** wrong **conclusion** without trying to find out the truth.
10. Decisions made **on the spur of the moment** may later be regretted.
11. Parents need to teach their children to **take responsibility for** their actions.
12. A good teacher fosters an environment where students are encouraged to **raise questions**.
13. People who don't **have confidence in** their abilities cannot be good leaders.
14. **Common sense** is just as important as intelligence if one wants to succeed.
15. Many people **have difficulty** balanc**ing** their work life and their mental health.

5일 Daily Check-up ••• p.186

1. Many cultures are working to **preserve their traditions** for the next generation.
2. Regardless of its country of origin, **popular music** often sounds similar.
3. **Technological advancements** have lowered the cost of computers.
4. Some consumers are willing to pay a lot for **cutting-edge** technology.
5. A great way to learn more about a country is to study its **cultural activities**.
6. When companies **hold patents** for too long, they hinder development in the field.
7. The use of **wireless technology** is making older devices obsolete.
8. Television plays a major role in shaping **popular sentiment**.
9. The city is working to preserve many historic **residential areas**.
10. Renewable energy technologies have a **bright future**.
11. Many **newly released films** are distributed internationally.
12. **The average person** relies on smartphones for various daily tasks, from banking to navigation.
13. Many scientists **achieve their breakthroughs** by accident.
14. **With the advent of** cell phones, people can contact each other anytime.
15. Companies spend a lot of money to prevent **leaking information**.

1. **Mass media** greatly influences how people think.
2. By having a **dress code**, students are able to save money.
3. Immigrants often bring their **rich cultural heritage** to their new societies.
4. Most **home electronics** stores have grown enormously over the last decade.
5. The **moral standards** of a country change with every generation.
6. People have increased their productivity **with the advent of** the computer.
7. The government needs to invest more in the country's **scientific research**.
8. News websites **pose a threat** to newspapers.
9. The Internet has made it easier for people to **leak information**.
10. The government needs to increase funding for **space exploration**.
11. **Human cloning** raises numerous ethical issues.
12. Every generation has its own unique style of **popular music**.
13. The countries that invest in science education have a **bright future**.
14. **State-of-the-art** devices are usually not available directly to consumers.
15. Many people are afraid that their electronic devices will **become obsolete**.

1. Most students have part-time jobs in order to **make ends meet**.
2. People in some professions are greatly **underpaid** for the amount of work they do.
3. Countries do their best to **stabilize their economies**.
4. The concept of **supply and demand** is a fundamental principle of economics.
5. **Fierce competition** is usually not beneficial over the long term.
6. Governments should intervene in order to start **economic recoveries**.
7. When a person has **lifetime employment**, he or she is less motivated to work hard.
8. When a company makes a lot of money, all of its employees should **reap the benefits**.
9. **Upper-class** children are much more likely to get a college education.
10. To invent new technologies, businesses may **split the cost** of research and development.
11. Countries with a large **gap between the rich and the poor** often have numerous social problems.
12. Many **developing countries** have to borrow a lot of money to improve their economies.
13. For many people, good **working conditions** are more important than a high salary.
14. Some students find it too difficult to study and **work a part-time job**.
15. As a country develops, its **cost of living** rapidly increases.

1. The main reason most people work is to **make money**.
2. The **job market** is increasingly competitive these days.
3. Many people spend their entire lives **building their careers**.
4. **The gap between the rich and the poor** is starting to increase.
5. **Developing countries** often have very high rates of pollution.

6. Low-interest rates help **stabilize the economy**.

7. The U.S. deficit has reached an **astronomical figure**.

8. Most new workers start out **being paid on an hourly basis**.

9. Joint ventures **split the cost** of investments to share risk.

10. Even people who **make a good living** are not always happy.

11. **Self-employed** people often lack medical insurance.

12. Most people **deposit the money** they earn **in a bank**.

13. Some companies lay off workers during a **slow economy**.

14. Nearly all products are made by **mass production**.

15. National rivalries often develop into **fierce competition**.

3주 Review Test •••••••••••••••••••••••••••••••••••• p.202

1. Children should not **be exposed to** advertising that promotes unhealthy eating habits.

2. Advertisers **collect data** to keep up with changing consumer preferences.

3. Striving to **get good grades** should be the top priority of all students.

4. **International cooperation** is necessary for achieving global food security.

5. If it were up to me, I would spend money on building more highways to ease **traffic congestion** for commuters.

6. Studies have indicated that secondhand smoke is a cause of many **respiratory diseases**.

7. An **annual checkup** plays an important part in the early detection of numerous diseases.

8. Taking public transportation is an **environmentally friendly** alternative to driving a car.

9. As **life expectancy** continues to increase, the need for more retirement savings has also increased.

10. Participating in extracurricular activities promotes students' **self-esteem**.

11. It is common for teachers to guide students to **take responsibility for** their learning.

12. Politicians who are out of touch with **popular sentiment** have little chance of being reelected.

13. **State-of-the-art** technology has played a vital role in linking many of the world's cultures together.

14. Large corporations are moving their factories to **developing countries** because of cheaper labor costs.

15. Most people stay in the city because it is easier to **make a good living** there.

1일 Daily Check-up •• p.212

1.

Chavez 교수
기업들은 종종 신중한 숙고를 필요로 하는 재무적인 결정에 직면합니다. 그것들이 한 선택은 회사의 전반적인 성장과 성공에 지속적인 영향을 미칠 수 있습니다. 예를 들어, 기업들은 목표를 달성하도록 도울 숙련된 인력을 확보할 수 있는 가장 좋은 방법을 결정해야 합니다. 이제, 저는 여러분이 다음의 질문을 논의하기를 바랍니다. 기업들은 현 직원들을 교육하는 데 투자해야 할까요, 아니면 단순히 원하는 기술을 가진 새로운 직원들을 고용해야 할까요? 왜 그렇죠?

Victoria
저는 기업들이 현 직원들을 교육하는 것을 우선시해야 한다고 생각합니다. 이것은 기업들이 그들에 충직한 숙련된 노동자들을 유지하는 데 도움을 줍니다. 직원들이 회사가 자신의 전문적인 성장과 경력 향상에 계속 투자한다고 느낄 때, 그들은 남아 있고 쉽게 떠나지 않을 가능성이 더 높습니다.

Cindy
현 직원들에게 투자하는 것이 중요하다는 것에는 동의하지만, 저는 기업들이 원하는 기술을 가진 새로운 직원들을 고용하는 것을 우선 고려해야 한다고 생각합니다. 이미 해당 분야를 전문으로 하는 사람들을 데려오는 것이 아마 원하는 결과를 얻기 위한 가장 빠르고 가장 비용 효율적인 방법일 것입니다.

consideration[kənsìdəréiʃən] 숙고 attain[ətéin] 확보하다, 얻다 workforce[wə́ːrkfɔ̀ːrs] 인력 prioritize[praiɔ́ːrətàiz] 우선시하다
loyal[lɔ́iəl] 충직한 specialize[spéʃəlàiz] 전문으로 하다 cost-effective 비용 효율적인

아웃라인

나의 의견	현 직원들을 교육하는 데 투자해야 한다 should invest in training current employees
이유	새로운 직원들은 그 직장에 익숙하지 않고 적응하는 데 상당한 시간을 필요로 하기 때문에 덜 생산적이다.
	New workers are less productive because they are not familiar with the workplace and require a significant amount of time to adjust.

2.

Isabella 박사

교과서에서, 우리는 예술가들이 개인과 사회 전반에 영향을 미치는 특별한 능력을 가지고 있다는 것을 읽었습니다. 음악부터 문학, 시각 예술에 이르기까지, 예술가들의 작품이 어디에나 있다는 것을 고려하면, 그들의 영향력은 틀림없이 클 것입니다. 저는 이것에 대한 여러분의 생각을 듣고 싶습니다. 여러분의 생각에, 오늘날 예술가들이 사람들에게 미치는 가장 지대한 영향은 무엇입니까? 왜 예술가들이 그렇게 영향력이 있다고 생각하나요?

Jamal

저는 예술가들이 미치는 한 가지 주요한 영향은 사람들에게 영감을 주고 동기를 부여하는 능력이라고 생각합니다. 예술은 사람들을 감정적으로 움직이게 하고 변화나 행동에 대한 열망을 불러일으키는 힘을 가지고 있습니다. 예를 들어, 자연의 아름다움을 묘사하는 그림은 사람들이 환경을 돕기 위한 조치를 취하도록 고무할 수 있습니다.

Adrian

사실, 어떤 예술가들은 해롭거나 잘못된 가치관을 조장함으로써 사회에 부정적인 영향을 끼칠 수 있습니다. 실제로, 어떤 음악가들은 그들의 가사에서 폭력이나 마약 사용을 미화하는데, 이것은 감수성이 예민한 젊은이들에게 영향을 미칠 수 있습니다. 마찬가지로, 저속하거나 불쾌한 작품을 만드는 시각 예술가들도 더러 있습니다.

profound[prəfáund] 지대한 **influential**[ìnfluénʃəl] 영향력이 있는 **spark**[spɑːrk] 불러일으키다 **glorify**[glɔ́ːrəfài] 미화하다
impressionable[impréʃənəbəl] 감수성이 예민한 **vulgar**[vʌ́lgər] 저속한, 천박한 **offensive**[əfénsiv] 불쾌한

아웃라인

나의 의견	다양한 배경의 사람들을 연결한다 connect people from diverse backgrounds	
이유	예술가들의 작품은 사람들이 서로 다른 언어를 사용할 때조차도, 그들이 서로 이해하고 공감하게 만들 수 있다.	

The works of artists can make people understand and empathize with one another, even when they speak different languages.

1일 Daily Test ·················· p.214

1.

Morris 박사

1980년대에 급속한 기술 발전의 시기가 시작되었고 현재까지 계속되고 있습니다. 그것은 개인용 컴퓨터, 모바일 기기, 그리고 인터넷과 같은 디지털 기술의 발달에 의해 특징지어집니다. 우리 모두가 알고 있듯이, 이러한 혁신은 인간 사회에 수많은 방식으로 큰 영향을 끼쳤습니다. 지금까지 디지털 기술의 발명이 인간에게 미쳐 온 가장 큰 영향은 무엇이라고 생각하나요? 이러한 발전이 왜 그러한 영향을 미쳤다고 생각하나요?

Oscar

하나만 선택하기는 어렵지만, 저는 우리의 일상생활에서의 증가된 효율성이라고 생각합니다. 모든 것이 훨씬 더 빠르고 간소화되어, 우리의 시간과 노력을 절약시킵니다. 예를 들어, 온라인 뱅킹은 우리가 집에서 재정을 관리할 수 있게 해 주기 때문에, 우리는 은행을 방문하는 데 시간과 에너지를 낭비할 필요가 없습니다.

Diana

저는 다른 견해를 가지고 있습니다. 가장 큰 영향은 우리의 사생활에 미쳐 왔습니다. 소셜 미디어와 다른 디지털 플랫폼들이 우리의 개인 정보를 수집, 분석 및 공유하면서, 우리는 누가 우리의 정보에 접근하는지 결코 알 수 없습니다. 우리의 사생활을 보호하는 것은 현대 사회에서 필수적인 과제가 되었습니다.

characterize[kǽriktəràiz] 특징짓다 **efficiency**[ifíʃənsi] 효율성 **streamline**[stríːmlàin] 간소화하다
privacy[práivəsi] 사생활 **analyze**[ǽnəlàiz] 분석하다 **access**[ǽkses] 접근 **essential**[isénʃəl] 필수적인

아웃라인

나의 의견	의사소통에 혁신을 일으켰다 revolutionized communication	

이유   디지털 기술 덕분에 우리는 전 세계의 사람들과 즉시 의사소통할 수 있다.

We can instantly communicate with people all over the world thanks to

digital technology.

구체적 근거 1   - 이것은 국제적 협력, 문화적 교류, 그리고 정보와 아이디어의 확산을 위한 새로운
일반적 진술   기회를 열었다.

This has opened up new opportunities for global collaboration,

cultural exchange, and the spread of information and ideas.

구체적 근거 2   - 예) 트위터와 인스타그램과 같은 소셜 미디어 플랫폼들은 우리가 새로운 친구를 사귀게
예시   해 주었고 멀리 사는 사람들과 커뮤니티를 형성하도록 해 주었다.

ex) Social media platforms like Twitter and Instagram have

allowed us to make new friends and form communities with people

who live far away.

2.

da Silva 박사

미국에서 유튜브가 81퍼센트의 성인에 의해, 넷플릭스가 55퍼센트의 성인에 의해 사용되는 등, 스트리밍 서비스는 많은 사람들의 주요 오락거리가 되어 왔습니다. 그것들의 인기에도 불구하고, 이러한 서비스의 잠재적인 부정적 영향에 대한 우려가 커지고 있습니다. 이 문제에 대한 여러분의 입장은 무엇입니까? 스트리밍 서비스가 긍정적인 영향을 미친다고 생각하나요, 아니면 부정적인 영향을 미친다고 생각하나요, 그리고 왜 그렇게 생각하나요?

Yujin

저는 과도한 스트리밍이 사람들에게 해로울 수 있다고 생각하는데 이는 그들이 업무를 효과적으로 완수하는 것을 방해할 수 있기 때문입니다. 너무 많은 선택지가 이용 가능하므로, 사람들은 종종 프로그램을 몰아서 보거나 동영상을 둘러보며 시간 가는 것을 잊습니다. 이것은 미루는 버릇, 감소된 집중력, 그리고 당면한 일에 대한 산만함으로 이어질 수 있습니다.

Ted

저는 스트리밍 서비스가 긴 하루 끝에 긴장을 풀고 스트레스를 해소할 수 있는 편리하고 즐거운 방법을 제공한다고 생각하며, 이것은 우리가 재충전하고 창의력을 증진시키는 데 도움이 될 수 있습니다. 사람들이 자신의 시간을 관리하고 업무의 우선순위를 정하기만 한다면, 저는 스트리밍 서비스가 본질적으로 생산성에 해롭다고 생각하지 않습니다.

---

excessive[iksésiv] 과도한   **detrimental**[dètrəméntəl] 해로운   **lose track of time** 시간 가는 것을 잊다   **binge-watch** 몰아서 보다
procrastination[proukræstənéiʃən] 미루는 버릇   **distraction**[distrǽkʃən] 산만함   **at hand** 당면한   **unwind**[ʌ̀nwáind] 긴장을 풀다
recharge[ri:tʃɑ́:rdʒ] 재충전하다   **inherently**[inhérəntli] 본질적으로

아웃라인

나의 의견	긍정적인 영향을 미친다 **have a positive effect**
이유	스트리밍 서비스는 사람들이 비교적 저렴한 비용으로 광범위한 정보에 접근할 수 있게 한다. **Streaming services allow people to access a wide range of information at a relatively low cost.**
구체적 근거 1 일반적 진술	– 사람들은 전 세계의 유익한 콘텐츠를 시청함으로써 그들의 지식을 확장할 수 있다. **People can broaden their knowledge by watching informative content around the world.**
구체적 근거 2 예시	– 예) 만약 어떤 사람이 환경에 관심이 있다면, 그 사람은 스트리밍 서비스에서 세계적인 전문가들이 출연하는 다큐멘터리를 쉽게 찾을 수 있다. **ex) If someone is interested in the environment, he or she can easily find documentaries featuring global experts on streaming services.**

2일 Daily Check-up ·································· p.220

1.

Martin 교수

우리 교과서의 지금 단원은 인쇄 광고에서 텔레비전 광고에 이르기까지, 많은 다양한 마케팅 형식을 살펴보고 있습니다. 사실, 우리가 보는 거의 모든 곳에 광고가 있고, 그것들은 사회에 상당한 영향을 미쳐 왔습니다. 그래서, 저는 우리가 수업 토론 게시판에서 고려할 한 가지 질문을 제안하고 싶습니다. 광고가 사회에 가져온 가장 큰 변화는 무엇이라고 생각합니까?

Stacey

광고는 중요한 대의명분에 대한 인식을 높이고 고취함으로써 사회에 긍정적인 변화를 가져왔습니다. 광고는 많은 청중에 이를 수 있어, 시급한 문제들에 대해 사람들에게 교육하고 알리는 효과적인 도구가 됩니다.

Austin

제 관점으로는, 사회에 미친 광고의 가장 큰 영향은 비현실적인 미적 기준의 조장입니다. 광고는 대부분의 사람들이 달성할 수 없는 이상을 종종 제시하며, 미에 대한 우리의 인식에 영향을 미쳐 왔습니다. 이것은 또한 섭식 장애의 증가를 초래했습니다.

advertisement[ǽdvərtáizmənt] 광고 commercial[kəmə́ːrʃəl] 광고 awareness[əwérnəs] 인식 cause[kɔːz] 대의명분, 목적
perception[pərsépʃən] 인식 disorder[disɔ́ːrdər] 장애

나의 의견 문장 쓰기

나의 의견

<u>In my opinion, the most significant impact that advertising has had on society is the creation of a culture of overconsumption.</u>

제 생각에는, 광고가 사회에 미쳐 온 가장 큰 영향은 과소비 문화의 형성입니다.

이유

<u>This is mainly because advertisements make people buy new things to stay trendy.</u>

이는 주로 광고가 사람들로 하여금 유행에 따르기 위해 새로운 것들을 사게 만들기 때문입니다.

2.

Devi 박사

정치인들은 정책을 형성하고 변화를 주도하는 데 중요한 역할을 합니다. 하지만, 그들은 종종 다른 리더십 스타일을 가지고 있고, 어떤 것이 가장 효과적인지에 대한 논쟁이 계속되고 있습니다. 저는 여러분이 다음 수업 전에 다음 질문에 대해 논의하기를 바랍니다. 여러분은 정치인들에게 어떤 리더십의 자질이 더 중요하다고 생각합니까? 강력한 개인적 리더십과 결단력입니까, 아니면 협력을 촉진하고 효과적으로 여러 집단의 사람들과 소통하는 능력입니까? 이유는 무엇입니까?

Clara

강력한 리더는 목표를 세우고 달성하는 데 더 효과적입니다. 그들은 집단 내에서 일함으로써 발생할 수 있는 문제에 의해 방해받지 않습니다. 또한, 그들은 명확한 비전을 가지고 다른 사람들에게 동기를 부여함으로써 장기적으로 협력을 촉진할 수 있습니다.

Ethan

Clara의 요점은 이해하지만, 저는 사람들을 하나로 모으고 잘 협력할 수 있는 능력이 더 중요하다고 생각합니다. 의사소통에 뛰어나고 타협점을 찾으려고 노력하는 정치인은 공통의 목표를 달성하기 위해 다양한 집단의 사람들과 함께 일할 수 있습니다.

determination[ditə̀ːrmənéiʃən] 결단력 **foster**[fɔ́ːstər] 촉진하다, 조성하다 **impede**[impíːd] 방해하다 **excel**[iksél] 뛰어나다
find the middle ground 타협점을 찾다

이유 문장 쓰기

나의 의견

<u>In my opinion, pursuing collaboration and communication is more vital for politicians.</u>

제 생각에는, 협력과 소통을 추구하는 것이 정치인들에게 더 중요합니다.

이유

<u>The main reason is that politicians who seek cooperation can build strong relationships with other countries' leaders.</u>

주된 이유는 협력을 추구하는 정치인들이 다른 국가의 지도자들과 공고한 관계를 구축할 수 있다는 것입니다.

1.

Tara 박사	Angelina
우리 모두가 알고 있듯이, 소규모 지역 시장들은 대형 슈퍼마켓과 경쟁하는 것을 점점 더 어려워하고 있습니다. 예를 들어, 전자 상거래와 세계화의 부상은 소비자들이 전 세계의 제품에 접근하는 것을 더 쉽게 만들어, 지역 시장에 부담을 주었습니다. 이러한 문제들을 고려할 때, 정부는 소규모 지역 시장을 지원해야 합니까, 아니면 대형 슈퍼마켓의 우세가 세계 자유 시장 경제의 불가피한 결과입니까?	저는 소규모 지역 시장을 지원하는 것이 경제에 도움이 된다고 굳게 믿습니다. 소규모 지역 시장은 중소 기업에서 생산되는 지역 조달 제품을 제공합니다. 따라서, 우리가 이러한 소규모 시장에서 물건을 살 때, 그 돈은 지역 경제에 머무르며, 참여하는 기업들의 성장을 촉진합니다.
	David
	저는 대형 슈퍼마켓의 증가하는 인기가 이로우며, 정부는 개입을 자제해야 한다고 생각합니다. 이러한 업체는 공급업체로부터 대량으로 물품을 구매할 수 있어, 단위당 가격이 낮아집니다. 결과적으로, 품목들은 저소득층 가정들에 보다 적당한 가격이 됩니다.

globalization[glòubəlizéiʃən] 세계화 **dominance**[dá:mənəns] 우세, 지배 **inevitable**[inévətəbəl] 불가피한 **refrain**[rifréin] 자제하다
supplier[səpláiər] 공급업체 **affordable**[əfɔ́:rdəbəl] (가격 등이) 적당한, 저렴한

나의 의견 문장과 이유 문장 쓰기

> 나의 의견
>
> In my opinion, the government should be responsible for providing financial support to small local markets.
>
> 이유
>
> The main reason is that local markets tend to utilize more environmentally sustainable manufacturing practices by avoiding mass production.

2.

Brown 박사	Zhen
지난 몇 주 동안, 우리는 전 세계의 식문화와 공중위생 사이의 상호 연관성에 대해 논의해 왔습니다. 그것은 음식에 관한 인기 있는 텔레비전 프로그램과 소셜 미디어의 음식 유행과 같은 요소들에 의해 큰 영향을 받아 왔습니다. 어떤 사람들은 패스트푸드의 증가하는 이용 가능성이 과거에 비해 덜 건강한 식문화를 낳았다고 말합니다. 여러분은 요즘 사람들이 더 건강하지 못한 식문화를 가지고 있다는 것에 동의합니까? 그렇게 생각하는, 혹은 그렇게 생각하지 않는 이유는 무엇인가요?	제가 보기에, 사람들은 과거에 더 건강한 식문화를 가지고 있었습니다. 역사적으로, 많은 문화권은 가공되지 않은 자연식품과 현지에서 재배된 농산물의 소비를 강조했습니다. 하지만, 산업화되고 농촌 지역이 사라지면서, 이러한 식품들은 구하기가 어려워졌고, 결과적으로 덜 건강한 가공식품으로의 전환을 초래했습니다.
	Carolina
	우리가 조사를 바탕으로 더 많은 정보에 입각한 식단 선택을 할 수 있기 때문에, 저는 현재 더 건강한 식문화를 가지고 있다고 생각합니다. 영양 과학의 발전 덕분에, 우리는 서로 다른 음식과 영양소가 우리의 건강에 어떻게 영향을 미치는지 더 잘 이해합니다. 이 지식을 통해 우리는 해로운 음식은 피하면서 유익한 영양소가 많은 음식을 찾을 수 있습니다.

interconnection[ìntərkənékʃən] 상호 연관성 **emphasize**[émfəsàiz] 강조하다 **unprocessed**[ʌnprá:sest] 가공되지 않은
produce[prədjú:s] 농산물 **industrialization**[indʌ̀striəlizéiʃən] 산업화 **disappearance**[dìsəpí:ərəns] 사라짐, 소멸
processed[prá:sest] 가공된 **dietary**[dáiətèri] 식단의

나의 의견 문장과 이유 문장 쓰기

> 나의 의견
>
> In my opinion, today's food culture is healthier.
>
> 이유
>
> The primary reason is that improved cooking technology, like induction stoves, makes it easier to prepare healthy meals.

3일 Daily Check-up •••••••••••••••••••••••••••••• p.230

1.

Inez 박사	Bethany
공공 정책은 사회에 상당한 영향을 미치고 많은 사람들의 삶을 향상시킬 수 있습니다. 물론, 어떤 정책을 지원하고 투자할지 선택하는 것은 제한된 자원이나 상충되는 의견 때문에 어려운 과정이 될 수 있습니다. 그런 만큼, 국회의원들이 어떤 사안에 초점을 맞출지 결정하는 것이 중요합니다. 그것이 여러분에게 달려 있다면, 아이들을 위한 교육 기술을 개발하는 것과 노인들을 재교육하는 것 중 어느 것을 우선시하시겠습니까?	중요한 것은 우리 사회의 미래이기 때문에, 우리는 젊은 세대에 집중해야 합니다. 우리의 세계는 점점 더 디지털화되고 있습니다. 불과 10년 사이에 얼마나 많이 변했는지 생각해 보세요. 우리 아이들에게 장래의 성공을 위한 준비를 시킬 수 있도록 더 나은 교육 기술이 필요합니다.

	Jun
	지금, 우리는 고령화 사회에 살고 있기 때문에, 노인들을 재교육하는 것을 우선시해야 합니다. 우리는 그 어느 때보다 오래 살고 있으며, 매년 노인들의 수는 증가하고 있습니다. 우리는 노인들이 노동력에 계속 참여하고 경제에 기여할 수 있도록 보장할 방법을 찾아야 합니다.

conflicting[kənflíktiŋ] 상충되는   the elderly 노인   digitize[dídʒitaiz] 디지털화하다   workforce[wə́:rkfɔ̀:rs] 노동력

나의 의견 쓰기

> 도입
>
> I understand why Bethany thinks that the development of educational technology for children is important as they are the future.
>
> 나의 의견
>
> However, in my opinion, providing ongoing education to the older generations should be our top priority.

이유와 근거 쓰기

이유

This is mainly because it can ease the caregiving burden on younger generations for their aging parents or grandparents.

구체적 근거 1 : 일반적 진술

The elderly trained in new technology are more likely to attain financial freedom by finding employment after retirement.

구체적 근거 2 : 예시

For example, my grandfather retired from a bank at the age of 60. After participating in a digital literacy program at a local community center, he acquired computer skills, which enabled him to work as a financial consultant. By staying economically active, he not only takes pride in his life but also remains financially independent from my parents. As a result, my parents can invest more in my younger brother's education as they don't have to support my grandparents.

ongoing[ɑ́:ngouiŋ] 지속적인 ease[iːz] 줄여 주다, 덜어 주다 caregiving[kerɡívìŋ] 부양 employment[implɔ́imənt] 일자리, 고용
retirement[ritáiərmənt] 은퇴 literacy[lítərəsi] 활용 능력

2.

Nomikos 박사	Zoe
지난 몇 주 동안, 우리는 세계에 영향을 미치고 있는 심각한 환경 위기와 미래 세대를 위해 그것들을 어떻게 해결할 수 있을지에 대해 논의해 왔습니다. 개인뿐만 아니라, 대기업 또한 다양한 방식으로 환경 문제에 기여하는 것은 부인할 수 없습니다. 다음 수업 전에, 온라인 토론 게시판에서 이 문제에 대해 논의해 봅시다. 대기업에 의해 야기된 가장 중대한 환경적 영향은 무엇입니까? 왜 그렇게 생각하죠?	저는 기름 유출이 대기업에 의해 야기된 중대한 문제라고 생각합니다. 그것들은 해양 동물들에게 해를 끼칠 수 있고 지역 사업체에 부정적인 영향을 미칠 수 있습니다. 예를 들어, 2010년 딥워터 호라이즌 기름 유출은 멕시코 만에 심각한 영향을 미쳤습니다. 그것은 동물들에게 해를 끼치고 사람들이 생계를 유지하는 것을 어렵게 만들었습니다.

Thomas
제 견해로는, 자원 고갈이 대기업에 의해 야기된 중대한 환경적 영향입니다. 목재와 광물과 같은 천연 자원의 추출과 사용은 생태계에 해를 끼쳤고 이러한 자원의 고갈을 초래했습니다. 상업적 목적을 위한 삼림 벌채는 생물 다양성의 손실, 토양 침식, 그리고 기후 패턴의 변화를 야기했습니다. |

crisis[kráisis] 위기 undeniable[ʌ̀ndináiəbəl] 부인할 수 없는 corporation[kɔ̀:rpəréiʃən] 기업, 회사 oil spill 기름 유출
make a living 생계를 유지하다 depletion[diplíːʃən] 고갈 extraction[ikstrǽkʃən] 추출 timber[tímbər] 목재 mineral[mínərəl] 광물
ecosystem[íːkousìstəm] 생태계 deforestation[diːfɔ̀:ristéiʃən] 삼림 벌채 biodiversity[bàioudivə́:rsəti] 생물 다양성
erosion[iróuʒən] 침식

나의 의견 쓰기

나의 의견

In my opinion, water pollution, resulting from industrial waste, is one of the most serious environmental problems caused by large corporations.

이유와 근거 쓰기

이유

This is mainly because once water is contaminated, restoring it to its original state is difficult, and this directly affects human life.

구체적 근거 1 : 일반적 진술

Generally, large companies prioritize profits over environmental concerns and often neglect to adopt proper waste management practices. Without adequate measures, hazardous materials are disposed of recklessly, ending up in bodies of water and leading to significant environmental damage.

구체적 근거 2 : 예시

For example, contaminated water can cause marine life to die and people to suffer from water scarcity. In India, water pollution has triggered a shortage of drinking water.

맺음말

Overall, I believe that water pollution is the foremost concern and that corporations have a responsibility to act in ways to prevent further contamination.

contaminate[kəntǽmənèit] 오염시키다 restore[ristɔ́ːr] 복구하다 directly[diréktli] 직접적으로 neglect[niglékt] 등한시하다, 무시하다
adequate[ǽdikwət] 적절한 hazardous[hǽzərdəs] 위험한 dispose[dispóuz] 폐기하다, 버리다 recklessly[réklisli] 무분별하게
scarcity[skérsəti] 부족(함) trigger[trígər] 초래하다, 촉발시키다 shortage[ʃɔ́ːrtidʒ] 부족

 **3일 Daily Test** · p.234

1.

Lee 교수

초기 동굴 벽화부터 현대 블록버스터에 이르기까지, 예술은 아이디어를 표현하고 변화를 촉진하기 위해 인류 역사의 많은 부분에 걸쳐 사용되어 왔습니다. 지난 100년 동안, 시각 예술 작품, 영화, 그리고 음악을 포함하여 사회에 깊은 인상을 남긴 몇몇 예술 작품들이 있어 왔습니다. 저는 이것에 대한 여러분의 생각을 듣고 싶습니다. 어떤 특정 예술 작품이 사회에 가장 큰 영향을 미쳤습니까?

Jin

저로서는, 가장 영향력 있는 예술 작품은 파블로 피카소의 「게르니카」입니다. 전쟁의 참상과 무고한 민간인들의 고통을 묘사함으로써, 이 그림은 강력한 반전 메시지를 전달합니다. 그것은 당시의 사회적 환경에 상당한 영향을 미쳤고 세계 평화 운동의 상징이 되었습니다.

Sara

저는 비틀즈의 앨범 「애비 로드」가 사회에 가장 큰 영향을 미쳤다고 생각합니다. 'Come Together'와 'Here Comes the Sun'과 같은 그 앨범에 수록된 노래들은 수백만 명의 사람들에게 반향을 불러일으켰고 1960년대의 반문화 운동을 정의하는 데 도움을 주었습니다. 그것들은 또한 음악적 경계를 넓혔고 그들의 뒤를 잇는 수많은 예술가들에게 영향을 주었습니다.

inspire[inspáiər] 촉진하다, 고무하다 depict[dipíkt] 묘사하다 horror[hɔ́ːrer] 참상, 공포 innocent[ínəsənt] 무고한
civilian[sivíljən] 민간인 resonate[rézənèit] 반향을 불러일으키다 counterculture[káuntərkʌ̀ltʃər] 반문화

나의 의견 쓰기

> **나의 의견**
>
> In my opinion, one work of art that has undoubtedly changed society is the film *Black Panther*.

이유와 근거 쓰기

> **이유**
>
> The main reason is that it defied stereotypes and empowered Black people worldwide.
>
> **구체적 근거 1 : 일반적 진술**
>
> For years, Hollywood has been criticized for its lack of diversity, both in front of and behind the camera. *Black Panther* went against this norm by featuring a predominantly Black cast and crew. The film was a celebration of African culture and a rejection of the stereotypes that have plagued Black people for centuries.
>
> **구체적 근거 2 : 부연 설명**
>
> Furthermore, the film's financial success challenged the commonly held belief that films featuring Black actors are less profitable than mainstream blockbusters. This has led to more opportunities for underrepresented groups in Hollywood.
>
> **맺음말**
>
> Overall, the film's celebration of African culture, its representation of marginalized communities, and its financial success have all contributed to its legacy.

undoubtedly[ʌ̀ndáutidli] 의심할 여지 없이   defy[difái] 도전하다, 거부하다   empower[impáuər] 힘을 실어 주다   norm[nɔːrm] 규범
feature[fíːtʃər] 포함시키다   predominantly[pridá:mənəntli] 주로, 우세하게   celebration[sèləbréiʃən] 찬미, 기념
rejection[ridʒékʃən] 거부   plague[pleig] 괴롭히다   mainstream[méinstrìːm] 주류
underrepresented[ʌ̀ndərèprizéntid] 불충분하게 대표된, 대표성이 낮은   marginalized[má:rdʒinəlàiz] 소외된   legacy[légəsi] 여파, 유산

2.

Gomez 박사	Sandra
전문화 교육은 특정한 학습 영역에 집중하는 것을 수반합니다. 이것이 대학생들에게는 일반적이지만, 어린 학생들에게 이 선택지를 제공할지에 대한 많은 논쟁이 있습니다. 여러분의 생각을 듣고 싶으니, 다음과 같은 시나리오를 고려해 보세요. 뛰어난 과학적 능력을 가진 아이를 교육하는 가장 좋은 방법은 무엇일까요? 주로 과학에 집중하는 것일까요, 아니면 다른 과목을 포함시킴으로써 폭넓은 교육을 제공하는 것일까요?	저는 폭넓은 교육을 제공하는 것이 가장 좋은 방법이라고 생각합니다. 다른 과목을 배우는 것은 학생들이 다른 사람들과 의사소통을 더 잘 하도록 도울 수 있는데, 이는 과학에서 필수적입니다. 과학 분야에서 일할 때, 인적 네트워크를 형성하고 다른 사람들과 효과적으로 협업할 수 있는 것은 중요합니다.

Kevin
저는 학생들이 과학에 뛰어난 재능을 보인다면, 역사나 예술과 같은 과목들을 듣도록 요구하는 것은 시간 낭비라고 굳게 믿습니다. 과학에 집중하는 것은 그들의 전문 지식을 개발하는 데 매우 중요합니다. 그들에게 관련이 없는 과목을 공부하도록 강요하는 것은 그들의 잠재력을 저해할 수 있습니다.

specialized[spéʃəlàizd] 전문화된   exceptional[iksépʃənəl] 뛰어난   network[nétwəːrk] 인적 네트워크를 형성하다
expertise[èkspərtíːz] 전문 지식

나의 의견 쓰기

도입

I understand why Kevin thinks that taking other courses may waste the time of students with a talent for science.

나의 의견

However, in my opinion, the most effective way to educate scientifically gifted children is to offer them a comprehensive education.

이유와 근거 쓰기

이유

The primary reason is that a well-rounded education fosters creativity and innovation, which can be useful for a career in the sciences.

구체적 근거 1 : 일반적 진술

In fact, having a broad understanding of many subjects can inspire scientists to approach problems from various perspectives and find unique solutions. Many scientific breakthroughs have been made by those who can move beyond their technical knowledge and apply ideas from different fields.

구체적 근거 2 : 예시

For example, while Einstein is best known for his contributions to physics, he was also an avid violinist. He believed that music helped him to relax and think more clearly, and he often used music to inspire his scientific thinking.

맺음말

Therefore, I think a comprehensive education is key to nurturing and maximizing the potential of children with scientific abilities.

comprehensive[kɔ̀mprihénsiv] 종합적인 well-rounded 균형 잡힌 breakthrough[bréikθrù:] 발전, 발견 apply[əplái] 적용하다
avid[ǽvid] 열렬한 nurture[nə́:rtʃər] 키우다 maximize[mǽksəmàiz] 극대화하다

4일 통합형 – 읽고 듣고 내용 정리하기

읽기 지문 해석 (p.239)

많은 동물들은 장난스러운 행동을 하는 것이 관찰될 수 있다. 생물학자들은 오랫동안 동물 놀이의 분명한 목적을 알아내지 못했지만, 이러한 행위를 설명하기 위해 몇 가지 이론들이 제시되었다.

첫째로, 동물들은 의사소통하기 위해 놀이를 할 가능성이 있다. 몸으로 장난스러운 동작을 취함으로써, 그들은 자신을 표현하고 다른 동물들에게 메시지를 보낼 수 있다. 개는 놀이를 통해 자신의 종에 속한 다른 동물들과 의사소통을 하는 종의 잘 알려진 예이다. 개는 종종 앞발을 뻗고 가슴을 땅으로 낮추는 것이 보일 수 있다. 이것은 놀이 인사라고 불리고, 다른 개들에게 우호적인 의사를 나타내는 것으로 알려져 있다.

둘째로, 놀이는 어린 동물들이 육체적 능력을 향상시키는 중요한 방법일 수 있다. 달리기, 뛰어넘기, 그리고 몸싸움하기와 같은 활동적인 행위들은

그들의 건강 상태를 증진하고 미성숙한 몸이 발달하도록 돕는다. 중요한 것은 이것이 그들이 성숙기에 도달했을 때 생존 가능성을 높인다는 것이다. 이는 놀이를 하는 어린 동물들이 포식 동물을 피하는 데 더 잘 준비되어 있기 때문이다.

듣기 스크립트 해석 (p.241)

자, 여러분들 모두 서로 함께 놀이를 하는, 어, 동물들을 본 적이 있을 거라 확신합니다. 이것이 일어나는 이유에 대해 떠돌아다니는 몇 가지 의견들이 있어요... 하지만 저는 왜 그것들 중 아무것도 그다지 설득력 있지 않은지를 설명하려고 해요.

우선, 의사소통은 동물 놀이의 목적이 아닙니다. 어, 여기서 명심해야 할 것은 수많은 동물들이 주위에 다른 동물들이 없어도 놀이를 한다는 거예요. 그러니까, 홀로 실뭉치를 가지고 노는 새끼 고양이를 본 적이 있는 사람이라면 제가 여기서 무슨 말을 하는지 알 거예요. 그들은 단지 작은 발로 그 뭉치를 치면서 방 안에서 그것을 쫓아다니기를 좋아할 뿐이고, 이것은 완전히 혼자 하는 행위입니다. 분명히, 이처럼 놀기 좋아하는 새끼 고양이들은 그 누구와도 의사소통하고 있지 않죠.

게다가, 놀이는 어린 동물들이 육체적으로 발달하는 방법이 아니에요. 있잖아요, 많은 놀이들은 그다지 힘들지 않아서, 동물들을 더 강하거나 빠르게 만들지 않거든요. 말을 예로 들어보죠... 어린 말들은 장난삼아 서로의 목과 등을 깨무는 것으로 알려져 있어요. 이것은 상당히 힘을 뺀 행동이어서, 말들은 이러한 종류의 놀이를 통해 사실 아무런 운동도 하고 있지 않습니다.

4일 Daily Check-up ••••••••••••••••••••••••••••••••••••• p.242

다음 지문을 읽고 노트를 완성하시오.

1.

주제	**tax on junk foods: beneficial** 불량 식품에 대한 세금은 이로움
근거 1	**1. improve physical health** 신체 건강을 개선함
세부사항	– **study: consume junk food → ↑ obese & diabetes** 　연구: 불량 식품을 섭취하면 비만과 당뇨병 위험 높아짐
	– **if taxed, price ↑ → reluctant to purchase, healthier** 　세금을 매기면 가격이 올라가 구매를 꺼리고 더 건강해짐
근거 2	**2. ↑ production of nutritious food** 영양가 있는 식품의 생산 증대
세부사항	– **use tax to support companies that produce healthy foods** 　건강한 음식을 생산하는 업체들을 지원하기 위해 세금을 사용함
	– **make healthy foods to receive support** 　지원을 받기 위해 건강에 좋은 식품을 제조함

지문 해석

세계 보건 기구는 국가들이 공공 보건을 증진하는 수단으로서 불량 식품에 특별세를 부과하는 것을 고려해야 한다고 제안해 왔다. 그 결과, 미국에 있는 지지자들은 정부가 탄산음료, 감자칩, 그리고 많은 양의 지방, 설탕, 소금을 함유한 다른 제품들처럼 건강에 해로운 모든 식품에 세금을 매기기를 원한다. 그러한 세금은 사회에 매우 이로울 수 있다.

우선, 건강에 해로운 음식에 세금을 매기는 것은 사람들의 신체 건강을 증진시킬 것이다. 연구들은 불량 식품을 섭취하는 사람들이 비만이 되고 당뇨병을 얻을 가능성이 더 높다는 것을 보여주었다. 건강에 해로운 식품에 세금이 매겨진다면, 그러한 식품들의 가격은 상승할 것이다. 결과적으로, 사람들은 그것들을 구매하고 섭취하기를 꺼리게 될 것이고, 이는 사람들을 더 건강하게 만들 것이다.

다음으로, 불량 식품에 대한 세금은 소비자를 위한 영양가 있는 음식의 증대된 생산으로 이어질 것이다. 정부는 추가적인 세금 수입을 건강에 좋은 식품을 생산하는 업체들을 지원하기 위해 사용할 수 있다. 그러면 다른 식품 제조업자들은 재정적인 지원을 받기 위해 건강에 좋은 식품을 제조하기 시작할 것이다.

as a means of ~의 수단으로서　**consume**[kənsúːm] 섭취하다, 소비하다　**reluctant**[rilʌ́ktənt] 꺼리는, 주저하는　**tax revenue** 세금 수입

2.

주제	quackers: 2 convincing theories 퀘이커에 대한 두 가지 설득력 있는 이론들
근거 1	1. submarine-detection technology 잠수함 탐지 장비
세부사항	– US installed sensors to find Soviet submarines 미군이 소련 잠수함을 찾기 위해 감지기를 설치함
	– sensors generated noises 감지기들이 소음을 발생시킴
근거 2	2. Basilosaurus whale 바실로사우루스 고래
세부사항	– live in where quackers heard 퀘이커가 들린 장소에 삶
	– skull: asymmetrical → make high-pitched sounds 두개골이 비대칭이어서 고주파 소리를 냄

지문 해석

냉전 기간 동안, 소련 잠수함의 선원들은 북대서양 수면 아래에서 기묘한 고주파 소리가 들린다고 보고했다. 그들은 이 소음을 '퀘이커'라고 불렀다. 퀘이커는 물속에서 생기는 것 같았지만, 잠수함의 수중 음파 탐지기는 그 근처에서 어떤 물체도 탐지하지 못했다. 수많은 과학자들은 이 소리의 근원을 밝히려 노력해 왔고, 두 가지 설득력 있는 이론들이 등장했다.

한 가지 이론은 미국의 잠수함 탐지 기밀 장비가 이 소리를 만들어 냈다고 간주한다. 1960년대에, 미 해군은 수중 감지기 시스템을 설치했다. 그것은 소련 잠수함에 의해 만들어지는 소리를 식별함으로써 그들의 위치를 찾아내기 위해 고안되었다. 몇몇 전문가들은 감지기들이 그 불가사의한 소음을 발생시켰다고 믿는다.

또 다른 설명은 퀘이커가 바실로사우루스라는 일종의 고래로부터 생겨났다는 것이다. 몇몇 생물학자들은 바실로사우루스 고래들이 북대서양 깊이 살며, 이는 퀘이커가 들렸던 곳과 같은 장소라고 주장한다. 게다가, 그 고래의 두개골은 비대칭인데, 이는 한쪽이 다른 쪽과는 다른 모양을 가졌음을 의미한다. 바실로사우루스를 포함한 고래들에게, 이것은 고주파 소리를 낼 수 있는 능력을 가리킨다. 따라서, 퀘이커가 이 생물체에 의해 만들어졌을 가능성이 있다.

identify[aidéntəfài] 밝히다　convincing[kənvínsiŋ] 설득력 있는　generate[dʒénərèit] 발생시키다
asymmetrical[èisəmétrikəl] 비대칭의

다음 강의를 듣고 노트를 완성하시오.

1.

도입	**tax: X work** 세금은 효과가 없을 것임
반론 1	**1. X make people healthier** 사람들을 더 건강하게 만들지 않음
세부사항	- **develop taste → hard to stop, similar to drugs**
	맛을 들이면 그만 먹기 어렵고 마약과 비슷함
	- **mere bump in prices: X significant effect on eating habits**
	단지 가격 상승이 식습관에 중대한 영향을 미치지 않음
반론 2	**2. X cause ↑ healthy foods** 건강에 좋은 식품이 더 많이 생산되게 하지 않음
세부사항	- **people travel to foreign countries to buy, ex) Denmark**
	사람들은 그것을 사기 위해 외국으로 나감, 예) 덴마크
	- **X collect ↑ tax to support food companies**
	식품 업체들을 지원할 더 많은 세금을 거두지 못함

듣기 스크립트

As you probably know, there's a lot of talk these days about placing a tax on food products that are bad for you . . . you know, like doughnuts or chips. Many people claim that this kind of tax will provide numerous benefits. But unfortunately, it just won't work.

For one thing, a tax on junk food won't make people healthier. You've got to remember that once people develop a taste for junk food, it's extremely hard for them to stop eating it. In fact, a number of studies have found that the brain's response to eating junk food is similar to the effect of taking addictive drugs like cocaine and heroin. So, it's unlikely that a mere bump in prices is going to have a significant effect on people's eating habits.

What's more, taxing on junk food won't cause more healthy foods to be produced. If junk food is taxed, a lot of people will simply travel to foreign countries to buy it at lower prices. In fact, when this tax was introduced in Denmark, that's exactly what happened. This means that the government won't actually collect more tax revenue from food sales than before. Consequently, there won't be additional money available to support food companies that produce healthy food.

듣기 해석

여러분들도 아마 아시다시피, 요즘 여러분에게 좋지 않은 식료품들에 세금을 부과하는 것과 관련해서 많은 논의가 있어요... 그러니까, 도넛이나 감자 튀김 같은 것들이요. 많은 사람들은 이런 종류의 세금이 수많은 혜택을 제공할 것이라고 주장합니다. 하지만 유감스럽게도, 그것은 전혀 효과가 없을 거예요.

우선 첫째로, 불량 식품에 대한 세금은 사람들을 더 건강하게 만들지 않을 것입니다. 여러분은 사람들이 한번 불량 식품에 맛을 들이면, 그들이 그것을 그만 먹기란 극도로 힘들다는 것을 기억해야 합니다. 사실, 많은 연구들이 불량 식품을 먹는 것에 대한 뇌의 반응이 코카인과 헤로인 같은 중독성 있는 마약을 복용하는 효과와 비슷하다는 것을 발견했어요. 그러니까, 단순한 가격의 상승이 사람들의 식습관에 중대한 영향을 미칠 것 같지는 않네요.

더욱이, 불량 식품에 세금을 매기는 것은 더 많은 건강에 좋은 식품이 생산되도록 하지 않을 겁니다. 불량 식품에 세금이 매겨진다면, 많은 사람들은 더 저렴한 값에 그것을 사기 위해 단순히 외국으로 나갈 거예요. 실제로, 이 세금이 덴마크에 도입되었을 때, 바로 그 일이 발생했어요. 이는 정부가 실제로 식료품 판매로부터 이전보다 더 많은 세금 수입을 거두지 못할 것임을 의미합니다. 결과적으로, 건강에 좋은 식품을 생산하는 식품 업체들을 지원하는 데 쓸 수 있는 추가적인 재정은 없을 겁니다.

numerous[njú:mərəs] 수많은 addictive[ədíktiv] 중독성 있는 significant[signífikənt] 중대한 introduce[ìntrədjú:s] 도입하다

2.

도입	other side of arguments	다른 쪽의 주장들
반론 1	1. military technology: X match facts	군사 장비는 사실과 부합하지 않음
세부사항	- quackers: X artificially produced noises	
	퀘이커는 인공적으로 만들어진 소음이 아니었음	
	- sounds moved around, sensors X change location	
	소리는 움직였는데 감지기들은 위치를 바꾸지 않음	
반론 2	2. X whale Basilosaurus	바실로사우루스 고래가 아님
세부사항	- extinct long before, X specimens discovered	
	훨씬 전에 멸종되었고 표본은 발견된 적 없음	
	- if creature responsible, should detectable over time	
	만약 생물 때문이라면 계속 탐지 가능해야 함	

듣기 스크립트

Now, you've read a couple of theories that supposedly account for the odd sounds, uh, quackers, heard by Soviet submarine crews. Don't jump to conclusions, however, until you've heard the other side of the arguments.

The first theory was that top-secret American military technology was producing the noises. Well, this doesn't match the facts. Sailors reported that quackers resembled the calls made by frogs . . . They didn't sound like artificially produced noises. And what's more, crews claimed that the sounds moved around from place to place, which suggests that the source was in motion. Yet the underwater sensors were fixed in place . . . They didn't change location at all.

The next point I want to make is that quackers were not made by the ancient whale Basilosaurus. You know, many experts believe that Basilosaurus went extinct long before the crews first heard the sounds. No live specimens have ever been discovered, and the youngest fossils are about 34 million years old. Another problem with this theory is that the quackers were heard only during the peak of the Cold War . . . uh, from the 1960s until the 1980s. If a marine creature were responsible, the noises should have been detectable over time. It doesn't explain why the sounds gradually disappeared about 25 years ago.

듣기 해석

자, 여러분은 소련 잠수함 선원들에게 들렸던, 어, 퀘이커라는 기이한 소리를 설명하는 몇 가지 이론들에 대해 읽었습니다. 하지만, 다른 쪽의 주장을 들을 때까지는 성급한 결론을 내리지 마세요.

첫 번째 이론은 일급기밀의 미군 장비가 이 소음을 만들어냈다는 것이었죠. 글쎄요, 이는 사실과 부합하지 않습니다. 선원들은 퀘이커가 개구리들이 내는 울음소리와 비슷하다고 보고했습니다... 인공적으로 만들어진 소음처럼 들리지 않았어요. 게다가, 선원들은 그 소리가 이쪽 저쪽으로 움직였다고 주장했는데, 이는 소리의 근원이 움직이고 있었음을 암시합니다. 하지만 수중 감지기들은 한 곳에 고정되어 있었어요... 그것들은 위치를 전혀 바꾸지 않았죠.

제가 말하고 싶은 다음 요점은 퀘이커가 고대 고래인 바실로사우루스에 의해 만들어지지 않았다는 점입니다. 있잖아요, 많은 전문가들은 바실로사우루스가 선원들이 처음 소리를 듣기 훨씬 전에 멸종되었다고 믿습니다. 살아있는 표본은 전혀 발견된 적이 없고, 가장 최근의 화석이 3400만 년 정도 된 것이죠. 이 이론에 대한 또 다른 문제점은 퀘이커가 오직 냉전이 절정에 달했던 시기 동안에만 들렸다는 점인데요... 어, 1960년대부터 1980년대까지 말입니다. 만약 해양 생물이 원인이었다면, 그 소음은 시간이 지나도 계속 탐지 가능했어야 합니다. 그것은 그 소리가 약 25년 전에 점점 사라진 이유를 설명하지 못해요.

account for ~을 설명하다 artificially[ɑ̀ːrtəfíʃəli] 인공적으로 specimen[spésəmən] 표본, 견본 detectable[ditéktəbl] 탐지 가능한

읽기 노트

주제	**Pol. traveled to N.Z. in 14C: evidence**
	폴리네시아 사람들이 뉴질랜드에 14세기에 왔다는 증거
근거 1	**1. rat bones** 쥐 뼈
세부사항	– <u>rat: brought by humans who first came</u>
	쥐는 처음 온 사람들이 데려옴
	– <u>oldest: 700 yrs. old</u> 가장 오래된 것이 700년 됨
근거 2	**2. volcanic evidence** 화산 활동의 증거
세부사항	– Mount Tara. erupted in 1315 타라웨라산이 1315년에 폭발했음
	– Maori above ash ↔ X human presence beneath
	화산재 위에 마오리족 정착지가 있지만 아래에는 사람 흔적 없음

듣기 노트

도입	**Pol. arrived long before 1300**
	폴리네시아인들은 1300년 훨씬 이전에 도착했음
반론 1	**1. rat bones X prove** 쥐 뼈로 증명할 수 없음
세부사항	– **pigeon bones in same layer: ↑ 3000 yrs. old**
	같은 층의 비둘기 뼈는 3000년 이상 된 것임
	– **rat bones ↑ 700 yrs. → settlers came earlier**
	쥐 뼈는 700년 이상 된 것이므로 정착민들은 그 전에 왔음
반론 2	**2. another volcanic eruption** 또 다른 화산 폭발
세부사항	– **found cave beneath ash from Mount Tau.**
	타우포산 폭발로 생긴 화산재 밑에서 동굴을 발견함
	– **in cave: bones of people → Maori lived since 186**
	동굴 안의 사람 유골은 186년부터 마오리족이 살았음을 의미함

지문 해석

마오리족으로 알려진 뉴질랜드의 원주민들은 카누를 타고 그 섬에 왔고 그곳의 최초 정착민이었던 폴리네시아인의 후손들이다. 오늘날에는 이 여정이 14세기 초에 일어났다는 강력한 증거가 있다.

첫째로, 뉴질랜드 쥐의 뼈 분석은 마오리족의 조상들이 14세기에 그곳에 도착했다는 것을 증명한다. 쥐는 뉴질랜드 토종이 아니므로 그것은 이 섬에 처음 온 사람들이 데려온 것이 틀림없다. 이것이 언제 일어났는지 밝혀내기 위해, 전문가들은 뉴질랜드에서 지금껏 발견된 가장 오래된 쥐 뼈를 분석했고 그것이 약 700년 정도 되었다는 것을 발견했다. 따라서, 연구원들은 이 쥐들을 뉴질랜드에 데려온 폴리네시아인들이 대략 1300년경에 도착했다고 결론지었다.

뿐만 아니라, 화산 활동의 증거는 폴리네시아인들이 1300년쯤에 뉴질랜드에 왔다는 것을 강하게 암시한다. 타라웨라산은 뉴질랜드의 북도에 위치한 화산이다. 그것이 1315년에 폭발했을 때, 그 주변 지역은 화산재로 덮였다. 고고학자들은 마오리족 정착지의 잔해를 이 폭발로부터 생긴 화산재 층의 바로 위에서 발견했다. 그러나, 이 화산재 아래에서는 사람이 존재했다는 어떠한 흔적도 발견되지 않았다. 이는 14세기 이전에는 뉴질랜드에 사람이 살지 않았음을 확증한다.

descendant[diséndənt] 후손 voyage[vɔ́iidʒ] 여정 ancestor[ǽnsestər] 조상 analyze[ǽnəlàiz] 분석하다
archaeologist[à:rkiɑ́:lədʒist] 고고학자 remains[riméinz] 잔해, 유해 eruption[irʌ́pʃən] 폭발

듣기 스크립트

OK, the reading passage claims that the Polynesian ancestors of the Maori first came to New Zealand around AD 1300. Well, this simply isn't true. In fact, it's highly likely that the Polynesians arrived in New Zealand long before 1300.

For starters, the rat bones don't prove that the Polynesians migrated to New Zealand in the 14th century. You see, when researchers discovered the rat bones, they also found pigeon bones buried in the same layer of sediment. And here's the thing . . . The pigeon remains were actually more than 3,000 years old! Since the rat and pigeon bones were found in the same sediment layer, you'd expect them to be the same age . . . In other words, the rat bones are much older than 700 years old. And this means that the Polynesian settlers came to New Zealand much earlier than 700 years ago.

Additionally, a discovery related to another volcanic eruption shows that the Polynesians settled New Zealand much earlier than 1300. A few years ago, researchers found a cave that had been buried beneath a layer of ash . . . ash that came from the eruption of another volcano, Mount Taupo, in AD 186. And guess what they found in the cave? The bones of people who had been killed by the volcanic blast. This proves that the Maori have lived in New Zealand since at least the year 186.

듣기 해석

좋아요, 읽기 지문은 마오리족의 폴리네시아인 조상들이 서기 1300년경에 최초로 뉴질랜드에 왔다고 주장합니다. 글쎄요, 이것은 전혀 진실이 아닙니다. 사실, 1300년 훨씬 이전에 폴리네시아인들이 뉴질랜드에 도착했을 가능성이 높아요.

먼저, 쥐 뼈는 폴리네시아인이 14세기 초에 뉴질랜드로 이주했다는 것을 증명하지 못합니다. 보세요, 연구원들이 쥐 뼈를 발견했을 때, 그들은 또한 같은 퇴적물 층에 묻힌 비둘기 뼈도 찾아냈어요. 그리고 이것이 문제예요... 이 비둘기 유해는 실은 3000년 이상 된 것입니다! 쥐와 비둘기 뼈가 같은 퇴적층에서 발견되었기 때문에, 여러분은 그것들이 같은 시대의 것이라 예상할 수 있겠죠... 다시 말하면, 그 쥐 뼈는 700년보다 훨씬 더 오래된 것이죠. 이는 폴리네시아인 정착민들이 700년보다 훨씬 전에 뉴질랜드에 왔다는 것을 의미합니다.

게다가, 또 다른 화산 폭발과 관련된 발견은 폴리네시아인들이 1300년보다 훨씬 전에 뉴질랜드에 정착했다는 것을 보여줍니다. 몇 년 전에, 연구원들이 화산재 층 아래에 묻혀 있던 동굴을 발견한 적이 있는데... 그 화산재는 서기 186년에 또 다른 화산인 타우포산의 폭발로부터 생긴 것입니다. 그리고 그들이 그 동굴에서 무엇을 찾았는지 짐작이 되나요? 그 화산 폭발로 인해 사망한 사람들의 유골이었습니다. 이는 마오리족이 적어도 186년부터 뉴질랜드에 살았다는 것을 증명합니다.

migrate[máigreit] 이주하다 bury[béri] 묻다 sediment[sédəmən] 퇴적물 blast[blæst] 폭발

5일 Daily Check-up • p.252

1. **The lecturer maintains that** congestion charges don't reduce traffic.
2. **The lecturer argues that** boarding schools don't give students personal attention.
3. **The speaker explains that** coffee may not cause heart problems.
4. **The lecturer contends that** megastores offer a much wider selection of goods.
5. **The lecturer insists that** online classes benefit students with limited time.
6. **The speaker points out that** physically challenged people had trouble traveling to conventional

libraries.

7. **First, the lecturer claims that** megastores help the local economy in many ways.
8. **Next, the lecturer argues that** lie detectors are extremely accurate.
9. **Finally, the speaker explains that** the four-day workweek helps employees.
10. **This contradicts the reading passage's argument that** the four-day workweek helps the economy.
11. **This counters the reading passage's claim that** wind farms are not economical to construct.
12. **This argues against the reading passage's claim that** bike lanes help to reduce accidents.
13. **This opposes the reading passage's explanation that** video games are responsible for more violent behavior in children.
14. **This refutes the reading passage's case that** many birds and bats get killed because of wind farms.
15. **This casts doubt on the reading passage's argument that** group studying helps students save time.

5일 Daily Test · p.254

1. 다음 노트테이킹과 주어진 해석을 참고하여 빈칸을 채워 요약문을 완성하시오.

요약문 주제 문장

The lecturer argues that having a tax on junk food is ineffective.

요약문 반박 문장

This contradicts the reading passage's claim that the tax would offer benefits to society.

요약문 근거 문장 1

First, the lecturer maintains that people will not become healthier if unhealthy food is taxed.

요약문 반박 문장 1

This casts doubt on the reading passage's claim that a junk food tax will be good for people's health.

요약문 근거 문장 2

Next, the lecturer argues that a tax on junk food will not increase production of healthy foods.

요약문 반박 문장 2

This counters the reading passage's claim that the tax will cause more healthy food to be made.

2. 다음 노트테이킹과 주어진 해석을 참고하여 빈칸을 채워 요약문을 완성하시오.

요약문 주제 문장

The lecturer argues that the Polynesians arrived in New Zealand long before 1300.

요약문 반박 문장

This contradicts the reading passage's claim that they settled the islands in the 14th century.

First, the lecturer asserts that the rat bones are not proof that the Polynesians moved to New Zealand in the 14th century.

This casts doubt on the reading passage's claim that the examination of these bones shows that the settlers came in the early 14th century.

Next, the lecturer contends that another volcanic eruption is evidence that people arrived in New Zealand earlier than 1300.

This counters the reading passage's claim that the volcanic evidence indicates that they first came to New Zealand in 1300.

6일 Daily Check-up •• p.260

읽기 노트

주제	solar power: X widespread use 태양 에너지는 널리 사용될 수 없음
근거 1	1. expensive 비쌈
세부사항	– purchase & install devices: X many can afford 　장비들을 구매하고 설치하는 비용은 소수만이 감당할 수 있음
	– cost of maintaining & repairing: high 유지 및 보수 비용이 높음
근거 2	2. unreliable ← depends on weather 날씨에 의존하기 때문에 불안정함
세부사항	– when cloudy, X produce sufficient energy 　흐린 날에는 충분한 에너지를 만들어내지 못함
	– unexpected weather can limit sunlight 　예상치 못한 날씨가 햇빛을 제한할 수 있음

듣기 노트

도입	arguments: one-sided & incomplete	주장들은 편파적이고 불완전함
반론 1	1. cheap in the long run	장기적으로 저렴함
세부사항	– X fuel expense ← X pay for sunlight	
	햇빛에 돈을 지불하지 않으므로 연료비가 들지 않음	
	– ↑ durable → repairs ↓ 내구성이 높아 수리가 거의 없음	
반론 2	2. weather: modern system addressed	날씨는 현대식 시스템이 해결함
세부사항	– new panel uses organic cells → better absorb light	
	새로운 전지판은 유기 전지를 사용해 빛을 더 잘 흡수함	
	– store energy → later used to power turbines	
	에너지를 얻어 보존해서 나중에 터빈을 작동시키는 데 사용됨	

서론 쓰기

요약문 주제 문장

The lecturer argues that the points against solar energy are biased and inaccurate.

요약문 반박 문장

This contradicts the reading passage's claim that this power source is unsuitable for general use because of its drawbacks.

본론 1 쓰기

요약문 근거 문장

First, the lecturer asserts that solar power is actually cheap over the long term.

세부사항

There are no fuel expenses because sunlight doesn't have to be paid for. In addition, solar power generators are made of durable materials such as tempered glass, so repairs are seldom necessary.

요약문 반박 문장

This casts doubt on the reading passage's claim that solar power is too costly.

본론 2 쓰기

요약문 근거 문장

Next, the lecturer contends that modern systems can account for the problem of weather.

세부사항

New solar panels can absorb sunlight better because they use organic cells. Furthermore, the Sun's energy is stored, and later used to power turbines.

요약문 반박 문장

This counters the reading passage's claim that solar power is unpredictable because of its reliance on the weather.

지문 해석

태양 에너지의 지지자들은 그것이 인류의 에너지 요구를 충족시키고 유해한 화석 연료들을 사용할 필요성을 없앨 가능성을 지니고 있다고 주장한다. 그러나, 태양 에너지는 그것의 광범위한 사용을 비현실적으로 만드는 많은 단점들을 지니고 있다.

우선, 태양 에너지는 다른 에너지 자원들보다 더 비싸다. 태양 에너지를 이용하기 위해서는, 태양 전지판과 전지 시스템이 설치되어야 한다. 이러한 장비들을 구매하고 설치하는 데 드는 평균 비용은 대략 9만 5천 달러인데, 이는 소수의 가정과 사업체만이 감당할 수 있는 비용이다. 또한, 장비를 유지하고 보수하는 비용이 매우 높다. 이는 전지판이 약하고 깨지기 쉬워서 자주 교체되어야 하기 때문이다.

태양 에너지의 또 다른 단점은 불안정하다는 것인데, 이는 장비가 에너지를 발생시키기 위해서는 좋은 날씨 조건에 의존하기 때문이다. 흐린 날씨가 장기간 지속되면, 태양 에너지 시스템이 충분한 에너지를 만들어내는 것은 불가능하다. 심지어 보통의 맑은 기후에서도, 폭풍우와 같은 예상치 못한 날씨가 태양 전지판에 닿는 햇빛의 양을 제한할 수 있다.

proponent[prəpóunənt] 지지자   requirement[rikwáiərmənt] 요구, 필요   impractical[impræktikəl] 비현실적인
fragile[frǽdʒəl] 깨지기 쉬운   unreliable[ʌnriláiəbl] 불안정한

듣기 스크립트

The reading I assigned last class included some criticisms of solar energy. Well, I won't say that solar power is a perfect energy source. But, the arguments that it is too pricey and unreliable offer a one-sided and incomplete view.

Let's start with cost. Solar energy is cheap in the long run. Although the initial investment in equipment is high, there are no fuel expenses when it comes to generating power. In fact, solar panels can produce free power indefinitely because, unlike with other energy sources, you don't have to pay for sunlight. And because solar power systems are now made of tempered glass, they are more durable than they used to be. This means that repairs are rarely required.

Well, what about the weather? Modern solar power systems have addressed this problem. In the past, solar panels required direct sunlight to generate power. But a new type of panel uses organic cells. This makes it better able to absorb light that has been scattered by clouds and hits the panel from multiple angles. Consequently, the panels work even on cloudy days. Another thing is that modern solar power plants can store large amounts of energy. They capture and retain the sun's energy as heat, which can be later used to power turbines. This technique makes energy available anytime and during any weather conditions.

듣기 해석

제가 지난 시간에 내준 읽기 과제는 태양 에너지에 대한 몇 가지 비평을 포함하고 있었죠. 자, 저는 태양 에너지가 완벽한 에너지 자원이라고는 말하지 않을 거예요. 하지만 그것이 너무 값비싸고 불안정하다는 주장은 편파적이고 불완전한 관점을 나타냅니다.

비용부터 살펴봅시다. 태양 에너지는 장기적으로 보면 비용이 저렴해요. 비록 장비에 대한 초기 투자 비용은 높지만, 에너지를 발생시키는 데 있어서는 연료비가 들지 않아요. 사실, 태양 전지판은 무료 에너지를 무한히 만들어낼 수 있는데, 왜냐하면 다른 에너지 자원과는 달리 햇빛에는 돈을 지불할 필요가 없기 때문이죠. 그리고 태양 에너지 시스템은 오늘날 강화유리로 만들어지기 때문에, 예전보다 내구성이 더 높아요. 이는 수리가 거의 필요하지 않다는 뜻이죠.

그럼, 날씨는 어떤가요? 현대식의 태양 에너지 시스템은 이 문제를 해결했습니다. 과거에는 태양 전지판이 에너지를 발생시키기 위해 태양 직사광이 필요했어요. 하지만 새로운 종류의 전지판은 유기 전지를 사용합니다. 이는 구름에 의해 분산되어 다각도로 전지판에 닿는 빛을 더 잘 흡수할 수 있게 해요. 그 결과, 전지판은 흐린 날에도 효과가 있습니다. 또 다른 점은 현대식 태양 에너지 발전소가 많은 양의 에너지를 저장할 수 있다는 거예요. 발전소들은 태양의 에너지를 얻어 열로 보존하는데, 이는 나중에 터빈을 작동시키는 데 사용되죠. 이러한 기술은 언제 어떠한 날씨 조건에서도 에너지를 이용할 수 있게 해줍니다.

one-sided[wʌ̀nsáidid] 한쪽으로 치우친 **incomplete**[ìnkəmplíːt] 불완전한 **indefinitely**[indéfənitli] 무한히
tempered glass 강화유리 **modern**[mɑ́ːdərn] 현대식의, 최신의 **address**[ədrés] 해결하다 **organic cell** 유기 전지
scatter[skǽtər] 분산시키다 **power**[páuər] 작동시키다

6일 Daily Test •••••••••••••••••••••••••••••••••• p.264

읽기 노트

주제	Roman Empire: 3 factors to success 로마 제국의 세 가지 성공 요인들
근거 1	**1. political structure** 정치적 구조
세부사항	- **emperor = senate** 황제와 의회가 동등함
	- **sharing power → politically stable** 권력의 분배로 정치적으로 안정됨
근거 2	**2. advanced technology** 발달된 기술
세부사항	- **weapons from iron → conquer neighbors easily**
	철 무기로 이웃 나라를 쉽게 정복함
	- **take control of resources → prosperity** 자원들을 장악해 번영함
근거 3	**3. excellent social welfare system** 뛰어난 사회 보장 제도
세부사항	- **law ensured cheap basic goods** 법이 값싼 기본 물품을 보장함
	- **underprivileged: provided w/ food, clothing, education → ↓ poverty**
	불우한 사람들에게 음식, 옷, 교육을 제공해 가난을 최소화함

듣기 노트

도입	**things led to empire's collapse** 제국의 몰락을 야기한 것들	
반론 1	**1. tension b/w senate & emperor → politically unstable**	
	의회와 황제 사이의 긴장감 때문에 정치적으로 불안정해짐	
세부사항	**– emperor: complete authority → senate fought**	
	황제가 완전한 권위를 가지고 의회는 대항함	
	– unstable political environment → X deal w/ problems	
	불안정한 정치적 환경이 문제를 처리하는 것을 불가능하게 함	
반론 2	**2. tech.: limited** 기술은 제한적이었음	
세부사항	**– X invent machines, relied on labor** 기계를 발명하지 않고 노동에 의존함	
	– X enough goods to sustain population 인구를 부양할 물품이 충분하지 않았음	
반론 3	**3. welfare system required ↑ money → economic trouble**	
세부사항	복지 제도에 많은 돈이 필요해 경제적 문제로 이어짐	
	– selling goods at cheap price: ↑ public spending	
	제품을 싼 값에 파는 데 공공 지출이 높았음	
	– population grew, money > tax revenue → debt	
	인구가 증가하고 비용이 세금 수입을 초과하여 빚이 생김	

서론 쓰기

요약문 주제 문장

The lecturer argues that there are things that led to the Roman Empire's collapse.

요약문 반박 문장

This contradicts the reading passage's claim that these were contributors to this state's success.

본론 1 쓰기

요약문 근거 문장

First, the lecturer contends that the empire was politically unstable because of tensions between the emperor and the senate.

세부사항

The emperor had complete authority, but the senate often fought with him to gain more power. This unstable political environment made it impossible for the government to deal with problems that threatened the state.

요약문 반박 문장

This casts doubt on the reading passage's claim that the system of government contribute to the success of the Roman Empire.

본론 2 쓰기

요약문 근거 문장

Next, the lecturer asserts that technology in the Roman Empire was in some ways limited.

세부사항

The Romans never invented machines to make goods, relying instead on human labor. As a result, they could not produce enough goods to sustain their rising population.

요약문 반박 문장

This counters the reading passage's claim that the Roman Empire thrived because of its technological development.

본론 3 쓰기

요약문 근거 문장

Finally, the lecturer maintains that the large amount of money required to fund the welfare system caused economic trouble for the empire.

세부사항

Public spending increased because the state sold basic goods at cheap prices. Also, as the population grew, the amount of money spent on these goods began to exceed tax revenue, resulting in significant public debt.

요약문 반박 문장

This refutes the reading passage's claim that the Roman Empire was successful due to its social welfare system.

지문 해석

기원전 27년부터 서기 476년까지 대략 5백 년 동안 존속한 로마 제국은 인류 역사상 가장 번영한 국가들 중 하나였다. 이 위대한 제국의 성공에 기여한 세 가지 분명한 요소들이 있었다.

로마 제국이 번성한 이유들 중 하나는 정치적 구조였다. 황제는 국가의 공식적인 우두머리였으나, 민주적으로 선출된 의회가 로마 헌법에 따라 동등한 권위를 가졌다. 의회는 심지어 황제가 죽으면 후계자를 선택할 권리도 가지고 있었다. 이러한 권력의 분배는 정부가 다양한 의견을 대변하도록 보장했고, 이는 제국을 정치적으로 안정되게 만들었다.

로마 제국의 성공의 또 다른 이유는 발달된 기술이었다. 다른 많은 문명들이 여전히 상대적으로 원시적인 청동 무기를 사용할 때 로마군은 철로 무기를 제조했다. 이러한 군사 기술의 우위는 로마인이 이웃 나라들을 더 쉽게 정복할 수 있도록 도왔다. 그 결과, 제국은 로마 사회의 번영에 기여한 귀중한 자원들을 장악할 수 있었다.

마지막으로, 로마 제국은 뛰어난 사회 보장 제도의 결과로 번성했다. 기원전 122년에, 사람들의 권리를 보호할 책임을 지닌 관직의 한 종류인 로마 호민관은 로마 시민들이 옥수수, 기름, 와인, 빵, 돼지고기와 같이 값싼 기본 물품들을 얻을 수 있도록 보장하는 법을 제정했다. 게다가, 불우한 사람들은 음식, 옷, 교육을 제공받았다. 이러한 종류의 지원이 가난을 최소화했고, 이로써 제국의 성공에 기여했다.

contribute[kəntríbjuːt] 기여하다 democratically[dèməkrǽtikəli] 민주적으로 senate[sénət] 의회, 상원
constitution[kàːnstətjúːʃən] 헌법 successor[səksésər] 후계자 be represented by ~을 대변하다
manufacture[mæ̀njufǽktʃər] 제조하다 take control of ~을 지배하다 underprivileged[ʌ̀ndərprívəlidʒd] 불우한

듣기 스크립트

There is a perception that the, um, prosperity of the Roman Empire resulted from its political structure, its technology, and its social welfare system. But these things actually led to the empire's collapse.

First, tensions between the senate and emperor made Rome politically unstable. Although power was supposed to be shared under the Roman constitution, in reality, the emperor had almost complete authority. It didn't please the senate members, who often fought with the emperor in an effort to gain more power. This conflict created an unstable political environment, which made it impossible to deal effectively with problems that threatened the existence of the Roman state.

Second, the Roman Empire's technology was actually quite limited in some ways, and it contributed to this state's eventual downfall. You see, it's true that they had advanced weapons, but development in certain other areas of technology lagged behind. For example, the Romans didn't invent many machines that could produce basic goods efficiently. Instead, they relied heavily on human and animal labor. Eventually, the empire couldn't provide enough goods, such as food and textiles, to sustain its growing population.

Lastly, Rome's welfare system required a lot of money to maintain, which led to economic troubles. Selling goods like grains and oil at cheap prices may have been popular with the people . . . but it also required very high levels of public spending. And as the empire's population grew, so did the number of citizens receiving public assistance. Eventually, the amount of money spent on providing cheap goods exceeded the amount of tax revenue received, leading to significant public debt. The resulting economic problems were a huge factor in the fall of the empire.

듣기 해석

음, 로마 제국의 번영이 정치적 구조, 기술, 사회 복지 제도에서 기인했다는 인식이 있습니다. 그러나 이것들은 사실 제국의 몰락을 야기했어요.

첫째로, 의회와 황제 사이의 긴장감은 로마를 정치적으로 불안정하게 만들었어요. 비록 권력이 로마 헌법하에 분배되었다고는 하나, 현실적으로 황제는 거의 완전한 권위를 가졌거든요. 그것은 의회 구성원들을 만족시키지 못했고, 이들은 종종 더 많은 권력을 얻으려는 노력의 일환으로 황제와 일전을 벌였습니다. 이러한 갈등은 불안정한 정치적 환경을 조성했고, 이는 로마 국가의 존재를 위협한 문제들을 효과적으로 처리하는 것을 불가능하게 만들었습니다.

둘째로, 로마 제국의 기술은 사실 어떤 면에서는 꽤 제한적이었고, 그것은 이 국가의 궁극적인 몰락에 기여했습니다. 그러니까, 그들이 선진 무기를 가졌다는 건 사실이지만, 특정한 다른 분야의 기술 발달은 뒤처져 있었어요. 예를 들어, 로마인들은 기본 물품들을 효율적으로 생산할 수 있는 많은 기계들을 발명하지 않았습니다. 대신에, 그들은 인력과 동물 노동력에 크게 의존했죠. 결국, 제국은 늘어나는 인구를 부양할 충분한 물품들, 즉 음식과 직물 같은 것들을 생산하지 못했어요.

마지막으로, 로마의 복지 제도는 유지하는 데 많은 돈이 필요했고, 이는 경제적 문제로 이어졌습니다. 곡물과 기름 같은 제품을 싼 값에 파는 것이 사람들 사이에서는 인기가 있었겠죠... 하지만 이는 또한 매우 높은 수준의 공공 지출을 필요로 했습니다. 그리고 제국의 인구가 늘어남에 따라, 공공 지원을 받는 시민의 수도 늘어났어요. 결국, 싼 제품을 제공하는 데 쓰인 비용이 세금 수입을 초과했고, 이는 심각한 공공 빚으로 이어졌습니다. 이러한 결과로 생긴 경제적 문제들은 제국의 멸망에 막대한 요인이 되었습니다.

perception[pərsépʃən] 인식, 지각 eventual[ivéntʃuəl] 궁극적인 downfall[dáunfɔ̀ːl] 몰락, 전복 lag behind 뒤처지다
textile[tékstail] 직물 sustain[səstéin] 부양하다 public assistance 공공지원

1. 방금 들은 강의의 논점들을 요약하되, 이 논점들이 읽기 지문의 구체적 논점들을 어떻게 반박하고 있는지 설명하시오.

읽기 노트

주제	electronic medical records: advantages 전자 의무 기록의 장점들
근거 1	**1. easily transmitted** 쉽게 전달됨
세부사항	- allow immediate access 즉각적인 접근을 가능하게 함
	- new doctor receive records w/o delay
	새로운 의사가 기록을 지체 없이 받음
근거 2	**2. security** 보안
세부사항	- encoded → ↑ secure than paper 암호화되어 문서보다 안전함
	- networks keep track of who accesses
	네트워크가 접근하는 사람들을 추적함
근거 3	**3. better preserved** 더 잘 보존됨
세부사항	- paper: torn/ruined, worn ↔ electronic: X
	종이는 찢어지거나 손상되고 닳는 반면 전자 기록은 아님
	- stored on Internet → X lost 인터넷상에 보관되어 손실되지 않음

듣기 노트

도입	ideas: problems 의견의 문제점들
반론 1	**1. easier to transfer: X case** 전달하기 더 쉽다는 것은 사실이 아님
세부사항	- hospitals use different software → delays
	병원들이 다른 소프트웨어를 사용해서 지연됨
	- study: 70% physicians had difficulty accessing
	연구: 70퍼센트의 의사들이 접근에 어려움을 겪음
반론 2	**2. ↓ secure ← accessed remotely** 원격으로 접근되어 덜 안전함
세부사항	- Europe hackers steal records from computer
	유럽 해커들이 컴퓨터로부터 기록을 훔침
	- security systems can be manipulated 보안 시스템은 조작될 수 있음
반론 3	**3. X simple to preserve** 보존하는 것은 간단하지 않음
세부사항	- if malfunction: info. disappear 오작동하면 정보가 사라짐
	- people make mistakes & database can be erased
	사람들은 실수를 하고 데이터베이스가 삭제될 수 있음

요약문

The lecturer argues that the arguments for storing medical records electronically have problems. This contradicts the reading passage's claim that electronic medical records are more advantageous than paper ones.

First, the lecturer claims that transferring electronic medical records between doctors is not easy. Delays can occur when exchanging records because hospitals use different kinds of software. One study demonstrated that 70 percent of American physicians found it difficult to access electronic patient files from a different doctor. This casts doubt on the reading passage's claim that electronic medical records are easy to transmit to other doctors.

Next, the lecturer points out that electronic medical records are not as secure as paper records because electronic data can be accessed from remote locations. For instance, European hackers stole medical records from computers in Utah. Moreover, people can manipulate security systems that track access to patient information. This counters the reading passage's claim that electronic medical records are safer than paper ones.

Finally, the lecturer asserts that preserving electronic medical records is not simple. When computers malfunction, information can disappear. In addition, people make mistakes and data can be gone forever with one wrong click. This refutes the reading passage's claim that electronic medical records are easy to protect.

요약문 해석

강의자는 의무 기록을 전자식으로 보관하는 것에 대한 주장이 문제점들을 가지고 있다고 주장한다. 이는 전자 의무 기록이 문서 기록보다 더 유리하다는 읽기 지문의 주장을 반박한다.

첫째로, 강의자는 의사들 간에 전자 의무 기록을 전달하는 것이 쉽지 않다고 주장한다. 병원들은 서로 다른 종류의 소프트웨어를 사용하기 때문에 기록을 교환할 때 지연이 발생할 수 있다. 한 연구는 70퍼센트의 미국 의사들이 다른 의사 환자의 전자 파일에 접근하기 어려워했다는 것을 밝혀냈다. 이는 전자 의무 기록이 다른 의사들에게 전달하기 쉽다는 읽기 지문의 주장에 의구심을 제기한다.

다음으로, 강의자는 전자 자료는 원격 장소에서 접근할 수 있기 때문에 전자 의무 기록이 문서 기록만큼 안전하지 않다는 것을 지적한다. 예를 들어, 유럽의 해커들은 유타에 있는 컴퓨터로부터 의무 기록을 훔쳤다. 게다가, 사람들은 환자 정보 접근을 추적하는 보안 시스템을 조작할 수 있다. 이는 전자 의무 기록이 문서 기록보다 더 안전하다는 읽기 지문의 주장에 반대한다.

마지막으로, 강의자는 전자 의무 기록을 보존하는 것이 간단하지 않다고 주장한다. 컴퓨터가 오작동하면, 정보는 사라질 수 있다. 게다가, 사람들은 실수를 하고 자료는 한 번의 잘못된 클릭으로 영원히 사라질 수 있다. 이는 전자 의무 기록이 보호하기 쉽다는 읽기 지문의 주장을 반박한다.

지문 해석

최근 몇 년간, 의료계는 환자 기록을 문서 대신 전자식으로 보관하기 시작했다. 이 방법은 점점 더 인기가 많아졌는데, 이는 전자 의무 기록이 많은 중요한 장점들을 지니고 있기 때문이다.

첫째로, 전자 의무 기록은 문서 파일보다 더 쉽게 전달된다. 이는 정보를 필요로 하는 의료인에게 즉각적인 접근을 가능하게 한다. 예를 들어, 환자가 주치의를 바꿀 때, 새로운 의사는 이전 의사로부터 환자의 건강 기록을 전자식으로 지체 없이 받을 수 있다. 이는 특히 중요한 의학적 결정을 즉각 내려야 하는 경우에 결정적이다.

전자 의무 기록의 또 다른 장점은 보안이다. 환자 기록은 기밀이고 보호되어야 한다. 전자 자료는 암호화될 수 있어서 그것을 보기 위해서는 특수한 비밀번호가 필요하다. 이러한 이유로, 전자 기록은 누구나 읽을 수 있는 문서 기록보다 훨씬 더 안전하다. 더욱이, 컴퓨터 네트워크는 환자 기록에 접근하는 사람들을 추적할 수 있다. 만약 누군가가 불법적으로 개인 환자 기록을 살펴보면, 수사관들이 찾아낼 수 있다. 반면에 문서 기록은 무기명으로 열람될 수 있다.

마지막으로, 전자 의무 기록은 문서 기록보다 더 잘 보존될 수 있다. 우선, 문서는 쉽게 훼손된다. 그것은 찢어지거나 혹은 액체나 불에 의해 손상될 수 있다. 그것은 또한 시간이 흐르면서 닳기 때문에 질이 빠르게 저하된다. 그러나, 전자 파일은 이러한 문제들에 의해 영향을 받지 않는다. 게다가, 문서 기록은 종종 잘못된 장소에 놓여지거나 손실될 수 있는데, 특히 그것이 새로운 장소로 옮겨질 때 그러하다. 이와 대조적으로, 전자 기록은 물리적으로 손실될 수 없는 인터넷상에 보관된다.

approach[əpróutʃ] 방법 access[ǽkses] 접근; 접근하다 confidential[kà:nfədénʃəl] 기밀의 encode[inkóud] 암호화하다
keep track of ~을 추적하다 anonymously[ənά:nəməsli] 무기명으로 torn[tɔ:rn] 찢어진 deteriorate[ditíəriərèit] 질을 저하시키다
worn[wɔ:rn] 닳은

듣기 스크립트
Now, a lot of people claim that digitally stored medical information is superior to, uh, traditional paper files. In my opinion, though, there are some problems with their ideas about electronic records.

Take the argument that electronic medical records are easier to transfer between physicians. Supporters seem to think that digital records enable doctors to share patient information with each other quickly, but, uh, that hasn't been the case at all. Health centers and hospitals often use different record-keeping software, which causes delays when they attempt to exchange electronic records. In fact, a recent study discovered that 70 percent of American physicians have had difficulty accessing digital records from another doctor.

A second point was about the security of electronic medical records. You know, electronic data is actually less secure than paper records because it can be accessed remotely. For example, in 2012, hackers from Eastern Europe were able to steal more than 200,000 patients' electronic records from government computers in the state of Utah. In addition, security systems that track the people who access patients' records can be manipulated. A computer expert will have no problem changing the information recorded by any security program about who accesses patient records.

And lastly, it isn't simple to preserve electronic medical records. The first thing is that, if a computer malfunctions, information can disappear suddenly and without warning. And that's not all. I mean, people can make mistakes all the time, and an entire database can be erased with just a single wrong click of the mouse. When this occurs, the data could be gone forever.

듣기 해석
자, 많은 사람들은 디지털 방식으로 보관되는 의료 정보가, 어, 기존의 문서 파일보다 우수하다고 주장합니다. 하지만 제 생각에는, 전자 기록에 대한 그들의 의견에는 몇 가지 문제점들이 있어요.

전자 의무 기록이 의사들 사이에서 전달하기 더 쉽다는 주장을 봅시다. 지지자들은 디지털 기록이 의사들이 환자 정보를 빠르게 서로 공유하는 것을 가능하게 한다고 생각하는 것 같지만, 어, 그것은 전혀 사실이 아니에요. 보건 센터와 병원들은 보통 서로 다른 기록 보관 소프트웨어를 사용하는데, 이는 그들이 전자 기록을 교환하려고 할 때 지연을 일으켜요. 사실, 최근의 한 연구는 미국 의사들 중 70퍼센트가 다른 의사의 디지털식 기록에 접근하는 데 어려움을 겪었다는 것을 밝혀냈어요.

두 번째 요점은 전자 의무 기록의 보안성에 관한 것이었죠. 그런데요, 전자 자료는 사실 문서 기록보다 덜 안전한데, 그것은 원격으로 접근될 수 있기 때문입니다. 예를 들어, 2012년에 동유럽의 해커들은 유타주 정부 컴퓨터로부터 20만 명이 넘는 환자들의 전자 기록을 훔칠 수 있었어요. 게다가, 환자들의 정보에 접근하는 사람들을 추적하는 보안 시스템은 조작될 수 있죠. 컴퓨터 전문가는 누가 환자 기록에 접근하는지에 대해 어떤 보안 프로그램에 의해 기록된 정보라도 바꾸는 것에 문제가 없을 거예요.

그리고 마지막으로, 전자 의무 기록을 보존하는 것은 간단하지 않습니다. 첫 번째로, 만약 컴퓨터가 오작동하면 정보는 경고 없이 갑자기 사라질 수 있어요. 그리고 그게 다가 아닙니다. 제 말은, 사람은 항상 실수를 할 수 있고, 전체 데이터베이스가 단 한 번의 잘못된 마우스 클릭으로

삭제될 수 있다는 거죠. 이러한 일이 발생하면, 그 자료는 영원히 사라져버릴 수 있죠.

superior[səpíərir] 우수한   **case**[keis] 사실, 경우   **attempt to** ~하려고 하다   **remotely**[rimóutli] 원격으로
manipulate[mənípjulèit] 조작하다   **malfunction**[mælfʌ́ŋkʃən] 오작동하다

2. 교수의 질문에 대해, 자신의 의견과 근거를 포함하여 토론에 기여하는 답안을 작성하시오.

Tiller 박사	Emily
지난 20년 동안, 기술은 빠른 속도로 발전해 왔습니다. 우리는 우리의 삶을 더 편리하게 하고 생산성을 향상시키는 새로운 도구들에 계속해서 접근할 수 있는 것처럼 보입니다. 그것들은 또한 회사 운영 방식에서부터 아이들을 교육하는 데 사용되는 방법에 이르기까지 모든 것에 영향을 미치며, 사회에 큰 영향을 끼쳤습니다. 여러분은 최근 몇 년간 우리의 삶을 바꾸는 데 가장 영향력이 있었던 도구가 무엇이라고 생각합니까? 그 이유는 무엇이죠?	제 생각에는, 최근 몇 년간 우리의 삶을 바꾼 가장 영향력 있는 도구는 인공지능(AI)입니다. 이 기술은 의료, 금융, 교통을 포함하여 다양한 분야에 적용되었습니다. 예를 들어, 인공지능은 질병을 더 일찍 그리고 더 정확하게 발견하기 위해 사용되고 있으며, 조기 치료를 통해 어쩌면 생명을 구할 수 있을 것입니다. **James** 제 견해로는, 스마트폰이 오늘날 우리가 삶을 사는 방식에 지대한 영향을 끼쳤다고 생각합니다. 그것들은 카메라, 전화기, 그리고 사전과 같은 많은 물건들을 결합하여, 세계를 변혁시켰습니다. 그것들 덕분에, 가족 그리고 친구들과 계속 연락하며 지내고, 원격으로 일을 하고, 방대한 정보에 접근하는 것이 더 쉬워졌습니다.

rapid[rǽpid] 빠른   **convenient**[kənvíːnjənt] 편리한   **boost**[buːst] 향상시키다   **productivity**[prὰːdəktívəti] 생산성
operate[ɑ́ːpərèit] 운영하다   **integrate**[íntəgrèit] 적용하다   **detect**[ditékt] 발견하다   **accurately**[ǽkjurətli] 정확하게
potentially[pəténʃəli] 어쩌면   **treatment**[tríːtment] 치료   **revolutionize**[rèvəlúːʃənaiz] 변혁시키다

아웃라인

나의 의견	온라인 상점 online stores	
이유	우리가 물건을 사는 방식과 전체 소매 산업을 변화시켰음 transformed the way we buy goods & entire retail industry	
구체적 근거 1 일반적 진술	- 사업을 시작할 새로운 기회를 만들어내 경쟁을 증가시켰음 created new opportunities to start businesses → has increased competition	
구체적 근거 2 예시	- 예) 아마존과 알리바바를 통해 실제 매장 없이 사업을 운영할 수 있음 ex) Amazon & Alibaba: can run businesses without physical storefront	

답안

In my opinion, the tool that has most profoundly changed our lives in recent years is online stores. This is mainly because they have transformed not only the way we buy goods but also the entire retail industry. That is, the tool has created new opportunities for individuals to start businesses, which has increased competition in the market. For example, with the rise of e-commerce giants like Amazon and Alibaba, online shopping has become more accessible and convenient than ever before. With the ability to sell products online, individuals can now run their own businesses without the need for a physical storefront. Overall, online stores have become a game changer for both consumers and businesses alike, making them one of the most impactful tools of recent years.

답안 해석

제 생각에는, 최근 몇 년간 우리의 삶을 가장 크게 변화시킨 도구는 온라인 상점입니다. 이는 주로 그것들이 우리가 물건을 사는 방식뿐만 아니라 전체 소매 산업을 변화시켰기 때문입니다. 즉, 이 도구는 개인들이 사업을 시작할 새로운 기회를 만들어 냈고, 이는 시장에서의 경쟁을 증가시켰습니다. 예를 들어, 아마존과 알리바바와 같은 전자 상거래 대기업들의 부상과 함께, 온라인 쇼핑은 그 어느 때보다 더 이용하기 쉽고 편리해졌습니다. 온라인으로 제품을 판매할 수 있는 기능을 통해, 사람들은 이제 실제 매장 없이도 자신의 사업을 운영할 수 있습니다. 전반적으로, 온라인 상점은 소비자와 기업 모두에게 게임 체인저가 되어, 최근 몇 년 동안 가장 영향력 있는 도구 중 하나가 되었습니다.

transform[trænsfɔ́:rm] 변화시키다 retail[rí:teil] 소매(업) accessible[æksésəbəl] 이용하기 쉬운 physical[fízikəl] 실제의, 물리적인
storefront[stɔ́:rfrʌnt] 매장, 가게 game changer 게임 체인저(상황 전개를 완전히 바꿔놓는 사람, 아이디어, 혹은 사건)
impactful[impǽktful] 영향력 있는

1. 방금 들은 강의의 논점들을 요약하되, 이 논점들이 읽기 지문의 구체적 논점들을 어떻게 반박하고 있는지 설명하시오.

읽기 노트

주제	bison extinct: 3 scenarios	들소 멸종에 대한 세 가지 시나리오들
근거 1	1. overhunting	과도한 사냥
세부사항	– leather became popular	가죽이 인기가 많아짐
	– Europeans kill for hides	유럽인들이 피혁을 얻기 위해 죽임
근거 2	2. drought	가뭄
세부사항	– extended period of dry weather	장기간의 건조한 기후
	– limited grass → reduced food for bison	
	목초를 제한하여 들소의 먹이를 감소시킴	
근거 3	3. disease	질병
세부사항	– domesticated cows carried illness	가축화된 소들이 질병을 옮김
	– cattle contact bison → infected	소 떼가 들소와 접촉하여 감염됨

듣기 노트

도입	bison extinct: X know why	들소가 멸종한 이유는 알지 못함
반론 1	1. overhunting: X make sense	과도한 사냥은 말이 되지 않음
세부사항	– > 60 million	6천만 마리가 넘었음
	– only 1000s people hunting	사냥하는 사람들은 고작 몇천 명이었음
반론 2	2. drought: X reason	가뭄이라는 근거 없음
세부사항	– dry weather: common in Great Plains	건조한 날씨는 대초원에서 흔함
	– bison have survived through harsh conditions	
	들소는 혹독한 조건을 거쳐 생존해왔음	
반론 3	3. disease: implausible	질병은 믿기 어려움
세부사항	– cattle drives X begin until 1860s	소몰이는 1860년대까지 시작되지 않음
	– population decrease at 19C	개체 수는 19세기에 감소함

요약문

The lecturer argues that it is still not known why the bison was almost extinct. This contradicts the reading passage's claim that there are three likely explanations for the event.

First, the lecturer contends that the overhunting theory does not make sense. There were at least 60 million bison. However, there were only a few thousand hunters, so they could not have nearly caused bison to become extinct. This casts doubt on the reading passage's claim that overhunting was responsible for the population decline.

Next, the lecturer asserts that there is no reason to think that drought was a contributor. Droughts occur frequently in the Great Plains, so the dry weather in the 1800s was not unusual. Also, bison have survived through much harsher weather conditions. This counters the reading passage's claim that drought may have resulted in numerous bison deaths.

Finally, the lecturer maintains that disease could not have killed many bison. The cattle drives began in the 1860s, but the bison population was already decreasing at the beginning of the 1800s. This refutes the reading passage's claim that illness led to the death of many bison.

요약문 해석

강의자는 들소가 거의 멸종된 이유는 여전히 알려지지 않았다고 주장한다. 이는 그 사건에 대한 세 가지 그럴듯한 설명들이 있다는 읽기 지문의 주장을 반박한다.

첫째로, 강의자는 과도한 사냥 이론이 말이 되지 않는다고 주장한다. 들소는 최소 6천만 마리가 있었다. 하지만, 사냥꾼은 고작 몇천 명뿐이어서, 그들은 들소가 거의 멸종하도록 만들 수 없었다. 이는 과도한 사냥이 개체 수 감소에 책임이 있었다는 읽기 지문의 주장에 의구심을 제기한다.

다음으로, 강의자는 가뭄이 원인이었다고 생각할 근거가 없다고 주장한다. 대초원에서 가뭄은 흔히 발생해서, 1800년대의 건조한 날씨는 이례적인 일이 아니었다. 또한, 들소는 훨씬 더 혹독한 기상 조건을 거쳐 생존해왔다. 이는 가뭄이 수많은 들소의 죽음을 야기했을 수 있다는 읽기 지문의 주장에 반대한다.

마지막으로, 강의자는 질병이 많은 들소를 죽게 할 수 없었다고 주장한다. 소몰이는 1860년대에 시작되었지만, 들소 개체 수는 1800년대 초반에 이미 감소하고 있었다. 이는 질병이 수많은 들소의 죽음을 야기했다는 읽기 지문의 주장을 반박한다.

지문 해석

거대한 무리의 들소는 수천 년 동안 미국 중서부에 살았다. 1800년대에, 그들의 수는 6천 만이 넘는 것으로 추정되었다. 아메리카들소는 지구 상에서 수가 가장 많은 거대한 포유동물이었다. 그러나, 그 종은 19세기 말에 거의 멸종되었다. 이러한 생태학적 재해는 세 가지 이론으로 설명될 수 있다.

그토록 많은 들소의 죽음에 대한 가장 그럴듯한 설명은 과도한 사냥이다. 들소 가죽은 19세기에 인기가 매우 많아졌는데, 그것이 소가죽보다 더 신축성 있었기 때문이었다. 이는 유럽 정착민들이 피혁을 얻기 위해 많은 수의 들소를 죽이고 그것을 상인들에게 팔도록 조장했다. 기록은 매년 수십만의 피혁이 철도를 통해 미국 동부 도시들로 운반되었다는 것을 보여준다. 피혁은 옷, 가구, 그리고 장신구를 만드는 데 사용되었다.

가뭄은 아메리카들소 멸종 위기의 또 하나의 가능성 있는 원인이다. 1845년에서 1856년까지, 미국 중서부에는 장기간의 건조한 기후가 지속되었다. 이 심각한 가뭄은 대초원에 자라는 목초의 양을 제한해서, 들소가 먹을 수 있는 먹이가 훨씬 적어졌다. 목초의 부족은 이 지역의 들소 개체 수에 치명적인 영향을 미쳤다.

아메리카들소 수의 급격한 감소는 질병에 의해 야기되었을 수도 있다. 가축화된 소들이 유럽 정착민들에 의해 북미로 유입되었다. 이 가축화된 동물들은 들소에게 쉽게 옮는 치명적인 질병들을 옮겼다. 19세기에, 거대한 소 떼가 초원을 지나 도시로 이동했는데, 그곳에서 그들은 식용 고기를 위해 도살되었다. 이러한 도중에, 이 짐승들은 들소와 접촉하게 되었고 그들 중 대다수를 감염시켰다.

herd[hə:rd] 무리　bison[báisn] 들소　estimate[éstəmèit] 추정하다　extinct[ikstíŋkt] 멸종된　flexible[fléksəbl] 신축성 있는
hide[haid] 피혁　ship[ʃip] 운반하다　prairie[prɛ́əri] 대초원　devastating[dévəstèitiŋ] 치명적인
domesticated[dəméstikèitid] 가축화된　butcher[bútʃər] 도살하다　come into ~하게 되다, ~의 상태가 되다

듣기 스크립트

As you know, the American bison was almost extinct by the end of the 19th century. Some experts believe that they understand the cause of this situation. But, uh, despite what you read, we still do not know why this happened.

The idea that overhunting was responsible for the, um, extermination of the bison just doesn't make sense. There were more than 60 million bison living on the Great Plains. In some cases, observers reported herds stretching as far as the eye could see. Yet, there were only a few thousand people hunting them. It's simply impossible that such a small number of hunters could have caused the near extinction of such a large group of animals.

There is also no reason to suppose that drought led to the sharp decline in the number of bison. What you need to realize is that long periods of dry weather are common in the Great Plains. This means that the drought that took place in the 1800s wasn't anything out of the ordinary. In fact, bison have survived in North America for more than 10,000 years through all sorts of harsh weather conditions. In particular, they endured several droughts that were, um, much worse than the one in the mid-19th century.

What about the assertion that disease killed a large number of bison? Well, this is an implausible claim. The, uh, cattle drives that supposedly spread sickness to bison didn't begin until the 1860s. But the number of bison had decreased long before then . . . The bison population actually started to decline at the beginning of the 19th century. So diseases from cattle clearly weren't responsible.

듣기 해석

여러분도 아시다시피, 아메리카들소는 19세기가 끝날 무렵에 거의 멸종되었습니다. 몇몇 전문가들은 그들이 이 현상의 원인을 이해한다고 믿어요. 하지만, 어, 여러분이 읽은 자료에도 불구하고, 우리는 여전히 왜 이 일이 일어났는지 알지 못합니다.

과도한 사냥이, 음, 들소의 전멸에 책임이 있었다는 의견은 전혀 말이 되지 않아요. 6천만 마리 이상의 들소가 대초원에 살았어요. 어떤 경우에는, 목격자들이 들소가 사람 눈으로 볼 수 있는 최대한으로 멀리까지 퍼져 있었다고 전했습니다. 하지만, 그들을 사냥하는 사람들은 고작 몇천 명뿐이었어요. 그렇게 비교적 적은 수의 사냥꾼들이 그토록 거대한 무리의 동물들을 거의 멸종하도록 할 수 있었다는 것은 그야말로 불가능하죠.

가뭄이 들소 개체 수의 급격한 감소를 이끌었다고 추정할 근거 또한 없어요. 여러분이 알아야 할 것은 대초원 지대에서는 장기간의 건조한 날씨가 흔하다는 점이죠. 이는 1800년대에 발생한 가뭄이 보통과 다를 바가 전혀 없었다는 것을 의미합니다. 사실, 들소는 북아메리카에서 모든 종류의 혹독한 기상 조건을 이겨내며 만 년 넘게 생존해왔어요. 특히, 그들은, 음, 19세기 중반 때보다 훨씬 심한 몇 번의 가뭄들도 견뎌냈죠.

질병으로 많은 수의 들소가 죽었다는 주장은 어떤가요? 글쎄요, 이것은 믿기 어려운 주장입니다. 들소에게 질병을 퍼뜨렸다고 추정되는 소몰이는 1860년대까지는 시작되지 않았어요. 하지만 들소의 수는 그보다 훨씬 전부터 서서히 줄어들어 왔죠... 들소의 개체 수는 사실 19세기 초반에 감소하기 시작했어요. 그러니까 소 떼로부터 발생한 질병은 확실히 원인이 아니었어요.

extermination[ikstə̀:rmənéiʃən] 전멸　out of the ordinary 보통과 다른　harsh[hɑ:rʃ] 혹독한　endure[indjúər] 견디다
assertion[əsə́:rʃən] 주장　implausible[implɔ́:zəbl] 믿기 어려운

2. 교수의 질문에 대해, 자신의 의견과 근거를 포함하여 토론에 기여하는 답안을 작성하시오.

Stevens 박사
우리는 과학자들이 그들 연구의 잠재적인 오용에 대해 책임을 져야 하는지에 대해 토론해 왔습니다. 이것의 예는 알프레드 노벨의 다이너마이트 발명입니다. 다이너마이트는 건설업과 광산업에 혁명을 일으켰지만, 그것은 또한 전쟁의 파괴적인 무기가 되었습니다. 어떤 사람들은 과학자들이 그들의 연구로부터 초래될 수 있는 모든 부정적인 결과에 대해 책임을 져야 한다고 주장하는 반면, 다른 사람들은 이것이 과학의 발전을 저해할 것이라고 믿습니다. 이 문제에 대한 여러분의 생각은 무엇이며, 그 이유는 무엇입니까?

Josh
저는 과학자들이 잠재적인 오용에 대해 걱정하지 않고 새로운 연구 방법을 자유롭게 탐구할 수 있어야 한다고 생각합니다. 그들의 연구가 어떻게 사용되는지를 통제하는 것은 그들의 책임이 아닙니다. 오히려, 과학적 발견의 사용을 규제하는 것은 정책 입안자들과 다른 이해 관계자들에게 달려 있습니다. 과학자들에게 다른 사람들의 행동에 대한 책임을 지우는 것은 불공평하고 혁신을 늦출 것입니다.

Sarah
과학적 진보가 중요하지만, 그것이 공공의 안전을 희생시켜서는 안 됩니다. 과학자들은 그들의 연구가 어떻게 사용될 수 있는지를 포함하여 그들 연구의 영향을 숙고할 책임이 있습니다. 그들은 자신들의 연구 결과가 오용되지 않도록 보장하는 조치를 취해야 하며, 그렇게 하지 않을 경우 책임을 져야 합니다.

misuse[mìsjúːz] 오용; 오용하다   mining[máiniŋ] 광산업   destructive[distrʌ́ktiv] 파괴적인   hold accountable 책임을 지우다
hinder[híndər] 저해하다   avenue[ǽvənjùː] 방법, 길   stakeholder[stéikhòuldər] 이해 관계자   regulate[régjulèit] 규제하다
at the expense of ~을 희생하여   implication[ìmplikéiʃən] 영향, 의미

아웃라인

나의 의견   과학자들이 책임을 져야 함 scientists must be held responsible

이유   그들이 더 윤리적인 방식으로 연구를 수행하도록 장려함
           encourage them to conduct work in more ethical manner

구체적 근거 1   - 책임은 과학자들이 주의하여 연구를 수행하는 동기가 될 것임
일반적 진술   accountability will serve as incentive for scientists to carry out
               research with care

구체적 근거 2   - 예) 유전자 편집의 경우 책임감 있게 기술이 개발될 수 있도록 보장하는 조치가 필요할 것임
예시   ex) gene-editing: measures to ensure that tech. is developed
               responsibly will be necessary

답안

I understand why Josh thinks that scientific progress depends on the freedom of scientists to explore new research avenues without concerns about the future actions of others. However, in my opinion, scientists must be held responsible for any adverse consequences that may result from their research. This is mainly because requiring scientists to take responsibility for their research will encourage them to conduct their work in a more ethical manner. Accountability will serve as a powerful incentive for scientists to carry out their research with greater care and consideration. For example, with the development of gene-editing technology, there are concerns about the potential unintended consequences of altering the human genome. If we leave that research solely at the discretion of scientists, we could end up repeating past mistakes, such as using dynamite for fighting wars. To avoid this, measures to ensure that the technology is developed responsibly will be necessary for the sake of future generations.

답안 해석

저는 왜 Josh가 과학적 진보는 다른 사람들의 미래 행동에 대한 걱정 없이 새로운 연구 방법을 탐구할 수 있는 과학자들의 자유에 달려 있다고 생각하는지 이해합니다. 하지만, 제 생각에는, 과학자들은 그들의 연구에서 발생할 수 있는 어떤 부정적인 결과에라도 책임을 져야 합니다. 이는 주로 과학자들에게 그들의 연구에 대한 책임을 지도록 요구하는 것이 그들이 더 윤리적인 방식으로 그들의 연구를 수행하도록 장려할 것이기 때문입니다. 책임은 과학자들이 더욱 주의하고 고려하여 연구를 수행하는 강력한 동기가 될 것입니다. 예를 들어, 유전자 편집 기술의 발달로, 인간 유전체를 변경하는 것의 의도하지 않은 잠재적 결과에 대한 우려가 있습니다. 만약 우리가 그 연구를 오로지 과학자들의 재량에 맡긴다면, 우리는 결국 다이너마이트를 전쟁에 사용한 것과 같은 과거의 실수를 반복하게 될 것입니다. 이것을 피하려면, 미래 세대를 위해서 책임감 있게 기술이 개발될 수 있도록 보장하는 조치가 필요할 것입니다.

depend on ~에 달려 있다 adverse[ædvə́ːrs] 부정적인 ethical[éθikəl] 윤리적인 accountability[əkàuntəbíləti] 책임
incentive[inséntiv] 동기, 장려(책) consideration[kənsìdəréiʃən] 고려, 숙고 unintended[ʌninténdid] 의도하지 않은
genome[dʒíːnoum] 유전체, 게놈 discretion[diskréʃən] 재량

MEMO

MEMO

|H|A|C|K|E|R|S|

TOEFL
WRITING
BASIC

본 교재 인강 · 통합형 문제학습 MP3 **해커스인강(HackersIngang.com)**

토플 스피킹/라이팅 첨삭 게시판 · 토플 공부전략 강의 · 토플 자료 및 유학 정보 **고우해커스(goHackers.com)**

해커스 어학연구소

1위 해커스어학원
260만이 선택한 해커스 토플

단기간 고득점 잡는 해커스만의 체계화된 관리 시스템

01 토플 무료 배치고사
현재 실력과 목표 점수에 딱 맞는
학습을 위한 무료 반배치고사 진행!

월 2회 토플 Trial Test
월 2회 실전처럼 모의테스트 가능한
TRIAL test 응시기회 제공!

02

03 1:1 개별 첨삭시스템
채점표를 기반으로 약점파악 및 피드백,
1:1 개인별 맞춤 첨삭 진행!

[260만] 해커스어학원 누적 수강생 수, 해커스인강 토플 강의 누적 수강신청건수 합산 기준(2003.01~2018.09.05. 환불자/중복신청 포함)
[1위] 한국표준협회 선정, 프리미엄 브랜드 지수(KS-PBI) 종합외국어학원 부문 1위(2019-2021)

해커스 빡센 관리 받고
1달 만에 토플 고득점 졸업 go ▶